ERSHISHIJIZHIZHONGGUO

《二十世纪之中国——乡村与城市社会的历史变迁》丛书

2012年列入"十二五"国家重点图书出版规划增补项目

2013年入选新闻出版总署国家出版基金资助项目

2013年入选新闻出版总署新闻出版改革发展项目

2012年列入山西出版传媒集团重大出版工程项目

本书为2012年山西省高校哲学社会科学研究项目（2012274）

丛书主编　王先明

国家出版基金项目
NATIONAL PUBLICATION FOUNDATION

二十世纪之中国——乡村与城市社会的历史变迁

民生维艰：田赋负担与乡村社会变迁
——以二十世纪前期的山西为范围

张启耀　著

山西出版传媒集团
山西人民出版社　山西经济出版社

图书在版编目（CIP）数据

民生维艰：田赋负担与乡村社会变迁——以二十世纪前期的山西为范围／张启耀著 . —太原：山西人民出版社，2013.11
（二十世纪之中国——乡村与城市社会的历史变迁／王先明主编）
ISBN 978 - 7 - 203 - 08366 - 5

Ⅰ.①民… Ⅱ.①张… Ⅲ.①赋税制度 - 研究 - 山西省 - 民国
Ⅳ.① F 812.96

中国版本图书馆 CIP 数据核字（2013）第 265132 号

民生维艰：田赋负担与乡村社会变迁——以二十世纪前期的山西为范围

著　　者：张启耀
责任编辑：傅晓红
装帧设计：柏学玲

出 版 者：山西出版传媒集团·山西人民出版社 山西经济出版社
地　　址：太原市建设南路21号
邮　　编：030012
发行营销：0351 - 4922220　4955996　4956039
　　　　　0351 - 4922127（传真）　　4956038（邮购）
E - mail：sxskcb@163.com　发行部
　　　　　sxskcb@126.com　总编室
网　　址：www.sxskcb.com

经 销 者：山西出版传媒集团·山西人民出版社 山西经济出版社
承 印 者：山西出版传媒集团·山西新华印业有限公司

开　　本：787mm×1092mm　　　1/16
印　　张：19.75
字　　数：280 千字
印　　数：1 - 3 000 册
版　　次：2013 年 11 月第 1 版
印　　次：2013 年 11 月第 1 次印刷
书　　号：ISBN 978 - 7 - 203 - 08366 - 5
定　　价：48.00 元

如有印装质量问题请与本社联系调换

总 序 GENERAL PREFACE

ERSHI SHIJI ZHI ZHONGGUO

　　20世纪的中国，经历着史无前例的社会变迁。这一变动的时代性特征之一，一定程度上体现为传统时代的城乡一体化发展进程逆转为城乡背离化发展态势。伴随着中国与西方交锋以来军事、政治与经济的挫败，以及由此而来的知识分子的传统文化认同危机，现代化（或西方化）与城市化成为显而易见的社会潮流，传统城乡"无差别的统一"为日益扩大的城乡差异所代替，近代农民群体也从"士农工商"的中层政治身份一变而为"乡下人"这一饱含歧视色彩的社会底层，由此形成的城乡社会——经济与文化断裂不仅是20世纪社会结构畸形化与不平衡性的显著现象，也是至今仍横亘在中国现代化进程中的重大社会问题之一。

　　即使在当代社会发展进程中，巨大的城乡分离化也不容忽视，明显的城乡对比已经成为社会认同危机的主要表现之一。当新农村建设如火如荼却面临种种困惑时，当乡村人才的空心化现象日益突出时，当城市化的进程突飞猛进时，当城市景观和生活方式与国际接轨时，城市人与乡下人成为国人赫然的身份标识，现代日益扩大的城乡失衡与传统中国城乡之间的无差别的统一体形成鲜明对比时，深入研究城乡关系的历史变迁就成为一个理解当下中国政治、经济与文化发展的必要途径。此外，对于近代中国社会的认识，无论是政治家、社会学家还是经济学家，都不约而同地将之解析为城市与乡村两大基本单位，中国近代社会之不平衡性、半封建性、半殖民性等特点均可从城市和乡村社会结构的析分中被实证；而城乡之间的关系与特征，亦成为深度理解和把握近代中国历史的不可回避的焦点问题。

有时我们不得不惊叹"历史惊人地相似"！从20世纪二三十年代的"农业破产"、"农村衰败"、"农民贫困"成为举国至重的话题，到新世纪以来被广泛关注的"农民真苦、农村真穷、农业真危险"的当代"三农"话语；从1926年王骏声提出的"新农村建设"问题，到新世纪以来持续推进的"社会主义新农村建设"，尽管不同时代条件下，它所聚焦的时代主题内容会有所不同，但如此一致的话语或命题的背后却应该深伏着共趋性或同质性的深层致因。这至少给我们一个基本的提示，即农业、农村与农民问题，是百年来中国社会发展或乡村变迁中始终存在的一个重大课题。它是伴随着工业化、城市化与现代化进程而导致的传统城乡一体化发展模式破解后，乡村社会走向边缘化、贫困化、荒漠化和失序化的一个历史过程。"三农"的困境生成于工业化、城市化与现代化进程之中，这是近代以来城乡背离化发展态势下生成的一个"发展问题"。"三农"从来就不是一个孤立存在的问题，如果没有工业化、城市化、现代化进程的发生，"三农"不会凸现为时代性问题。当然，这并不意味着传统时代没有社会问题，但是问题的呈现和表达不会如此集中在"三农"方面。一个多世纪以来的历史演进的客观事实的确显示了"三化"（工业化、城市化与现代化）与"三农"二者的相关性。问题在于，会是怎样的相关？如何揭示二者互相影响和相互制约的内在关系，并寻求最佳的或最有效的协调方略？

传统农业始终是一个低产出的行业，大部分农民的收入不可能迅速提高，得到高收入的人都是进城从事其他行业的人。社会分工、社会分化始终伴随着城乡背离式发展趋向前行，从而整体上的贫富差距在城乡之间成为一种显性的社会不平等。人口逐渐从农村迁向城市，城乡之间的收入差别就是这种活动的推动力。但在先进国家里，这个工业化过程是在200多年里完成的。在此过程中总体的经济年增长率也不过2%~3%。这部分增长不是靠农业，而是靠在城市中发展起来的工业和服务业。农业生产的收入总是低的。为了平衡城乡之间的收入差距，政府都采取对农业补贴的办法，几百年来已经成为传统。反观我国的情况，在新中国成立后的30年工业化的过程中非但没有补贴农民，反而是剥削农民；再加上对农民的身份歧视，事实上农民成为低人一等的群体，造成严重的城乡二元化结构，城乡收入差别变得极其突出。改革开放后我国经济增长率达到10%左右，这部分增长几乎都是在城市中发生的，所以农业产出占GDP的比重从33%(1983年)降低到2005年的12%。在此过程中幸亏有几亿农民进城打工，沾上了工业化的光，否则城乡收入差距还会更大。我国农村金融的衰败，将大量农民储蓄调动到城市里搞非农项目，进一步使得农民收入增长困难。这一人类社会发展的共同规律，说明了总体上收入差距发生的过程是相伴着工业化过程而发生的。这也是库兹涅茨研究收入分配的倒"U"形曲线的原因。

"三农"问题形成的历史成因和时代特征，如果仅仅局限于现实的考量，或将既无法捕捉到问题的实质，恐也难以探寻到真正的求解之道。事实上，百年来关于中国乡村发展论争的各种主张和方案，以及由此展开的各种区域实验与社会实践，其丰富与多样、繁难与简约，已经有着足够的样本意义和理论认知价值。在百年中国的历史进程中审视"三农"问题的历史演变，或许会有更深刻的思想领悟！历史的选择和运行有着它既有的逻辑进程，因此有关中国乡村道路选择的理论思考和种种分歧，却依然为我们的历史反思和长时段观察提供了理性辨析的基础。

近年来，对于近代城乡关系的研究存在诸多薄弱之处。学界研究的主要态势要么关注城市化历史，要么偏重于乡村史研究，城乡关系仅仅作为这些研究的副产品而出现；城市与乡村是一个预设的、对立的地域单元。

但是事实上,无论是城市化进程还是现代化进程,从根本上来说其实就是一个乡村社会变迁的过程:从农业社会转变为工业社会,从农耕文明转变为城市文明,从传统生活方式向现代生活方式的演变过程。如何广阔而全面地呈现20世纪中国社会历史的变迁,并深入揭示一个世纪以来的历史演进轨迹与规律,从而为当代中国发展的路向选择和理论思维提供丰厚的历史经验与启示,当是这一丛书设计的基本诉求或宗旨。

王先明

2013年1月7日于津城阳光100国际新城西园

目 录 CONTENTS

ERSHI SHIJI ZHI ZHONGGUO

二十世纪之中国——乡村与城市社会的历史变迁

2

绪 论 INTRODUCTION

一、选题的缘由

以 1927—1937 年的山西农村为中心考察该区域的田赋负担问题并分析近代山西乡村社会变迁,是笔者经过深思熟虑之后敲定的。当然,一个选题的最终确定是由很多因素促成的,总的来看,本书的写作有以下几个客观和主观方面的原因。

1.客观原因

首先,笔者选择这一研究方向的一个根本原因是,农村问题与农民问题历来是中国社会的根本问题和"中国革命的基本问题"[①],也蕴含着人类历史与文化的深厚沉淀。有学者说:"站在中国农业大国的江河土地之上,任你是谁,能不正视农民问题?能不从农民和土地的问题出发?区别的只是考虑问题的角度而已。"[②]那么,作为土地问题中的土地税问题即本书所说的田赋问题因

---

① 毛泽东:《新民主主义论》,见《毛泽东选集》合订本,人民出版社 1964 年版,第 653 页。

② 温锐:《毛泽东视野中的中国农民问题》,江西人民出版社 2004 年版,第 6 页。

为直接涉及近代农民的生活和生存问题,并与中国社会未来的发展息息相关,故其重要性不言而喻。

西方有一句谚语说,人一生唯一确定的事情是死亡和税收。这句话说明赋税的缴纳牵涉到每个人的切身利益,并与每个人密切相关。对于政府来说,赋税征收又是非常重要的。马克思说:"赋税是政府机器的经济基础,而不是其他任何东西。"①而在农村地区,税收中的田赋一项则是政府对农民征派赋税的主要形式,也是政府专门针对农民而设置的一个税种。"田赋是中国最基本的租税……田赋对于农业国的中国来说,是能够取得的主要财政收入。"②而且,与地租相比较,田赋的作用和影响更大,因为"在中国农村中生产物的分配上,谁也得承认,田赋的地位并不亚于地租,地租还与一部分农民无关,而田赋则是所有农田者的普遍的负担"③。

还有一点要提到的是,由于"不同税种在总税收中所占的地位,是国家经济发展状况的直接反映"④,所以传统社会田赋收入占政府税收主体的现象说明农业和农民在整个国家的重要地位。"国民政府时期,田赋在国家财政中的地位虽有所下降,但人们对田赋问题仍给予了高度的重视",因为中国历来以农立国,农民占全国人口的80%,而且"田赋虽然在整个税制体系中的地位不比以前,但各省的税收,仍以田赋为大宗"⑤。

其次,本书在选题过程中之所以最终决定以一省的范围为主要研究区域是基于这样一个事实:"一个人不可能在一项研究中遍及中国的所有部分。"⑥自古以来,研究田赋问题的学者数量极多,同时他们也给后世留下了浩繁的资料和大量的理论,但是,由于时间和空间的不同,田赋问题便表

---

① 马克思:《哥达纲领批判》,见《马克思恩格斯选集》第3卷,人民出版社1972年版,第22页。

② [日]长野郎:《中国的财政》,王晓华译,载《民国档案》1993年第3期,第68—69页。

③ 孙晓村:《近年来中国田赋增加的速率》,载《中国农村》1935年第7期,第3页。

④ 张静如、卞杏英:《国民政府统治时期中国社会之变迁》,中国人民大学出版社1993年版,第1页。

⑤ 夏国祥:《近代中国税制改革思想研究》,上海财经大学出版社2006年版,第170页。

⑥ 杨懋春:《一个中国村庄:山东台头》,江苏人民出版社2001版,第9页。

现出了极大的复杂性。因此,选取一定区域作为本书研究的大致地理范围就成为必要。著名社会学家费孝通说过:"任何对于中国问题的讨论总难免流于空泛和偏执……因为中国具有这样长的历史和这样广的幅员,一切归纳出来的结论都有例外,都需要加以限度。"①具体而言,任何对全国范围内的民国田赋作整体研究的尝试都显得粗疏和肤浅,所以,本书试图选择特殊时期的山西区域作为研究对象,尽力以自己粗浅的学识完成心目中的学术目标。

山西省深处内陆,鸦片战争以来,虽然受外力的冲击,全省经济和社会状况有一定的变化,但其发展相对沿海地区来说还是较为迟缓,文化领域也无大的进步,近代以来在学术方面的研究也相对滞后。民国时期就有评论说:"山西的一切,所谓娘子关内的事情,自来对于国人就是一个大谜。"②由此看来,当时的山西还是处于较为封闭的环境,外界对山西的了解并不多,因此,后来研究这一区域的学者可资利用的东西便很少了,这种情况也必然给笔者的写作带来资料缺乏的困难。不过,从另一方面来看,这也同时给笔者提供了学术伸展的舞台和机会。

另外,本书选择区域史作为研究对象是因为当前区域史研究领域仍有很大的挖掘余地。对区域农村社会特别是华北地区农村社会的研究,目前在学术界还是一个薄弱环节。以往有些区域史研究"缺少明确的区域定位,研究者容易以偏概全,以江南或南方的史料论中国,或以南北方大而化之,随意或零散地搜罗一些史料,而不是扎实深入地考察每个区域的特点,揭示各个区域的特殊性"③,结果最终影响了区域史研究的方向和进程,也不利于揭示区域社会的真实情况以及某些问题的本质。本书以山西地方为研究范围,考察 20

① 费孝通:《乡土重建》,见周谷城等主编:《民国丛书》第三编第 14 册,上海书店 1991 年版,据观察社 1948 年版本影印,第 1 页。

② 悲笳:《动乱前夕的山西政治和农村》,见中国农村经济研究会主编:《中国农村》,上海:新知书店发行,第 2 卷第 6 期,1936 年 6 月出版,第 59 页。

③ 徐浩:《农民经济的历史变迁:中英乡村社会区域发展比较》,社会科学文献出版社 2002 年版,第 75 页。

世纪二三十年代的农民田赋负担问题和乡村社会变迁，主要是考虑到迄今为止还没有著作或者论文比较充分地论述过这个问题，尤其是学界每每谈起华北问题，谈起这一时期的赋税与乡村社会变迁等问题，往往对山西社会涉及很少。再者，1927—1937 年正是阎锡山统治山西的重要时期，也是他从事战争活动和实施"村制"改革的主要时期，对这一时期山西农民田赋负担问题的考察最能深刻、真实地反映阎锡山政府的政权性质及其所执行的农村政策和赋税政策的本质，也能展示出这一问题之下特殊转型时期山西乡村社会的变迁状况。从另一方面来看，正确的区域史研究往往能够反映同处于一个时代的相似区域的基本历史状况。在近代中国，由于"乡村社会结构的变动和国家政治结构变动并未出现地域性的根本差别"①，因此，地区之间的差异尽管存在，但中国近代社会整体性的特征也不容忽视和抹杀。区域史研究通过对地区特性的描述和揭示，最终能够凸显整体性的或者说国家层面的共有特征，而且通过不同的区域史研究这一手段，往往能使研究结果更为细化，也丰富了这一时期的史学内容。

最后想提到的一个客观原因是，虽然在 2006 年，中国延续了两千余年的农业税完全退出了历史舞台，但是关于农民税费负担的研究仍具有重要意义。传统社会田赋的征收与当前中国农业税的废除，这两种行为的出现都具有它当时的合理性，都是时代发展的产物，因此，对田赋问题的研究有一定的历史意义。另外，这一研究对中国未来社会的发展也具有重要的指导作用。农业税尽管已经退出了历史舞台，但"农业税的废除是中国农村经济社会发展的一个新历史阶段的开端，也是对广大农村和农民群众几十年来为推动国家工业化和现代化所作出的伟大贡献的回报"②，对这一问题的研究能时常提醒政府，无论是减轻农民负担还是增加农民收入，都应当把保护农业和农业劳动者的利益放在第一位。

---

① 王先明、李伟中：《20 世纪 30 年代的县政建设运动与乡村社会变迁——以五个县政建设实验县为基本分析样本》，载《史学月刊》2003 年第 4 期，第 90 页。

② 周批改：《中国农村税费制度的演变和改革——社会分层角度的研究》，中国经济出版社 2006 年版，序。

2.主观原因

以上所谈到的客观原因对本书的思索和写作提供了合理的范围和科学的依据，在具备这样的条件下，以下主观原因的出现也促成本书研究目标的确定。

选择这样的问题作为研究对象也存在一定的感情因素。笔者少年时代在山西农村长大，在中学时期，每年寒暑假都要参加一些农村的体力劳动和集体活动，因此，对于农村，笔者有着浓厚的乡土亲情，而且这种感情随着时间的流逝不仅没有减少和消退，反而越来越强烈，由此，对于农村问题和农民问题的研究也就成为笔者无上的追求和最大的心愿之一。再者，山西是我的故乡，对故乡的怀念和眷恋之情时常涌动在我的内心，促动我为家乡的发展做一些力所能及的事情，由此，本书选题目标就这样确定下来。

二、几个主要概念的解释

1.田赋

"田赋"即当代所说之农业税，在清代称地丁钱粮，民国时期称为田赋，中华人民共和国成立后定名为农业税。田赋是传统社会的一种主要税收。在农村地区，这一税收项目也一直是政府对农民征派赋税的主要形式。民国时期的学者对这一名词做过恰当的阐释，认为"田赋系土地税之一种主要的赋税，系对耕作土地而课赋者。但国人对于所有土地税，皆统称为田赋"①。因此，在本书中，笔者考察的主要对象为所有针对土地而征收的或与土地有直接关联的农村税收。当然，就地理范围而言，书中考察的中心区域是山西地区，同时，出于比较的目的，相关研究也涉及其他一些区域。

2.国家

从马克思主义阶级观点来看，"国家无非是一个阶级镇压另一个阶级的机

---

① 张一凡、潘文安主编：《财政金融大辞典》，上海：世界书局 1937 年版，第270页。

器"①，"是一定阶级的统治机关"②。从西方学者的观点来看，"国家是一个控制特定的人口、占有一定领土的组织"③，"是作为暴力与强制手段的机构"④。从表面上看，两方对"国家"概念所做出的界定不同，但实质上，双方是出于不同的立场才做出了不同的解释，而"国家"的基本特质却是双方都不可否认的，那就是，国家是占有领土的统治机关和组织，在对社会的统治方面有所谓的法定的强制执行权。那么，在一定的历史时期，"国家"的具体体现和代表者就是中央政府及以中央政府名义出现的地方政府。就本书中心含义而言，"国家"主要指当时的南京中央政府和它所控制下的各省地方政府，书中尤其指20世纪前期阎锡山统治下的山西地方政府。

3.农村社会

近年来，社会史研究者热衷于"国家—社会"的分析框架，"社会"被认为是近代中国历史演进的二元对立关系中重要的一极，因此，在书中，必须结合实际应用，对"社会"和"农村社会"概念赋予准确的解释。

站在不同的角度和立场上，学者对"社会"概念的阐释或许有所不同，但"社会"概念的核心精神却是基本一致的，那就是人们之间在生活和劳动中形成的错综复杂的关系与组织。马克思认为，"社会"是人们相互交往的产物，是各种社会关系的总和。从社会学的角度来说，"社会"是以共同物质生产活动为基础而相互联系的人类生活的有机体。而一般所说的"农村社会"则是指以村庄为中心而拥有共同生产活动的有机体组织，以各种农业生产和其他活动为基本特征，由同质性劳动活动人口组成的，社会关系比较简单，社会意识比较保守，乡土观念较强，人口相对稀疏的区域社会。⑤

本书所考察的对象主要是处于20世纪二三十年代的山西农村。通过这一时期山西农村社会以田赋问题为中心的税收变迁，反映出这一特定时期政

---

① 《马克思恩格斯选集》第2卷，人民出版社1972年版，第336页。

② 《列宁选集》第3卷，人民出版社1972年版，第176页。

③ [美]贾恩弗朗哥·波齐：《国家：本质、发展与前景》，陈尧译，上海人民出版社2007年版，第20页。

④ [美]约翰·A.霍尔、G.约翰·艾坎伯雷：《国家》，施雪华译，吉林人民出版社2007年版，第2页。

⑤ 王康主编：《社会学词典》，山东人民出版社1988年版，第217页、第183页。

府与农村社会的真实关系。

4.“山西村制”

从广义上说，“山西村制”是自 1917 年至 20 世纪 30 年代末在阎锡山政府主导下，发生在整个山西省内的一场乡村社会改革和建设运动。其内容包括实施“六政三事”和实行“村制”，其中，和本书关系密切的内容是阎锡山政府的“村制”改革。“村制”改革是阎锡山实施山西村制的重要内容之一，实际上就是按照国家行政机构设置的方式对传统乡村进行改造的方案，即从 1917 年开始“设立编村，村足若干户而地方适中者为主村，其余小村距离远近适宜者为附村。每编村村长一人或村副一人或二人，一十五家为一闾，有闾长一人，五家为邻，设邻长一人”①，以此组成了严密的村级地方行政机构。村制的实施，不论后人对之评价如何，它对山西社会乃至整个中国社会都是有一定影响的。从山西村制的发展阶段来看，20 世纪二三十年代正是这一政策实施的主要时期，因此，本书以此为时间段进行相关研究，具有较强的针对性。

三、选题的意义

本选题对山西区域社会的田赋问题和乡村社会变迁研究有重要的意义。

近代农民负担日益沉重已是不争的历史事实，但以往的有关研究大多单纯着眼于农民负担加重的现象，而对于这一现象背后所折射出的政策制定者与政策接受者之间的国家与农村社会的独特关系却不做过多的探讨，从而使田赋问题的研究略显不足。同时，民国时期国家与农村社会的关系是国内外学者研究的热门话题，但大多数研究偏重于考察地方精英阶层对农村社会的作用，而对地方政治制度及地方政权机构演化对农村社会变迁以及社会的稳定与发展方面的研究却涉猎不多，因此，笔者希望能于此有进一步的探讨。总体来说，本书以山西地方社会为切入点，力图通过再现田赋政策的制定和实施过程中中央与地方政府的态度与导向、田赋征收与缴纳中农村主要阶层如绅士、地主、村长副以及农民的心理及行为，揭示山西田赋等赋税问题的本质、特

---

① 山西村政处编：《山西村政汇编》，1928 年太原版，第 10 页。

征和深远影响。惟其如此，也才能更好地认识这一特殊时期山西田赋负担问题发展变化过程中的深层次、综合性的原因，才能更深刻地理解这一问题及特定历史时期政府与农村社会的关系问题以及山西近代乡村社会的变迁进程。

从理论意义的角度看，本书力图打通社会史与政治史、经济史、财政史的隔阂，从社会变迁的视角来深入理解政府（包括中央政府和地方政府）与农村社会的关系，这对山西地方社会的探索是一个较前沿的研究路向；从实践意义上来看，本书从一开始就注重在立论、研究角度的选取、构思等方面围绕"关怀人生，指导未来"的史学终极目标来进行，正是遵循了史学大家马克·布洛赫的史学研究宗旨："史学研究的目的虽然不能是探索严格和永恒不变的规律，也应该是分辨事物和增进人对于现实世界的理解，使他们通过古为今用，能够生活得好一些。"①这就是本书所努力的学术方向。

就当代社会而言，"中国在未来一段时间内必须完成的变革，比已经完成的更为困难。过去的改革在提高农村和城市居民的人均收入方面是非常成功的，然而，改革初期业已存在的城市和农村居民收入之间的巨大差距缩小很少，甚至完全没有缩小"②。因此，本书的研究能够为当前政府处理与农村社会的关系，为政府正确解决农村社会存在的诸多问题提供一系列的经验参考，从而最终为中国社会的和谐、稳定、健康发展展现出可资利用的理论价值。另外，面对中国近代社会由传统结构向现代结构转型而引出的种种问题，本书还着意通过研究南京国民政府和阎锡山政府实施现代化过程中的"制度扭曲"，分析农村税收沉重的制度原因，从而为当代社会主义现代化进程展示教训所在并提供经验参考。

四、学术史的回顾与梳理

华北地区历来是中国政治、经济、社会发展的主要地区，也是史学界研究

---

① [法]马克·布洛赫：《法国农村史》，余中先等译，商务印书馆 2003 年版，中译本序言。

② [美]D.盖尔·约翰逊：《经济发展中的农业、农村、农民问题》，林毅夫、赵耀辉编译，商务印书馆 2004 年版。

的重要区域。20 世纪 80 年代以来,伴随着社会史研究在中国的兴起,近代农村社会变迁成为近年来史学同仁的热门研究话题,相关成果频频问世,其中,对华北农村社会变迁的探究尤其显示了蓬勃的学术生机,这让史学研究者感到十分振奋。但是,在这一研究领域,目前仍有一些不尽如人意的地方,尤其是在国家与山西农村的社会关系方面,相关成果并不多,且仅有的一些成果并不是被作为专题述及,而是穿插、渗透在其他相关研究领域中。另外,在以财政和税收为中心来考察国家与华北农村社会关系方面,研究成果也相对缺乏,故更应着力探究,这正是笔者在此属意努力的方向。

本书在写作过程中涉及方面较多,需要参考的资料也较为庞杂,因此,笔者的学术史回顾是大致按照以下类别分列开来叙述。

国家的财政状况和赋税政策涉及农民的田赋负担并深刻影响政府与农村社会的关系,故首先来了解有关这一时期的财政和赋税问题的研究与进展情况。

总体来说,这一方面的学术研究已有不小的收获。下面将一些代表性论著予以介绍。关于南京国民政府前期的财政状况,学界已形成了一些共识,即财政制度与收支结构日趋现代性的同时,庞大赤字也基本上是逐年增高。杨荫溥所著的《民国财政史》一书,是关于民国财政较为翔实的论著,是有关方面的权威著述之一。该书总结了国民党统治前期十多年的财政特点,认为政府的财政实际支出不断膨胀,收支中庞大赤字逐年出现;[①]杜恂诚在《民国时期中央与地方财政划分》中分析了民国时期中央与地方财政体制的形成和运作过程,认为由于社会环境的不稳定和财政体制的严重失衡等原因,当时的财政划分体制的实际意义并不大;[②]张连红在文章《论南京国民政府时期的中央与地方财政收支结构》中认为南京国民政府前期三次厘定中央与地方财政收支结构是现代国家整合中央与地方财政关系最为重要的前提与关键;[③]

---

① 杨荫溥:《民国财政史》,中国财政经济出版社 1985 年版。

② 杜恂诚:《民国时期中央与地方财政划分》,载《中国社会科学》1998 年第 3 期。

③ 张连红:《论南京国民政府时期的中央与地方财政收支结构》,见慈鸿飞、李石天主编:《中国历史上的农业经济与社会》(第 2 辑),吉林人民出版社。

董长芝对中国近代资本主义财政税收制度的建立作了较全面的论述;①刘慧宇在《论南京国民政府时期国地财政划分制度》中认为,1934 年,全国财政收支系统划分为中央、省、县三级,使县市级财源有了明确保障,削弱了以省为界各自为政的军事实力派的势力,是现代性和先进性的象征。②

国外有关研究也很多,大多以日本和美国学者的论述为主。日本学者长野朗在《中国的财政》及《中国的财政》(续)两篇文章中叙述了中国历来的财政演变进程,尤其特别详细地分析了南京国民政府时期国家的财政状况及其成因;③美国学者帕克斯·M.小科布尔一方面对南京国民政府的中央财政予以历史的阐释和评说,另一方面又着重对中央财政与地方财政的相互关系及影响发表了自己独到的见解;④美国学者兼银行家杨格站在客观的立场上对南京国民政府前期所出现的财政问题给予了深刻的揭示。⑤

另外,有关当时地方财政的研究成果也不少。民国时期的论著有彭雨新的《县地方财政》(上海商务印书馆,1945 年版)、严与宽的《县财政》(上海大东书局印行,1934 年版)、刘振东的《县财政建设》(中央政治学校研究部 1941 年版)、朱博能的《县财政问题》(南京正中书局,1943 年版)等等。但是,遗憾的是,民国时期对山西地方财政的专论却不曾见到,可见是十分稀少。现代学者涉及山西地方财政的论述也不多,代表性的如武静清、陈兴国的《十九世纪末二十世纪初叶山西财政与经济》(中国财政经济出版社,1994 年版),刘建生、刘鹏生的《山西近代经济史》(山西经济出版社,1997 年版)等。

其次,对于田赋问题,迄今为止,传统的论著大都从单纯的经济史角度出发进行研究,可以说是就事论事,很少有运用社会史研究方法或者从政治学角度对田赋进行充分论证的专著。就单纯的田赋问题而言,相关的文章和

---

① 董长芝:《宋子文孔祥熙与国民政府的税制改革》,载《民国档案》1999 年第 3 期。

② 刘慧宇:《论南京国民政府时期国地财政划分制度》,载《中国经济史研究》2001 年第 4 期。

③ [日]长野朗:《中国的财政(续)》,李占才译,载《民国档案》1994 年第 4 期。

④ [美]帕克斯·M.小科布尔:《江浙财阀与国民政府(1927—1937 年)》,蔡静仪译,南开大学出版社 1987 年版。

⑤ [美]杨格:《1927 至 1937 年中国财政经济情况》,陈泽宪、陈霞飞译,中国社会科学出版社 1980 年版。

著作有：陈登原的《中国田赋史》（商务印书馆，1937年版）、刘世仁的《中国田赋问题》（上海商务印书馆，1935年版）、程滨遗等的《田赋史》（上海书店1991年据南京正中书局1944年版影印）、关吉玉等的《田赋会要》（南京正中书局，1934年版）、孙群的《整理山西田赋计划书》（晋新书社，1932年版）、邹枋的《中国田赋附加的种类》（《东方杂志》1934年第31卷第14号）、千家驹的《论整理田赋附加》（《地政月刊》1934年第2卷第6期）、孙晓村的《近年来中国田赋增加的速率》（《中国农村》1935年第1卷第7期）、孙晓村的《中国田赋的征收》（《中国农村》1935年创刊号）、石西民的《我国田赋的积弊与整理》（《中国农村》1936年第2卷第11期）、李如汉的《中国田赋高度的新估计》（《地政月刊》1933年第1卷第3期）、王伟中的《复兴农村与田赋》（《农村》1930年第1卷第6期）、任树椿的《中国田赋之沿革与整理之方案》（《东方杂志》1934年第31卷第15号）、尤保耕的《田赋附加与中国财政》（《中国经济》1934年第2卷第7期）、成凤彩的《中国田赋之积弊及其整理办法》（《中国经济》1934年第2卷第7期）、张柏香的《整理田赋应规定农民生活最低限度》（《东方杂志》1935年第32卷第1号）、姚树声的《民国以来我国田赋之改革》（《东方杂志》1936年第33卷第17号）、作周的《最近中国农民负担的田赋》（《地政月刊》1933年第1卷第10期）、张柱的《整理田赋之我见》（《东方杂志》1934年第31卷第14号）、王元璧的《田赋征收制度的改革》（《东方杂志》1935年第32卷第7号）、章有义的《抗日战争前我国农民租税负担的估计》（《中国经济史研究》，1991年第4期）、牛淑萍的《1927—1937年南京国民政府田赋整理述评》（《民国档案》，1999年第3期）、张忠才的《考析抗战前十年南京国民政府的田赋整理》（《杭州大学学报》，1992年第9期）、李铁强的《1927年—1937年湖北田赋问题述论》（中国人民大学复印资料《经济史》，2004年第3期）、张君卓的《1927—1937年华北田赋征收体制与农民负担》（《中国经济史研究》，2006年第3期）等。

从国家与农村社会关系的角度来研究民国前期田赋负担也是本书关注的重点，以往相关的论述大都以附带的形式或者说作为其他主题的一部分夹杂在论著之中，这些论著主要有：黄宗智的《华北的小农经济与社会变迁》（中华书局，1986年版）和《1368—1988年间长江三角洲小农家庭与乡村发展》（中华书局,2000 年版)、杜赞奇的《文化、权力与国家——1900—1942 年的华北农村》(江苏人民出版社,2004 年版)、吴晗和费孝通等的《皇权与绅权》(上海书店据上海观察社 1949 年版影印本)、郑大华的《民国乡村建设运动》(社会科学文献出版社,2000 年版)、李金铮的《近代中国乡村社会经济探微》(人民出版社,2004 年版)、王先明的《中国近代社会文化史论》(人民出版社,2000 年版)和《20 世纪 30 年代的县政建设运动与乡村社会变迁——以五个县政建设实验县为基本分析样本》(《史学月刊》,2003 年第 4 期)以及《士绅构成要素的变异与乡村权力——以 20 世纪三四十年代的晋西北、晋中为例》(《近代史研究》,2005 年第 2 期)、冯崇义和江沛等的《二十世纪的中国》(中国社会科学出版社,2006 年版)、张信的《二十世纪初期中国社会之演变——国家与河南地方精英,1900-1937》(中华书局,2004 年版)、张鸣的《乡村社会权力和文化结构的变迁(1903—1953)》(广西人民出版社,2001 年版)、白凯的《长江下游地区的地租、赋税与农民的反抗斗争:1840—1950》(上海书店出版社,2005 年版)、周荣德的《中国社会的阶层与流动:一个社区中士绅身份的研究》(学林出版社,2000 年版)、王建国的《近代华北农村基层政权的变迁》(《山西大学学报》< 哲社版 >,1996 年第 4 期)、吴毅的《村治变迁中的权威与秩序——20 世纪川东双村的表达》(华中师范大学 2002 年博士论文)、张佩国的《土地资源与权力网络——民国时期的华北村庄》(《齐鲁学刊》,1998 年第 2 期)、傅荣校的《南京国民政府前期 (1928—1937 年) 行政机制与行政能力研究》(浙江大学 2004 年博士论文)、孙晓莉《中国现代化进程中的国家与社会走向》(《教学与研究》,2000 年第 8 期)、尹红群的《民国时期的地方政权与地方财政(1927—1945)—— 以浙江为例》(浙江大学 2005 年博士论文)、王印焕的《华北农村的社会问题:1928—1937》(北京师范大学出版社,2004 年版)等。

　　由于清末以来直至民国时期"新政"的实施,地方建设费用急剧增加,因此,地方自治和地方政府行政机构的变迁对农村赋税税额有重要的影响。学者对此也进行了大量的研究工作,以下对代表性的论著予以简要介绍。闻钧天的《中国保甲制度》(上海商务印书馆,1935 年版)对于政府用于控制乡村社会的保甲制度进行了深入分析,尤其侧重于民国时期的乡村制度,其内容充实,论证严密精确,是关于保甲制度研究最早的权威著作。黄强的《中国保甲实验新编》（南京正中书局，1936年版）在保甲制度的论述上带有强烈的现实性。它服务于民国政府控制乡村社会的目的，对中外有关的乡村制度进行了大量的比较，以便找出合乎中国当时政府需要的保甲形式。此外，民国时期的相关论著还有李宗黄的《新县制之理论与实际》（中华书局，1945年版）、粟伯隆的《县政大观》（南京中山印书馆，1932年版）、钱端生和萨师炯的《民国政制史》（商务印书馆，1946年版）等。现代史学界的有关论著如魏光奇的《官制与自治——20世纪上半期的中国县制》（商务印书馆，2004年版）对包括清代和民国的中国县制在整体上进行了论述和分析，尤其详细论证了南京国民政府时期的相关县制，并对所谓的"新县制"下的"自治"与"财政"做了详细研究，是有关方面的重要著作。其他一些重要的专著和论文有张博树的《现代性与制度现代化》（学林出版社，1998年版）、冉绵惠等的《民国时期保甲制度研究》（四川大学出版社，2005年版）、田湘波的《中国国民党党政体制剖析（1927—1937）》（湖南人民出版社，2006年版）等。

在分析阎锡山与山西农村社会关系方面，由于资料的限制，有关的论著并不多。现择其要论列举如下：悲笳《动乱前夕的山西政治和农村》（《中国农村》1936年第2卷第6期）、荫萱《山西中路农村经济底现阶段》（《中国农村》1936年第2卷第11期）、叶民《土地村公有方案的实际意义》（《中国农村》1936年第2卷第1期）、郦林《"土地村有"问题之检讨》（《中国经济》1936年第4卷第3期）、邓达章《评阎锡山之土地村有论》（《中国经济》1935年第3卷第12期）、李德芳的《阎锡山与20世纪20年代山西村制的变革》（《河北大学学报》<哲社版>，2000年第3期）、渠桂萍的《现代化的压力与乡村危机——20世纪二三十年代乡村危机的一个分析视角》（《社会科学辑刊》，2005年第4期）、刘立敏的《阎锡山与山西近代化》（《晋阳学刊》，2003年第6期）等。

国家与社会间的关系是近年来学者关注的热点话题，与此相关的成果基本不脱离政治学和历史学两大研究角度。在政治学领域，近年来，国家与社会良性互动的观点逐渐成为研究者的共识，代表作有米格代尔的《国家在社会中：研究国家与社会如何相互形塑和相互建设》，邓正来的《国家与市民社会———一种社会理论的研究路径》等。曾峻的《公共秩序的安排：国家与社会关系的框架及其运用》（学林出版社，2005年版）批判地借鉴吸收了当代西方

14

政治学和经济学的最新研究成果，运用政治—经济分析法诠释国家与社会间的关系，指出了国家与社会关系均衡与变动的路径；张静在《基层政权：乡村制度诸问题》(上海人民出版社，2007 年版)一书中把"国家与社会"这个古老而又常新的话题，分为三个研究方向："市民社会"说、"国家中心"说以及"社会中的国家"说；王笛综合运用"市民社会理论"与哈贝马斯的"公共领域"理论分析巴蜀茶馆，寻求中国社会里"市民社会"的"公共空间"。①同时，还有一批有代表性的著作，如王沪宁的《当代中国村落家族文化——对中国现代化的一项探索》、王铭铭的《村落视野中的文化与权力》、吴毅的《村治变迁中的权威与秩序》、张鸣的《乡村社会权力和文化结构变迁（1903—1953）》、孙晓莉的《中国现代化进程中的国家与社会走向》、刘娅的《解体与重构：现代化进程中的"国家—乡村社会"》等等。从历史学角度研究国家与社会关系又可划分为国家与市民社会和国家与农村社会两大块。萧邦齐最早用"市民社会"理论审视近代以来知识分子角色变迁与基层组织的互动关系；②继萧邦齐之后，兰钦、罗威廉等执着于在近代中国社会内部探求国家向社会让渡权力过程中的"公域"范围。③黄宗智认为国家与社会的二元对立是西方早期现代化进程中出于经验而得出的概念，并不适用于中国。同时，他在中国经济史研究领域首次提出并深入阐释了国家与农村社会关系变迁中的一个新的发展模式——过密化理论；④杜赞奇在《文化、权力与国家：1900—1942 年的华北农村》中，以 20 世纪前期国家与乡村社会关系演变进程中文化和权力的微妙作用为线索，描绘了近代华北农村社会的历史画卷。⑤

① 王笛：《街头文化：成都公共空间、下层民众与地方政治，1870—1930》，中国人民大学出版社 2006 年版。

② [美]萧邦齐：《血路：革命中国中的沈定一（玄庐）传奇》，江苏人民出版社 1999 年版。

③ 罗威廉：《晚清帝国的"市民社会"问题》，兰钦：《中国公共领域观察》，两篇均见黄宗智主编的《中国研究的范式问题讨论》一书，杨念群等译，中央编译出版社 2003 年版。

④ 《华北的小农经济与社会变迁》，中华书局 1985 年版；《长江三角洲小农家庭与乡村发展》，中华书局 2000 年版。

⑤ [美]杜赞奇：《文化、权力与国家：1900—1942 年的华北农村》，王福明译，江苏人民出版社 2004 年版。

　　20 世纪 80 年代以后,国内一批学者运用"国家—社会"框架研究中国乡村,也取得不少成果,例如王先明、马敏、郑大华、朱德新、赵秀玲、李德芳等在乡村建设、绅士阶层、保甲制度方面的研究,代表作有王先明的《士绅构成要素的变异与乡村权力——以 20 世纪三四十年代的晋西北、晋中为例》(《近代史研究》,2005 年第 2 期)、郑大华的《民国乡村建设运动》(社会科学文献出版社,2000 年版)、李德芳的《民国乡村自治问题研究》(人民出版社,2001 年版)等。

　　汇总以上几方面的材料,我们可以在有关领域大致形成以下几种认识:1."由于在社会的变迁过程中,国家拥有强大的自主性与干预能力,所以在分析各种经济社会问题时必须将国家置于各种分析变量的首选位置"[①]。国家在现实社会中的具体体现就是政府。因此,可以说,政府作为制度创新方面最具优势的社会组织,其行政行为对经济发展起着决定性的作用,政府的各项重要经济政策对社会转型的进程都会产生极大的影响。2.在全国,尤其是华北地区存在着这样的现象,其情形正如美国著名社会史学家杜赞奇在《文化、权力与国家:1900—1942 年的华北农村》一书中所描述的:"一方面田赋正税收入严重不足,另一方面农民的负担又日益加重。一方面是农民田赋和其他税收的剧增,另一方面却是国家行政效益的递减,形成了奇怪的'国家政权内卷化'现象"。[②]大多数情况下,"地方官僚为了自己的利益而对村庄进行掠夺,导致农民负担加重,而上层政权却没有能力控制基层政权的这种掠夺,从而加剧了政府与农民之间的矛盾。"[③]这至少说明,"国民党政权不是一个能推动中国乡村整体走向现代化的强大而有效能的中央政权。"[④] 3.国家在现代化名义下的政权机构急剧扩充导致田赋赋额的迅猛增加。自清末以来实行的"新政"

　　① 曾峻:《公共秩序的制度安排——国家与社会关系的框架及其运用》,学林出版社 2005 年版,第 8 页。

　　② [美]杜赞奇:《文化、权力与国家:1900—1942 年的华北农村》,王福明译,江苏人民出版社 2004 年版,第 43 页。

　　③ 张君卓:《1927—1937 年华北田赋征收体制与农民负担》,载《中国经济史研究》2006 年第 3 期,第 142 页。

　　④ 王先明、李伟中:《20 世纪 30 年代的县政建设运动与乡村社会变迁——以五个县政建设实验县为基本分析样本》,载《史学月刊》2003 年第 4 期,第 97 页。

与"地方自治"一直到 20 世纪 30 年代的"保甲制度的复活",都是以地方财政的巨大支出为代价的。甚至到后来,"保甲与自治的关系由相互对立发展到了相互融通,国家权力对乡村社会的渗透也在一步步地加强。"①当然,渗透的结果便是政府组织费用的增加和农村税费的提高。地方政权的现代化已逐次展开,但是政府与社会之间的沟通渠道还停留在传统的阶段,而且地方经济仍以农业为基础,财政收入的重点仍然是田赋。如此,以传统落后农业的有限收入来支撑现代政府庞大的国家机器,其后果可想而知。4.由于阎锡山政府的政策实施,使得山西社会具有很大的特殊性。"民国初期,山西号称'政治模范省',时人将其所行村制视为乡村自治的典范。南京国民政府成立后,更以之为基础,构筑了全国乡村自治制度体系"②。学者们认为,之所以能如此,是因为"在阎锡山手里,真正实现了国家政权对个体农民的超常榨取,将农村分散的人力,财力,物力,通过行政警察网络,汇聚到了军事和工业现代化上面来"③。不过,在对阎锡山统治政策的认识方面,大多数学者都持否定和批判的态度,而对之进行经验性总结的学者很少,对阎锡山政权赋税征收的一些策略性也认识不够,尤其在对阎锡山政府处理与农村社会关系的认识方面还有很大的空间可挖。

五、方法的运用

本书尝试摆脱过去以单学科就事论事的研究思路,把历史学、社会学、政治学、经济学和统计学等相关学科的理论与方法结合起来,通过对南京政府前期以山西田赋问题为中心的多角度分析,进一步深入阐释近代国家和农村社会在交往中的角色体现及相互关系,以便更深刻地理解和领会山西农民田

---

① 李伟中:《南京国民政府的保甲制新探》,载《社会科学研究》2002 年第 4 期,第 119 页。

② 李德芳:《阎锡山与民初山西乡村制度的变革》,载《河北大学学报》(哲社版),2000 年第 3 期,第 109 页。

③ 张鸣:《乡村社会权力和文化结构的变迁(1903—1953)》,广西人民出版社 2001 年版,第 82 页。

赋负担问题。

要实施这样的写作计划并达到预期的写作目的，方法的研究和探讨当为必要，因为当今一切以科学名义出现的历史学都必须首先深思其方法的运用。笔者综合本书的写作方法，感觉有以下几点需要阐释：

1.马克思主义唯物辩证法是立足和构思本书的基本方法。唯物辩证法即马克思主义辩证法，是辩证法思想发展的高级形态，它包括三个基本规律，即对立统一规律、质量互变规律和否定之否定规律以及现象与本质、原因与结果、必然与偶然等一系列基本范畴。同时，这些规律和范畴以及由它们所产生的唯物史观思想中又包含着求真意识和责任意识。

本书在整体上以马克思主义的唯物辩证法思想为指导，对史料与所研究内容的关系做了认真的梳理，并对所搜集的资料进行科学的分析和分类，从中找到可资利用的研究价值，探索出国民政府前期国家与农村社会关系的特点和演变规律。对唯物辩证法的运用，在书中的很多地方都得到了体现，例如，其一，唯物辩证法认为，任何事物的变化都存在内因和外因两个因素，其中内因是事物变化的主要因素，而外因则是事物变化的条件，只起辅助的作用。笔者本着这样的原则，立足于特定时期的本国实际，结合国际情况，通过客观、真实的考察和论证，科学再现民国时期田赋问题产生的根本原因和其他诸多的因素。其二，唯物辩证法认为，所有事物的发展和现象的产生都存在必然性与偶然性，但一切事件的发生都有其根本的原因，都受到某种因果的制约。就历史学而言，历史学家的任务就是解释历史的发展，"指出历史的发展如何以因果的必然性从充分的原因中变化而来的"①。因而，表面上看，当时严重的田赋问题只是这一时期表露出的极端事例，但实际上，这一问题的产生却有着深远的历史背景和复杂的社会原因，正确把握这一问题产生的前因后果，才能真正揭开这一问题的真实面目。其三，唯物辩证法承认因果联系的普遍性和客观性，这是人们正确认识事物，进行科学研究的前提。同时，正确把握事物的因果联系，才能提高人们实践活动的自觉性和预见性。在当今建

---

① [德]亨利希·库诺：《马克思的历史、社会和国家学说——马克思的社会学的基本要点》，袁志英译，上海译文出版社 2006 年版，第 690 页。

设社会主义和谐社会的重要时期,国家要以20世纪二三十年代田赋问题中的历史教训为借鉴,深刻认识到农业问题、农村问题和农民问题与国家建设和发展之间的紧密联系,正确把握国家农村政策的方向,高瞻远瞩,高屋建瓴,本着负责任的态度处理好现时国家与农村社会的关系。

2.由于"历史研究必须联系理论,但理论,尤其是政治化了的理论,很容易成为探索历史真实面貌的障碍","如果任何人试图把中国的实际情况等同于其中任一理论模式就会误入歧途"。①所以,笔者不刻意用时髦的理论去套客观的史实存在,何况有些"舶来"的理论并不适合中国的历史和中国的国情。因此,笔者认为,正确的研究方法是应该根据具体的史料来具体分析,最合适的方法就是能够最好体现史料价值和最能说明所探讨问题的方法,并以此为基础得出客观真实的分析结果。

3.以往涉及税收的研究大多以计量史为主,这种方法虽有科学、严谨的学术优点,但它造成的负面影响也是显而易见的,即大量的数据淹没了农村社会中活生生的农民形象。为此,本书对农村田赋负担的研究采用了经济史领域的数量分析和社会史领域的理论分析相结合的方法,在进行数量分析的同时,着力运用社会史研究方法,如访问健在的老人、查找与当时农民日常生活密切相关的各类资料等,使农民阶层能够以活生生的形象登上中国近代的历史舞台,不仅达到学术研究科学、客观、公正的基本要求,使人有真实之感,而且体现出社会史学接近生活的品质和可贵的人文关怀精神。

4.本书以山西田赋问题来考察政府与农村社会关系之实质,因此属于区域史研究范围,而"区域史研究贵在理清研究对象发展的特殊性,这只能从比较中得出。因此,区域史研究方法在本质上是比较方法"②。所以,笔者在整理资料和写作过程中,在掌握大量有关区域资料的同时,也搜集全国其他地区的一些田赋资料,通过运用比较的方法,客观、鲜明地阐述山西田赋的真实状况,从而进一步揭示出山西政权与农村社会的真实而独特的关系。这就要一方面做到"求同",另一方面又要做到"求异"。具体来说,既要找到田赋与农

---

① [美]黄宗智:《长江三角洲小农家庭与乡村发展》,中华书局2000年版,序言和第8页。

② 徐浩:《农民经济的历史变迁》,社会科学文献出版社2002年版,第78页。

村社会关系在山西省和全国范围内的共性，又要找到这两大方面在山西省的个性，这样才能完成论文所要求的区域史研究高度。当然，就个人而言，笔者感觉对"个性"的探求和研究是其主要方面。本书在写作过程中高度注意山西历史及现实社会的发展特点，尽力从山西农村社会所面临的各种因素中找出田赋问题以及政府与农村社会关系的合理解释。

在方法的运用上，笔者在研究过程中尽力把握好一些宏观上的问题，譬如：第一，为了在研究过程中避免带有"人为切割"色彩的历史学学科分支对所探讨问题的全面性分析的影响，笔者尽量运用多学科、多角度、多层面进行研究，把社会史、经济史、政治史，甚至文化史都有机地糅合到一起，客观公正地阐释和评价这一历史时期的山西田赋问题及由此反映的政府与农村社会的关系。第二，在写作过程中，科学、求实的精神是至关重要的，这一点被作为学术写作的总原则而被时时提醒。首先，在对待资料的态度上，一定要公平、客观，不能"戴着有色眼镜"看资料。其次，在写作上，如果我们把自身的观点"建立在某些错误的逻辑联系之上，或者说有意无意地隐去某些关系条件，那么，你的模型再诱人，再复杂，也是没有任何解释力的"[1]。甚至有时会得出相反的结论，这样，材料不仅不能为主题服务，反而起了消极的作用。

六、创新点和难点

近年来，国内外十分热衷于近代华北农村社会的研究，但是，令人感到遗憾的是，虽然很多成果都冠名"华北研究"，却都对近代山西农村社会只字未提。而且，从当前的具体情况来看，即使是有关山西方面的研究成果也缺乏对20世纪二三十年代山西赋税征收方面的细致阐述和论证，仅有的一些成果也都只对之进行了简略的论述，并没有对山西田赋的征收方式、征收特色、征收策略以及征收实质等作深入的分析，因而学界至今在这一领域没有大的进展。可以说，从目前情况来看，以山西作为区域范围来研究特定时期的田赋问

---

① 夏明方：《近代华北农村农户收入状况与农民生活水平辨析》，载《近代史研究》2002年第2期，第214页。

题仍旧是个空白。基于此,本书综合运用政治学、经济学、社会学等学科知识,完成对这一时期山西田赋负担问题的考察,为当前政府和谐处理与农村社会的关系提供参考。另外,以往的有关学术研究大多单纯着眼于农民负担加重的现象,而对于这一现象背后所折射出的政策制定者与政策执行者之间真正的社会关系却不做深入的探讨,从而使田赋问题的研究似显不足。同时,民国时期国家与农村社会的关系是当前国内外学者研究的热门话题,但大多数研究偏重于考察地方精英阶层对农村社会的作用,而对国家政策制定、地方政治制度演化及地方政权机构变迁对农村社会的稳定和发展方面的研究涉猎不多,因此,笔者希望能于此有进一步的论述。

本书的研究重点是,通过考察 20 世纪二三十年代山西农民的田赋负担,在正确把握这一时期的国家与农村社会关系的过程中,着重分析产生这种关系的制度层面上的原因以及此种关系对山西农村社会甚至整个中国近现代政治、经济方面的深远影响,最终对山西田赋负担问题有一个深刻、全面的认识。

本书的研究难点是,要对山西田赋负担问题及由此产生的山西地方政府(包括省政府和县政府)与农村社会关系的独特性予以充分探索和认识。另外,由于当前所见到的山西区域史研究方面的资料和成果并不多,笔者还需要大力搜集和挖掘相关的第一手材料。

第一章 CHAPTER ONE

山西的自然和经济环境
及人文乡土

山西省简称"晋",是黄河流域人类文明的重要摇篮,也是中华民族的发祥地之一。由于山西的大部分地区在西周和春秋时期为晋国领土,故有"晋"的简称。到战国时期,晋国被韩、赵、魏瓜分,因此"三晋"又成了山西的代名词。"到了元代,因其京师蓟门之西有太行山,而山西又在太行山以西,故称山西,并沿用至今"①。"由于处在太行山以西,山西古称山右,与山东之称山左相对立"②。山西是人类早期的重要活动区域,传说时代的许多故事都发生在山西境内,如妇孺皆知的"尧风"、"舜帝躬耕历山"、"大禹治水"、"螺祖养蚕"、"后稷教人稼穑"等等。自古以来,山西名人辈出,关羽、杨家

---

① 山西省地方志编纂委员会办公室编:《山西概况》,山西人民出版社1985年版,第1页。

② 周宋康:《山西》(分省地志),上海:中华书局1939年版,第1页。

将众英雄、王勃、王维、柳宗元、白居易、狄仁杰、武则天、关汉卿、罗贯中、司马光、杨深秀、傅作义、赵树理等名留青史，为华夏文明的发展和中华民族的强盛作出了巨大贡献。前近代时期，山西大地商号林立、商贸繁荣，山西商人以其特有的勤劳朴实、诚实经商的品质，获得了宝贵的商机，足迹踏遍中国的四面八方，甚至远至国外，从此赢得"晋商"的美誉。近代以来，虽然由于种种原因，山西的发展相对滞后，但是山西人民勤劳奋斗的精神和敦厚朴实的民风也赢得了人们的赞许，使山西在全国各行各业的发展中占有自己的一席之地。

山西区域史研究必然要涉及山西特定的自然、社会环境与生态条件。这些内容虽不是本书的重点，但对它们的正确、恰当了解却是研究山西近代农村社会所必不可少的，尤其对理解山西的农业及农村社会问题有着重要的引导、启示意义。

第一节 自然环境

ERSHI SHIJI ZHI ZHONGGUO

　　自然环境对农业的发展至关重要。可以说,到目前为止,自然环境对整个世界的农业甚至农村都有着重要的支配作用。本节相关的话题包括气候与水资源、地形与土壤、自然灾害、自然环境的封闭性等。

一、山西的气候与水资源

　　山西省位于华北地区, 处于北纬 34°34.8′~40°43.4′和东经 110°14.6′~114°33.4′的地理范围之间。东以太行山为界与河北相邻,西隔黄河之水与陕西相望, 北靠草原与内蒙古紧邻, 南凭山水远眺河南大地。南京国民政府时期,山西的北部曾以长城为界毗邻察哈尔、绥远两省。由于山西的省境四周山环水绕,因此素有"表里山河"之称。

　　"气候条件是自然条件中最重要、最活跃而且最难用人力大范围改变的条件"[①]。因此,对某一区域气候的了解是熟悉这一地区自然环境以至社会环境的基础。山西位于中纬度地区,为温带大陆性季风气候。全年温差大,年平

[①] 　丘宝剑等:《农业气候条件及其指标》,测绘出版社 1990 年版,第 1 页。

均气温 3℃~14℃。省境的北部地区和南部地区之间温差也较大，南部普遍高于北部。大同盆地、忻州盆地和一些山区的年均气温为 5℃~7℃，晋东南和太原盆地则是 8℃~10℃之间，临汾、运城盆地甚至高达 12℃~14℃。冬季全省普遍较冷，气温均在 0°C 以下。夏季全省高温，但是日温差较大。全省各地无霜期长短差距较大，北部的大同盆地、忻州盆地年均约在 110~150 天，不利于农作物的生长。而南部的临汾盆地和运城盆地的无霜期则多达 200~220 天，是全省最主要的农业区。

山西的水资源主要来自自然降水。但山西地处内陆，气候较为干燥，历史上有"十年九旱"的说法，全年降水量仅为 400~600 毫米，且季节分布不均。春季干旱少雨，当地民谚形容的"春雨贵如油"，正是对这一特点的恰当描述。春季干旱对自然植被的恢复更新影响很大，因此对农作物，尤其是小麦的生长非常不利，极大限制了小麦产量的提高，因为这一时期正处于小麦拔节和抽穗的重要阶段。所以，"就纯自然的关系上观察起来，山西的农耕，对于雨量的是否充分，便有决定的关系"①。夏季降水高度集中且多暴雨，降水量约占全年的 80% 左右。由于地形复杂，全省降水因此受地形影响很大，山区降水较多，盆地降水较少。

水资源的另一重要来源是河流。虽然山西省境西、南两面紧邻黄河，但境内陆地地表水十分贫乏。全省河流长度在 150 公里以上的仅有 8 条，分别是汾河、沁河、涑水河、三川河、昕水河、桑干河、滹沱河和漳河。如按河流的径流量计算的话，在全国的省份中排在后面，仅比宁夏多一点。有一个比较严重的问题是，山西境内山区的径流量远远大于盆地，但是山区用水量又远远低于盆地，因为山西的主要工业区和农业区基本都集中在盆地地区，这种情况严重影响和制约了山西经济的发展和社会的进步。

由于山西地表水资源的严重缺乏，地下水的利用就成了农业发展的重要途径。但是山西地下水资源利用又面临着很大困难，因为山西全省处在黄土高原之上，地表被厚厚的黄土所覆盖，而且地形往往较为复杂，"地貌类型以

_____

① 毕任庸：《山西农业经济及其崩溃过程》，载《中国农村》1935 年第 1 卷第 7 期，第 57 页。

黄土台塬、塬梁、土石山区为主,地下水埋藏较深"①。例如省境西南部的万荣县自古干旱少雨,且整个县境位于海拔较高的峨眉岭上,取用地下水十分困难,因此民间有"干万荣"的称呼。面对如此的地理环境特点,当地民间很早以来就开挖水池、开凿水井以积蓄自然降水,这一方法成为解决缺水地区用水困难的有效形式。

"山西高原,雨量稀少,地连蒙古,沙随风至,灌溉之利不广"②,由于水资源缺乏,山西全省耕地以旱地为主。民国资料显示,山西可用于灌溉的水地面积仅占整个耕地面积的 15.07%。③而且统计数字中的部分可灌溉地区的灌溉用水是取自于水池或水井而非河流或湖泊,水量小,耗费劳力却极大。由于地形的影响,利用河水灌溉的难度很大,所需费用也很高,即使在河流岸边也是如此。例如,据史料记载:20 世纪 30 年代,曾经"在禹门口,抽水达一百尺,以渠引至河津附近,再设二级抽水站,按地形之高下,抽水灌溉,其最高处,高于河身三百尺"④,"在晋南各县,十有九旱,天雨老是感觉到不足。又没有大的河流能够灌溉;一遇天旱,唯一的笨法子,就是凿井灌田,井又特深——四丈余至七丈余——平均每人每日能灌溉每亩四分之一"⑤。其艰难程度可以想见。这样的自然条件极大地限制了当地农业生产的发展。

二、山西的地形与土壤

山西省位于黄土高原的东翼,从地质学角度看,山西是一个由许多复杂山脉构成的高台地。全省外形略似一个由东北斜向西南的平行四边形, 南北

---

① 胡英泽:《凿池而饮:明清时期北方地区的民生用水》,载《中国历史地理论丛》2007 年第 2 期,第 63 页。

② 周宋康:《山西》(分省地志),上海:中华书局 1939 年版,第 85 页。

③ 金轮海:《中国农村经济研究》,上海:中华书局 1937 年版,第 28 页。

④ 《开发黄河瀑布及晋南晋中各处水力用以灌田及发展工业之初步计划》,山西省水利工程委员会出版,1934 年 11 月刊行,第 20 页。

⑤ 庄稼汉:《农村通讯——自夏县寄》,载山西农民自强协会编辑:《醒农半月刊》创刊号,1934 年 4 月 5 日出版,第 30 页。

长约550公里,东西宽约300公里。我国地势西高东低,自西向东分为三级阶梯,山西省处于第二阶梯的尾闾,往东跌入华北平原,大多数地方海拔都在1000~2000米之间。全省地貌类型复杂,平川仅占总面积的20.9%,山地则占到48.7%,其余为丘陵地区,区域间自然环境差异明显。从地势上看,山西省境四周,几乎都有山河环绕。虽然山西全省山脉林立,但北部又高于南部,东西两侧又高于中间地带。因此,全省地势起伏较大,最高处海拔为3062米,最低处仅为180米,海拔高低相差2800多米。主要山脉有东部的太行山,西部的吕梁山,北部的恒山、五台山,南部的中条山和中部的太岳山。这些山脉大都雄伟险峻,共同构成了山西地貌的主体。山西的中间地带被群山环绕,从北到南依次分布着大同盆地、忻定盆地、太原盆地、临汾盆地和运城盆地。这些盆地面积虽小,但土壤肥沃,交通方便,是自古以来山西的主要经济区和人们的主要活动区。

山西全省处于"黄土冲积地带",因此,黄土为全省的基本土壤。[1]但这些黄土又兼有深色和浅色两种,这一土壤现象"一般都发生于陕西省与甘肃省的黄土高平原区域和山西省的多山地带"[2]。详细来说,从昔阳东南白阳山起,经和顺、榆社北部,而后沿太岳山北段往南,再经霍县、汾西北部,越过吕梁山,穿过隰县、大宁北部,直到黄河岸,此线以南地带性土壤为碳酸盐褐土,以北为淡褐土(吕梁山以东)和灰褐土(吕梁山以西)。[3]由于黄土的流失性,造成山西境内地面切割程度相对较大,大多数地区地势崎岖,土层薄,不利于农耕作业的发展。

三、山西的自然灾害

气候学家竺可桢指出,"中国两三千年来各地的灾荒,史不绝书,而最多

---

①　周宋康：《山西》(分省地志),上海：中华书局1939年版,第11页。

②　张培刚：《中国的土壤——读梭卜氏"中国土壤与人文地理纪要"》,见千家驹：《中国农村经济论文集》,上海：中华书局1936年版,第223页。

③　山西省地图集编纂委员会：《山西省自然地图集》,内部资料,1984年版,序图组第11页。

的灾荒是旱灾和水灾"①。山西位于黄土高原的干旱地带,历来最主要的灾害便是旱灾,"明代以来全省雨量指数为32%,旱涝比约为2:1,旱较涝多一倍"②。旱灾一旦发生,农作物就会由于严重缺水而产量锐减,严重时甚至颗粒无收。"黄河流域的大旱通常以连旱的形式出现。在明清时期,最著名的有明崇祯年间连续十年(1632—1641)的干旱,以及光绪元年至四年(1875—1879)的干旱","山西是光绪初年连旱的一个中心地区"③,"清光绪三年(1877)是近百余年来山西省境内最严重的旱年","根据已查阅到的地方志,记载有'人相食'的县数,1877年达32县之多,1878年仍有23县,可见灾难之深重"④。另外,"因天灾的祸害而引起的贫困、马贼、战争,如在湖南及山西所见的那么,地价常常剧烈地低减"⑤。民国17年至19年(1928—1930),陕西、甘肃、山西、绥远、察哈尔等省连续大旱,同时有些地方并发虫、雹、风灾。其中,山西省受灾县数达86个,并发旱灾、蝗灾、疫病、风灾。⑥山西省南部,"灾情奇重,粮食飞涨,树皮草根,久已掘食净尽,最近人兽相食,死尸载道,直已入于不可收拾之境"⑦。"全省之灾以河东为重,河东又以西南两方面为极重……十七年大旱夏秋两季均颗粒无收……亲见妇孺遍野掘草根剥树皮以为食,若今春再旱,则全年又成凶荒。"⑧诸如1877年、1929年此类的大旱年,对山西的国民经济及人民生活产生了严重的影响。

山西省以干旱为主,但洪涝灾害亦非罕见,暴雨、山洪、淹没、积水的记载不绝于史书。产生这些灾害的主要原因是暴雨集中、秋季阴雨连绵、河道行洪

第一章 山西的自然和经济环境及人文乡土

---

① 程延年等:《气候变化与作物产量波动》,上海知识出版社1990年版,第22页。

② 山西省地图集编纂委员会:《山西省历史地图集》,中国地图出版社2000年版,第122页。

③ 满志敏:《光绪三年(1877)北方大旱灾气候背景研究》,见复旦大学历史地理研究中心主编:《自然灾害与中国社会历史结构》,第19页、第20页。

④ 山西省地图集编纂委员会:《山西省历史地图集》,中国地图出版社2000年版,第127页。

⑤ [日]田中忠夫:《中国农业经济资料》,汪馥泉译,上海:大东书局1934年版,第1页。

⑥ 冯和法编:《中国农村经济资料》,上海:黎明书局1935年版,第139—140页。

⑦ 《晋南灾区之调查》,载《申报》1929年6月23日第10版。

⑧ 行政院档案:《王瑚报告晋绥两省灾情给行政院的呈文》(1929年4月),见《中华民国史档案资料汇编》(第5辑第1编第7册),第473页。

能力差或堤防失修。①除旱灾和涝灾之外,山西省常见灾害还有冰雹、霜冻等,对农业生产都造成过较大的影响。

---

① 山西省地图集编纂委员会:《山西省历史地图集》,中国地图出版社 2000 年版,第 123 页。

第二节 经济环境

ERSHI SHIJI ZHI ZHONGGUO

一、耕地状况与人地关系

首先了解民国时期的山西土地面积。至迟在抗日战争爆发前,山西省土地面积仍然有几种数据,说法不一,大致有:"参谋本部陆地测量总局是470 000 旧制方里(合 623 739 方市里)、山西民政厅是 471 463 旧制方里(合 625 680 方市里)、北平地质调查所是 171 332 方公里(合 685 328 方市里)、曾世英氏 161 842 方公里(合 647 368 方市里)。"[①]不过,从当时和现在的各种情况来看,民国时期山西的土地总面积为 16 万平方公里以上,这一点应该是肯定的。

再来看民国时期的山西耕地面积。光绪二十九年,清朝政府查核山西田地面积为 532 854 顷[②],约合 53 285 400 亩。之后,山西耕地面积逐年小幅攀

---

① 《各省市行政区地方辖境总面积各说之比较》,见内政部统计处编:《全国行政区划及土地面积统计专刊》,无出版地址,1938 年 5 月印行,第 10 页。

② 萧一山:《清代通史》第 4 卷,上海:中华书局 1923 年版,第 1561—1563 页。

升,到 20 世纪 30 年代初,如下表所示,山西耕地面积增加到一个新的高度,全省总计 60 560 000 亩,农民户均达到 32 亩。

表 1.1　1931 年全国及山西省耕地面积统计表

地理范围	耕地总面积 (单位:千市亩)	农业人口(单位:千户)	平均每户耕地 (单位:市亩)
全国	1 248 781	78 568	21
山西	60 560	2263	32

表 1.2　1931 年全国各省每农户平均亩数

山西	32	湖北	15	四川	19
山东	19	湖南	22	云南	20
河南	12	陕西	24	贵州	19
河北	24	宁夏	37	广东	12
福建	14	甘肃	30	热河	40
浙江	13	新疆	40	察哈尔	54
江西	13	黑龙江	103	绥远	75
江苏	18	吉林	70	全国平均	21
安徽	20	辽宁	41		

资料来源:以上两表均出自国民政府主计处 1931 年统计的全国各省每农户平均亩数。参见刘世仁《中国田赋问题》,商务印书馆 1935 年版,第 81—83 页。

就全国范围来看,山西省在 1931 年时虽然每农户平均占地亩数较高,达到 32 亩,仅次于黑龙江、吉林、绥远、察哈尔、热河、新疆等省,远高于全国平均的每户 21 亩的数额,但是,山西的土地贫瘠、干旱,再加上进入 30 年代后土地集中程度又比较高,土地大多掌握在地主富农手中,因此,对普通农户来说,人地关系还是比较紧张,生活也是十分艰难的。看下表:

①　刘世仁:《中国田赋问题》,上海:商务印书馆 1935 年版,第 81—83 页。

表 1.3　抗战前山西农村土地占有状况表

阶级阶层	户数		人口		占有土地	
	户数	占总户数(%)	人数	占总人数(%)	亩数	占总亩数(%)
总计	173 767	100	732 311	100	2 746 506	100
地主	3324	1.91	26 117	3.57	303 564	11.05
富农	8427	4.85	47 300	6.40	414 263	15.08
中农	68 848	39.62	333 095	45.48	1 544 210	56.22
贫雇农	85 649	49.29	298 241	40.73	443 681	16.15
赤贫	5646	3.23	19 829	2.71	21 100	0.76
其他	1873	1.07	7729	1.05	18 932	0.69
公有地	——	——	——	——	756	0.05

资料来源：中共山西省委党史研究室、山西省档案馆编《太行革命根据地土地问题资料选编》(内部资料)，1982 年版，第 11 页。本表包括介休、祁县、阳曲、太谷、榆次、赵城、稷山、平定、盂县等 9 个县部分村材料和晋西北 20 个村、晋北 101 个村、晋东南 123 个村的材料。

在涉及整个山西省的范围内，占调查总数约 6.76% 的地主和富农占据着整个耕地的 26.13%，而占调查总数约 52.54% 的贫雇农却只占有整个耕地的 16.91%，户均土地占有量仅为 5.9 亩，不到地主的 1/15。以如此少量的土地和当时极低的亩产量来维持一家的生活，其艰难程度是可想而知的。

另外，到 20 世纪 30 年代中期，全省土地耕作面积急剧减少。这一方面是因为长期持续战争的破坏，另一方面也是由于地价大跌，田赋负担增加，农民种地大多入不敷出，因此宁愿撂荒而乞讨，也不愿耕种。如果不包括撂荒的土地，则全省在耕面积还不到三千万亩，每人则平均不到三亩。这一情况势必严重影响山西的农业和其他行业的经济发展。

表 1.4　1934 年全国及山西省耕地面积统计表

地理范围	耕地总面积(单位:千市亩)	农业人口(单位:千户)	平均每户耕地(单位:市亩)
全国	1 410 731	331 842	4.25
山西	27 879	9876	2.82

资料来源：许道夫《中国近代农业生产及贸易统计资料》，上海人民出版社 1983 年版，第 10 页。

二、农业发展

由于特殊的自然环境和地形特点,山西全省耕地的分布极为集中,几乎全部处在中部狭长的盆地内,因此,耕地占土地总面积的比例很小,仅仅只有7.1%,并且各地的土地利用率由于地形、土壤的不同而差别很大,平原地区为70%,黄土丘陵为35%,山地仅为10%。①南京国民政府前期,情况不容乐观。由于整个山西区域位于黄土高原的干旱地带,旱灾频繁,再加上垦殖历史悠久,又历经历代战乱,到南京国民政府前期,山西的自然资源已遭到极大的破坏,土地利用率和农业产量都较低。举个例子来说,当时"武乡的农田,皆在高原之上,而五台山之农田,则多在河边或山边,且多为梯田"②。据南京政府中央农业实验所1934年所做的调查报告显示,当时山西的荒地占土地总面积的13.8%,可耕地占荒地总面积27.7%,可耕荒地占土地总面积的3.82%。③而且,由于地近寒带、土壤贫瘠,山西土地的亩产量一般都很低,"每亩收获,通常以五六斗为准则,但交城每亩收一石八斗,左云、阳高等县则有仅收一斗者"④。粮食种类以小麦、小米为主,全省"共计栽培面积 50 266 077亩,常年产量 58 576 488 担"⑤。具体粮食产量和品种看下表所示:

① 徐月文:《山西经济开发史》,山西经济出版社1992年版,第305—306页。

② [美]卜凯:《中国农家经济》,张履鸾译,上海:商务印书馆1936年版,第16页。

③ 冯和法编:《中国农村经济资料》(上),上海:黎明书局1935年版,第246页。

④ 《晋省人口田赋调查》,载《地政月刊》1934年第11期,第2353页。

⑤ 周宋康:《山西》(分省地志),上海:中华书局1939年版,第88页。

表 1.5　山西主要粮食作物亩产量表（单位：市斤）

品种	1931 年	1932 年	1933 年	1934 年
小麦	77	94	104	120
大麦	79	91	95	119
燕麦	—	—	83	87
谷子	122	135	135	139
玉米	117	144	144	151
高粱	115	148	131	135
糜子	106	124	94	110

资料来源：中共山西省委党史研究室、山西省档案馆：《太行革命根据地土地问题资料选编》（内部资料），1982 年版，第 35 页。

山西省农业发展历史悠久，而且省内自然条件复杂多样，有平川，有丘陵，有山地，为农、林、牧、副、渔的发展提供了多种不同的条件。但是，"由于垦殖开始甚早，历代战乱不止，盲目的毁林毁草活动从未停止"[1]，以致到民国时期，山西的自然资源已遭到极大的破坏，到处是童山秃岭，植被稀少，水土流失非常严重，大面积的黄土层被切割成千沟万壑，大量耕地是"没雨苗不长，有雨流黄汤"。不仅是山区，就是平川的作物产量也很低，1949 年全省粮食平均亩产仅 80 多斤。[2]可见当时山西农村生产力的低下和农业的落后程度。

①　滕崇德、张启耀：《山西植被的历史变迁》，载《河东学刊》1998 年第 2 期，第 29 页。

②　山西省地图集编纂委员会：《山西省自然地图集》（内部资料），1984 年版，序图组第 1 页。

第三节　行政区划与人文乡土

ERSHI SHIJI ZHI ZHONGGUO

一、行政区划与人口情况

山西自古是我国的行政和军事要地。清朝末年,山西省下辖九府、十州、六厅,共 108 县。辛亥革命后,民国政府于 1912 年对山西行政区划进行了改革和整顿,废除了府州,并对县制进行了调整。①民国初年,"山西省原有县 90 个,后以州改置,添加 15 县,至 1937 年共 105 县"②,"省会在阳曲县"③。因此,民国时期,山西的行政区域划分与现在略有不同。

山西是中华民族的发祥地之一,也是我国古代和近代人口繁衍的主要地区。

据清末宣统年间民政部户口调查记载,当时全省人口为 10 099 135 人,共 2 097 012 户,每户平均 4.8 口人。④民国前期山西人口数量较为稳定,常年基本固定在一千一百多万,但具体数字各家说法有较小的出入。据当时山西省

---

① 李玉文:《山西近现代人口统计与研究》,中国经济出版社 1992 年版,绪言。

② 《民国元年以来各省行政区划变更统计》,见内政部统计处编:《全国行政区划及土地面积统计专刊》,无出版地址,1938 年 5 月印行,第 3 页。

③ 周宋康:《山西》(分省地志),上海:中华书局 1939 年版,第 8 页。

④ 李玉文:《山西近现代人口统计与研究》,中国经济出版社 1992 年版,绪言。

政府统计,民国 18 年计 12 130 469 人,民国 22 年太原经济建设委员会经济统计处调查山西全省人口,统计为 11 300 087 人。民国 24 年实业部国际贸易局的调查系根据山西各县所呈报的数目,计人口总数为 11 327 931 人。① 现代学者严中平根据民国的一些资料也对南京政府前期的人口做了记录。

表 1.6 1927—1936 年 10 年间山西省人口数量表(单位:千人)

年份	1927	1928	1929	1930	1931	1932	1933	1934	1935	1936
人口数	11 980	11 672	12 130	12 059	11 971	11 746	11 590	11 601	11 328	11 470

资料来源:严中平等编《中国近代经济史统计资料选辑》,科学出版社 1955 年版。

尽管各家的统计数字稍有不同,但南京政府前期山西的人口数量由此却可大致予以了解。

户口数在这一时期有一定变化,最多时为 1927 年的 2 355 000 户,最少时为 1935 年的 1 830 000 户。②

表 1.7 1927—1936 年 10 年间山西省历年户口比较表(单位:千户)

年份	1927	1928	1929	1930	1931	1932	1933	1934	1935	1936
户数	2355	2266	2268	2239	2209	2196	2162	2171	1830	——

资料来源:《山西省户口历年统计表》,山西省政府秘书处编印《山西省统计年鉴》,无出版地,第 98 页。

二、乡土与民风

由于特定环境的影响,山西区域社会形成了独特的民间风俗习惯,山西农村社会也具有浓郁的人文乡土气息。

---

① 周宋康:《山西》(分省地志),上海:中华书局 1939 年版,第 62 页。

② 许道夫:《中国近代农业生产及贸易统计资料》,上海人民出版社 1983 年版,第 52 页。

　　山西四周以众多的山脉和汹涌的大河构成了天然的防御体系,而境内河谷与盆地养育着众多人民,自然条件独特。但山西周围群山环绕,形成了一个相对封闭的自然环境。随着历史的演变,山西社会显现出闭塞性的内陆省份的特点,"形成了山西民众独立封闭、注重自我、安于统治的小农心理"[①]。这一特点在偏远的农村地区尤其如此。"在地形复杂的山西省内各多山地区,村落往往分布稀疏,人口分散,传统国家行政对山西农村社会的管理处于无效、无序状态。"[②]例如,"山西五台,距近代交通上的便利更远,山西武乡农产的市场中心,在河北顺德一带。其主要产物,如谷子、高粱、小麦等,大都要由骡驴运载五十公里之途程,始抵目的地。鸡与鸡卵等多运至山西太谷,其距离约有一百公里。"[③]因此,有学者总结说,作为一个特定的区域社会,山西农村便具有一定的地域特征,那就是"低产多灾的旱作农业体制与内向封闭型的村落社区结构相伴而生"[④]。而整个近代山西则"依然维持着小农经济的生产方式"[⑤]。

　　可以看出,自然环境在这里发挥了巨大的作用,决定着人们的生产活动、生活水平甚至思想与行为。

　　不过,进入近代后期,山西社会也产生了一些新的变化。尤其是近代工业的创办和发展,使得山西的产业结构、城乡结构、阶级结构、劳动者的知识结构发生了很大变化。[⑥]整个山西社会也随之缓慢地向前发展。

　　山西人民虽然性格相对保守,但"晋民性俗,从古以美善著称";"人知自好,鲜蹈法犯刑之事。人民质朴勤勉"。[⑦]山西人敦厚勤奋、诚实可信的品质给

①　赵永强:《民国时期的山西:政治发动与经济剥夺——兼议同期之山西社会发展主线》,载《山西档案》2005 年第 1 期,第 53 页。

②　祖秋红:《"山西村治":国家行政与乡村自治的整合(1917—1928)》,首都师范大学 2007 年博士论文,第 12 页。

③　[美]卜凯:《中国农家经济》,张履鸾译,上海:商务印书馆 1936 年版,第 18 页。

④　张佩国:《土地资源与权力网络——民国时期的华北村庄》,载《齐鲁学刊》1998 年第 2 期,第 99 页。

⑤　李茂盛、杨建中:《试述 20 世纪二三十年代山西社会转型》,江沛、王先明主编《近代华北区域社会史研究》,天津古籍出版社 2005 年版,第 204 页。

⑥　李茂盛、杨建中:《试述 20 世纪二三十年代山西社会转型》,江沛、王先明主编《近代华北区域社会史研究》,天津古籍出版社 2005 年版,第 204 页。

⑦　周宋康:《山西》(分省地志),上海:中华书局 1939 年版,第 77 页。

人们留下了深刻的印象。而且,在民国时期,山西的教育较为发达,受教育的民众很多。山西义务教育"普及程度在全国首屈一指。如太原失学者仅有千人,大同仅有数百人,代县仅有一百余人,余可类推"[①]。

小 结

山西是一个特定的区域,有着自己独特的自然环境。全省四周山水环绕,境内山脉林立,丘陵盆地散布其间。地形复杂,地势极度高低起伏。因处在典型的温带大陆性季风气候控制范围之内, 全省春季干旱少雨,雨水大多集中在夏季。山西全省位于黄土高原的干旱地带, 历来最主要的自然灾害便是旱灾。由于山西垦殖历史悠久,加上历代战乱不止,盲目的毁林毁草活动又从未停止,因此,到民国时期,山西的自然资源已遭到极大的破坏,到处是童山秃岭,植被稀少,水土流失非常严重,"十年九旱"、"三年两旱"、"四年一大旱"是对这一区域旱灾的形象写照。民国时期,耕地占全省土地总面积的比例很小,且较为集中。人均占有耕地虽然较多,但由于土地贫瘠,农业产量并不高。

由于自然环境的影响,山西社会显示出独特的人文乡土气息。山西四周群山环绕,形成了一个相对封闭的自然环境,由此形成山西民众独立封闭、注重自我、安于统治的小农心理。但到了近代后期,伴随着外部因素影响的加大,山西社会也开始逐渐发生变化,并缓慢地向前发展。

---

① 周宋康:《山西》(分省地志),上海:中华书局1939年版,第81页。

第二章 CHAPTER TWO

田赋负担问题的产生

　　近代以来，外有列强屡次入侵，内有各地民众起义，再加上西学东渐而新政日增，政府财政拮据日甚一日，黎民百姓负担越来越重，至民国年间，以田赋为主的税负赋额攀升到一个令人难以置信的高度，各种经济和社会问题接踵而来，严重影响了中国社会的正常运转和进一步发展。因此，可以说，20世纪二三十年代的田赋征收已不仅仅是一个简单的税务活动，而是升级为挟裹和暗藏着经济问题、政治问题等诸多方面问题的一个个危险漩涡的社会问题，由此，笔者称之为"田赋负担问题"。

二十世纪之中国——乡村与城市社会的历史变迁

第一节　田赋的历史沿革

ERSHI SHIJI ZHI ZHONGGUO

　　为了更好地理解民国前期山西的田赋负担问题，以下首先对历史上田赋税种的发展变化作简要的了解。

一、田赋制度的演变

　　"田赋"是一项古老的赋税,原始社会晚期即存在,已历经数千年。"自任土作贡之法见于夏书,是为吾国言租税之始"[1]。据记载,"夏后氏五十而贡,殷人七十而助,周人百亩而彻,其实皆什一也"[2]。也就是说,自古田赋赋额就是按收获物的百分之十来收取的。先秦史书《国语》中又说"社而赋事,蒸而献功……古之制也"[3],说明至迟在春秋时期以田地收入为征收标准的赋税已经成为老百姓固定的负担了。后来,随着时代的变迁,农业生产者的赋税又发生了一些变化。概括起来,这些赋税包含了两大系统:"第一系统是田赋,也就是

---

① 晏才杰:《田赋刍议》,共和印刷局1915年版,序言。

② 《孟子》(上),"东方巨人网",网址http://www.dfjr.org.cn/article.。

③ 《国语·鲁语》(下),上海古籍出版社1982年版,第208页。

对农业生产活动的课税。另外一个系统就是人头税,即所谓'丁'者课税。"①

明朝中期,政府对赋税进行了改革,把人头税并入田赋之中,简化了征收程序,实现了赋税历史上的大变革。此后,农民负担基本以田赋形式征收,而田赋的多少又基本以土地"科则"来确定,其方法就是将"土地肥沃与瘦瘠,分为若干等则,定为征税标准,而确定一种税率"。"科则两字,沿用甚久",政府即根据这一标准来确定纳税之多寡。②田赋的传统征收标准除了上面所说的"科则"之外,另外还有以田亩面积为标准和以种子或收获量为标准来征收的。③

清朝时期,按照土地所有者的不同,田赋被分成了两大部分。土地为私人所有者,其缴纳的田赋称丁漕;土地为国家所有,租给私人耕种者,其缴纳的田赋则称租课。其中,丁漕又包括地丁和漕粮两部分,前者"向系征银",后者则"派征本色"。④鸦片战争后,田赋征收开始发生变化。由于政府将大部分赔款及其他一些名目的税收分摊给地方负担,地方各省又把这些负担全部转到农民头上,于是田赋征收的数量急剧增加,性质也发生了重要变化,具体体现就是农民负担的加重和田赋管理体制的变化。就全国范围整体而言,自民元到民十七,则田赋正税率增加1.393倍。⑤至为严重的是,进入民国时期,"田赋附加"尤为泛滥成灾,成为田赋负担问题产生的重要根源。"田赋附加"的实质就是田赋带征各款。前清时,"地丁有随征耗羡漕,漕有漕正耗,在民国规定者,地方有附加税,官厅有征收费,中央专款有附税,原因复杂,名目繁多,考其性质,均系额外加征"⑥。总体来看,从清末到民国,田赋的征收处于"由清末传统的田赋赋役制向现代税收制转化而法制又极其不健全的情况下,矛盾和冲突变得更加突出。人们得到的一般印象是:农民的负担愈来愈沉重。从全国

---

① 赵冈:《中国传统农村的地权分配》,新星出版社2006年版,第12页。

② 严与宽:《县财政》,上海:大东书局印行,1934年版,第16页。

③ 刘振东:《县财政建设》,中央政治学校研究部1941年版,第73页。

④ 郑启东:《转型期的华北农村社会》,上海书店出版社2004年,第205—206页。

⑤ 徐羽冰:《中国田赋之一考察》,载《东方杂志》第31卷第10号,1934年5月,第55页。

⑥ 张一凡、潘文安主编:《财政金融大辞典》,上海:世界书局1937年版,第271页。

来看,民国田赋总量较清代为重"①。另外,民国时期,各地田赋负担也有很大差别,"大抵以江浙诸省为最高,四川预征最巨,冀省赋税甚轻,湘鄂正税轻而附加重,鲁省每银一两征至四元,而冀省每两不过二元有奇;苏省每两虽仅二元零五分,然漕米每石征至五元之巨,为华北各省所无之现象"②。不过,虽然各地田赋赋额有轻有重,但总的来看,各地的田赋都超过了农民的承受力,只是程度不同而已。况且,田赋赋额的轻重也是根据当地的具体情况而定的,赋税征收者是不会放松对任何一地农民的搜刮的。

民国元年,田赋征收发生了另一个重要的变化——"废两改元",这一变化对赋税缴纳产生了很大的影响。

民国政府建立之前,在各地的田赋缴纳中就存在有"本、折"两色的不同,先后经历过"粮""钱""两""元"的沿革。那么,利用各种复杂的"改征"和"折算"来额外增加田赋赋额,正是统治阶级历来惯用的伎俩。民国建立后,政府实施了新的货币制度即银元制度,同时银两制度也被暂时地保留下来,社会上出现了银两和银元并行流通的局面。传统上,中国田赋征收的是忙银和漕米,忙银以两为单位,漕米是一种实物的缴纳,以石为单位,这种征收制度被称作两石办法。但是,从民国初年开始,中央政府规定,田赋缴纳一律以银元结算,于是发生了最普通的一种折征,即由两折成元,或由石折成元,而实际上"则发生双重的折征,即由银元额再折到流行的银元。甚至有三重的折征,即由钱折成两,由两折成银元,再折成市面流行的银元"③。由于田赋征收时的货币改折率和所使用的度量衡都存在复杂和变化的情况,这就给不法之徒提供了剥削和捞取不义之财的机会,同样也使政府可以从银两到银元的换算中榨取更多的财富。因此,就在这些折算之中,"农民已被课征了无形的附加"④。也就

① 侯建新:《民国年间冀中农业成本农户负担与剩余——来自11村的一项计量分析》,载《理论与现代化》2001年第5期,第65页。

② 刘支藩:《评全国财政会议中财政部整理田赋之两提案》,载《申报》1934年5月1日第9版。

③ 王元璧:《田赋征收制度的改革》,载《东方杂志》第32卷第7号,1935年4月,第131页。

④ 朱汉国、王印焕:《民国时期华北乡村的捐税负担及其社会影响》,《河北大学学报》(哲学社会科学版)2002年第4期,第6页。

是说,"将向来的钱或现物缴纳的改折为银元之时,其率比实际的高,所以田赋也一般地提高了"①。按当时的实际价值来算,银两在进行换算时,"一两约合一元五角,但许多省大多按照一两折合二元或二元数角的换算率征收"②。

对于两、元之间的换算率,日本学者长野郎有详实的记述。

看下面的表格:

表2.1　民国初年部分省份两、元换算率

项目 省份	银一两改折银元的率
山西	一元八角
山东	二元二角
河南	银元,半银半钱(银每两加三四钱,钱的改折不定)
江苏	二元一角
直隶	二元三角
湖北	三千文
四川	一元六角
云南	一元五角

资料来源:(日)长野郎著,王晓华译《中国的财政》,《民国档案》1993年第3期,第70页。

看得出来,大多数省份在换算过程中"都做了手脚"。还有资料显示,"京兆、直隶两省区统按正额每两改征银元二元三角……山东省地丁及并卫地丁每两正耗并计折征二元二角,租课亦随同地丁每两折征二元二角;河南省丁地银每两改征二元二角,小粮改征二元;山西省地丁正银每两折征二元三角……"③但实际操作中情况更为复杂,很多山西的地方志都有详细的记载。如运城市盐湖区(即原解县和安邑县)在"民国三年(1914)原征银两、粮食,改

①　[日]长野郎:《中国土地制度的研究》,强我译,中国政法大学出版社2004年版,第206页。

②　[日]长野郎:《中国的财政》,王晓华译,载《民国档案》1993年第3期,第70页。

③　晏才杰:《民国元年以来各省区丁地改征银元情形》,见《最近各省区田赋情形汇编底稿及有关资料》,中国第二历史档案馆藏,全宗号1027,案卷号246。

征银元……银币每元含银七钱二分,每两银应折一元三角八分九厘。解县和安邑县都按每两粮银折银元二元征收,税率实际高了43%。此外,每两税银加征解税一角,地土摊捐二角,民国四年(1915)又加收赔款二角,实际每两银折银元二元五角^①。武乡县"从民国三年(1914)起,全县所征银两改征银元,开始每两色银折征银元2元,后增至3元,地方附加税每两三角,征收费每两三分,共计每两色银折银元增至3元3角3分(每两色银应折银元1.389元)……经过中间多次盘剥,到老百姓手里,就成为5、6元,甚至高达7、8元"^②。

不过,当时的情况是,直到20世纪30年代,很多地方仍按照两石办法。于是,中央下令:"各省市田赋正税暨附加等款一律依照废两改元通案切实废除两石办法,改按标准国币征收……原有附加各项亦随同正税改按国币征收","此项改元办法限于二十二年度开始"。^③

二、南京政府建立前的山西田赋概况

进入近代时期,山西社会逐渐发生了一些新的变化,但由于深处内陆,各方面的变化相对缓慢。举例说,山西对中央赋税制度的执行就比全国大多数省份迟了很多。清朝中期推行的"摊丁入亩"制度,"直到光绪中后期,才在山西全省范围内实行",之前还有许多州县实行田赋、丁税分征。^④不过,虽然山西社会整体上发展较为缓慢,但清代后期山西农民的税费负担并没有因此而轻于其他省,相反,很多时候,山西农民负担还要更重。清末,随着战争的连续失败和赔款的不断增加,国家财用日益拮据,中央便把财政负担扔给地方各省,"山西年均负担近300万两,教案赔款近40万两"。山西地方官府又把这些负担转嫁到劳动人民头上。当时山西出现了"征银一两,必完至四五两"的情

---

① 马秋来主编:《运城市盐湖区财政志》,中央文献出版社2004年版,第42页。

② 张志文、韩炳祥:《武乡财政志》,山西经济出版社1996年版,第49页,山西省图书馆藏。

③ 《田赋废两改元征收办法》,中国第二历史档案馆藏,全宗号2,案卷号2903,缩微号16J-1180。

④ 张玉勤主编:《山西史》,中国广播电视出版社1992年版,第247页。

形。①

因此，当时山西农民的负担也已十分沉重。政府在财政文件上即说："以西
陲僻壤之乡，其田赋之负担竟抗衡于川、鲁诸省，额征将近三百万……此赋税
亦为不轻矣。"②

民国初年，山西田赋仍循清末旧制，征收银钱和实物。1913年，全省"归并
税目，征收银元"③，"田赋征收以地丁银每两折银元2元计算"④。同时，"地丁
一项，每征正银一两，随征耗羡银一钱三分，亩捐银一钱五分，平余银一二钱
不等，再加以归并各款、汇价、杂费等项，各县多则随征银七八钱，少亦四五
钱"⑤。太原等地地丁银折合银元时更高，"每两银定为大洋二元五角"⑥。北洋
政府统治时期，山西财政基本上处于混乱状态。阎锡山执政山西之后，由于采
取了一些措施，山西的财政状况稍有好转。不过，在阎锡山政府的财政收入
中，相对于其他省而言，田赋收入占据着更高的地位。有资料显示，从1912年到
1926年期间，田赋占全省财政收入总额的60%~70%左右，其中个别年份占收入
总额的80%以上。⑦为了更清楚地了解山西田赋在当时本省财政中的地位，下
面将1915年至1918年山西省与全国部分省份税收年均总额与田赋征收数额作
一简略比较。

---

① 武静清、陈兴国：《十九世纪末二十世纪初叶山西财政与经济》，中国财政经济出版社1994年
版，第42页。

② 《山西财力与各省之比较》，见《山西全省财政说明书》1911年版，山西大学图书馆藏。

③ 武静清、陈兴国：《十九世纪末二十世纪初叶山西财政与经济》，中国财政经济出版社1994年
版，第113页。

④ 闻喜县志编委会编：《闻喜县志》，中国地图出版社1993年版，第217页，山西省图书馆藏。

⑤ 武静清、陈兴国：《十九世纪末二十世纪初叶山西财政与经济》，中国财政经济出版社1994年
版，第113页。

⑥ 刘大鹏遗著：《退想斋日记》，乔志强标注，山西人民出版社1990年版，第268页。

⑦ 刘建生、刘鹏生：《山西近代经济史》，山西经济出版社1997年，第485页。

表2.2　部分省份1915—1918年年均赋税收数比较表

省份	税收总额(元)	田赋数额(元)	田赋占税收总额的比例(%)
山西	6 210 651.492	4 688 387.822	75
陕西	4 705 093.949	2 977 521.489	63
河南	6 760 682.407	5 141 773.84	76
山东	13 525 430.446	9 986 571.126	73
湖北	10 801 096.018	3 514 247.895	32
浙江	16 582 505.823	7 325 382.665	44
江苏	15 370 185.312	8 142 454.949	53

　　资料来源：中国第二历史档案馆,《各省区1915年—1918年赋税收数比较表》,全宗号1027,案卷号865。

　　一般情况下,在沿海地区及工商业较为发达地区,田赋占税收总额的比例总体上相对较低,反之,田赋所占比例就较高。在这三年期间,山西省的税收总额年均约为620万,田赋征收数额则为近470万,田赋占到总税收的75%,仅低于河南的76%,在全国也是名列前茅的。而在工商业较发达的湖北、浙江、江苏诸省,田赋占税收总额的百分比仅仅分别为32%、44%、52%。

　　在此期间,阎锡山在山西逐步实施"村制"建设,尤其是多次发动和参与军阀战争,这些军事行动都花费了巨额的财政资金,因此,山西的财政状况又恶化起来,农民负担急剧增加。这一状况一直延续到抗日战争爆发。

第二节　一个地域广泛的社会问题

ERSHI SHIJI ZHI ZHONGGUO

一、问题的产生

20世纪二三十年代,中国各地普遍出现了严重的社会问题——田赋负担问题。相比于晚清时期或更早的中国社会,这一时期的田赋征收在性质上发生了重要的变化, 出现了地方政府征收行为脱离中央政府控制和高度随意性的特征,这是田赋征收历史上并不多见的现象。田赋负担问题的产生及不断恶化引起了当时国内外很多人士的密切关注,成为各界讨论的重要话题。由于在中国的历史上,"租税极重要伟大者厥为田赋"[①]。田赋是历代政府财政的基石、政府运转的主要物质保障和关乎民生的重要事务。同时,从经济学上来看,赋税"具有独特的调控功能,而且税收活动对一个国家的财政影响巨大"[②]。从社会学的角度看,由于在国家和社会之间存在资源划分的问题,"国家占用得多就意味着其他社会成员可支配的再生产的资源、用于满足自

---

① 雷天锡:《中国农业制度与农业政策》,见王仲鸣编译《中国农民问题与农民运动》,上海:平凡书局1929年版,第53页。

② 国家税收科学研究所编:《西方税收理论》,中国财政经济出版社1997年版,第77页。

身各项消费的资源总量就会减少"①，因而，田赋又是国家和农村社会联系的重要纽带，也是双方之间的"一个核心问题和利益争夺的焦点"②。由以上综合来看，"中国底农民对于国家及公共团体，有如何的财政上的负担，这在中国底政治上、经济上、社会上，是现在的重要问题"③。

在漫长的封建社会，田赋一直是历届政府财政的最主要收入，即使在清代咸丰（1851—1861）时期，田赋仍然占国家财政收入的70%以上。清末"新政"后，政府收入中田赋所占比重开始有所下降，④但其绝对征收赋额仍是很高的。此后，在整个北洋政府时期和南京国民政府前期，国家的工商业得到了前所未有的发展，农业产出在国民经济中的比重相对下降，农业税——田赋的征收比重也相比古代来说大大降低。但奇怪的是，在封建社会的大多数时期，田赋在国家的财政收入中占大多数的比例，而田赋负担问题并没有凸显，或者说，田赋负担问题并没有表面化，而1912年以后，田赋在国家财政收入中的比例已大大下降，为什么却说出现了田赋负担问题？

这正是本书在展开全方位论述之前要谈论的一个重要话题。实际上，就当时中国的具体情况来看，田赋负担问题是否产生并不在于单纯的比例问题，而是主要看隐藏在比例问题背后的田赋实际征收数额和相关的其他各种农民负担的多少以及农民负担加重对社会影响的严重程度。而且，在本书要探讨的田赋负担问题中，对于观察田赋正税所占国家财政收入的比率是一方面，更重要的是须对田赋附加和由此引起的农民其他负担的加重予以充分的关注，因为当时"农村经济破产之普遍原因，实为税捐之繁重，税捐中归农民直接负担者厥维田赋，而田赋中之有加无已使农民负担至不能负担者，则为附加税"⑤。再

48

① 曾峻：《公共秩序的制度安排——国家与社会关系的框架及其运用》，学林出版社2005年版，第51页。

② [美]杜赞奇：《文化、权力与国家：1900—1942年的华北农村》，王福明译，江苏人民出版社2006年版，第51—52页。

③ [日]田中忠夫：《中国农业经济资料》，汪馥泉译，上海：大东书局1934年版，第1页。

④ 邢丙彦：《晚清田赋改革：国家与社会的互动》，见唐力行主编：《国家地方民众的互动与社会变迁》，商务印书馆2004年版，第112—113页。

⑤ 朱契：《田赋附加税之繁重与农村经济之衰落》，载《地政月刊》第1卷第10期，1933年10月，第1397页。

者，"中国财政的负担，不论间接的如关税，统税，营业税，内外债，通过税，直接或较直接的如田赋，盐税，契税，屠宰税，牙税，摊派，勒索等，其最后的着落必然地归结在农民身上"[①]。由此看来，研究农民的田赋负担必定还要涉及农民的其他一些财政负担。鉴于篇幅的限制，本书主要探讨田赋、田赋附加以及田赋在征收中的变种——摊派（包括军事摊派即"兵差"）等几项农民的主要负担。

对于田赋附加税的概念，1933年颁布的《整理田赋附加办法草案》第二条中是这样规定的："旧有之正税外，凡以亩数（即亩捐）或赋额及串票等为征收标准之一切税捐均以附加论。"[②]其征收的具体项目在各地并不一致。在当时的山西，"田赋附加税一般分为四类：一是额外税收，如警费、学费、区费、差徭等；二是生息，如学款生息、公款生息等；三是杂捐，如粮捐、油帖捐、铺捐、牲畜牙捐、屠捐、店捐、婚帖捐、烟酒税捐等；四是杂款收入，如田房交易公证费、过割费、农务局收益等"[③]。

问题产生与恶化的过程也是附加税不断膨胀的过程。"在清政府国家政权建设后期拼命搜括财源的情况下，赋税以五花八门的附加形式成倍地急剧增长，尤其是亩捐（即非法定的附加税），依照法定税率的两倍征收，以便政府能够偿还外债并为现代化项目提供资金支持。"[④]附加税不断成为法定的正式预算是田赋负担问题产生的一个重要原因。"自清末准各省附征附税以办新政后，遂有各项附加如自治学捐等附税；民国以来，各省有筹堤防费而附征堤防捐者，又有附征清乡或剿匪捐者，各不一致。"[⑤]政府的这种政策在民国时期变本加厉地执行着，大多数时候其滥征程度都超过了前代。由于"晚清政府无论如何的财政拮据，碍于祖上'永不加赋'的圣训，毕竟对增添赋税有所顾忌。民

① 孙晓村：《苛捐杂税报告》，见《农村复兴委员会会报》第12号，1934年5月版，第3页。

② 《整理田赋附加办法草案》（1933年2月11日会议修正），见《全国经济委员会派员参加整理田赋附加会议》，中国第二历史档案馆藏，全宗号44，案卷号518。

③ 山西省史志研究院编：《山西通志》（第7卷，土地志），中华书局1999年版，第483页。

④ [美]张信：《二十世纪初期中国社会之演变——国家与河南地方精英：1900—1937》，岳谦厚、张玮译，中华书局2004年版，第203页。

⑤ 张柱：《整理田赋之我见》，载《东方杂志》第31卷第14号，1934年7月，第108页。

二十世纪之中国——乡村与城市社会的历史变迁

50

国则不然"①,增加田赋成为名正言顺的事情。"民国元年十二月二十六日,总统袁世凯咨行参议院厘定国家税及地方税法,参议院以田赋为国家收入之大宗,历史上久视为正供,乃定为国家税,又恐各省反对,乃予地方以征收田赋附加之权",从此确立了田赋附加的合法地位。②据《运城市盐湖区财政志》记载:"当时(指1928年)列入正式预算的有省附加和县附加,省附加包括省地方款、省亩捐、县亩捐、征收费四款。县附加包括:区费、学费、警费、差徭、临时附捐五款……1933年,山西全省附加为1 434 944元,县附加为1 129 483元,合计2 564 427元,占应征正税的42.86%。"③在这里,省附加和县附加被列入正式预算的项目达到九款之多,占正税的近一半,而其他未列入正式预算的税费负担多不胜数,它们也随同这些所谓的"法定的"附加税堂而皇之地登上了农民的税费单。

如此一来,附加税税额的增长更是漫无边际。以山西的情况为例说明。清朝末年,山西田赋还不算太重,但已开始有逐年增加的趋势。"光绪十四年时,山西的田赋每亩合洋2角8分,到1928年,每亩合洋约3元。40年中,田赋约增长10倍多。"④从史料中可以看出来,田赋赋额迅猛增加的根源主要不在于田赋正税,真正的问题来自田赋附加,因为它多如牛毛,"所包含之项目,向无规定,不但省各自为政,任意增减,即各县亦莫不巧立名目,随意勒索。各县田赋附加之定名,大都以用途为主,若指用自治,称为自治附加,若指用于建设,则称为建设附加,用途即殊,名称亦异,更兼以同实异名"⑤。

所以,一个方面是"正税渐重,由清季以来而然者也",另一个方面是"附税殷繁,导源于清季而发扬于近日者也"。⑥这一情况导致了农民生存状况的持续恶化并引起一系列的社会连锁反应,由此产生了田赋负担问题。

对于问题的主要一面——田赋附加税的征收种类,民国早期的政府文件

① 王印焕:《华北农村的社会问题:1928—1937》,北京师范大学出版社2004年版,第35页。

② 冯节:《中国田赋研究》,上海:民智书局1929年版,第29页。

③ 马秋来主编:《运城市盐湖区财政志》,中央文献出版社2004年版,第46页。

④ 陈翰笙:《中国农民担负的赋税》,见《陈翰笙文集》,复旦大学出版社1985年版,第19页。

⑤ 朱博能:《县财政问题》,南京:正中书局1943年版,第48页。

⑥ 陈登原:《中国田赋史》,上海书店1984年影印本,第248页。

仅仅只做了预算方面的限制,如田赋附加在"民五年预算册上税目仅列九种:①地丁②漕粮③租课④差徭⑤垦务⑥杂赋⑦地方附税⑧专款附税⑨均赋收入"[1]。但没有统治者会真正在意这些所谓的"预算",因为这不符合历代中国政府的财政"习惯"——"我国向来是有财无政的。如其有政,那只能说是统治者的随意挥耗和分配"[2],所以真正征收的税目要大大超过这一数字。下面的表格资料显示出1933年各省田赋附加税种类情况。

表2.3 1933年各省田赋附加税种类表

省别	田赋附加种数	省别	田赋附加种数	省别	田赋附加种数
山西	30	安徽	25	绥远	-------
黑龙江	15	湖南	23	新疆	5
辽宁	3	四川	20	甘肃	13
察哈尔	8	贵州	0	山东	11
宁夏	4	西康		江苏	147
青海	1	福建	14	湖北	61
陕西	9	广东	25	江西	61
河北	48	吉林	3	云南	17
河南	42	热河	-------	广西	15
浙江	73	蒙古	-------	西藏	-------

资料来源:郭德宏《中国近现代农民土地问题研究》,青岛出版社1993年版,第141页。

从表中可看出,1933年全国的附加税种类数量不一,江苏省甚至达到惊人的147种,有些省当年还没有田赋附加,如贵州省。各省田赋附加税种类数量参差不一的重要原因之一是土地收获量多少的巨大差异。山西的田赋附加税种类数在全国属于中等,但与相似气候和土壤条件的陕西、甘肃、宁夏相比,或与农业生产条件更好的安徽、湖南、四川、山东、广东等相比,山西农民的负

---

① 姚树声:《民国以来我国田赋之改革》,载《东方杂志》第33卷第17号,1936年9月,第78页。

② 张一凡:《我国财政之病态及其改造》,载《申报》1934年5月28日第18版。

担就显得更重了。

实际上,政府对于税目的繁杂早就心知肚明,但由于各种原因并不想公开地取消或予以谴责。其中一个主要原因是,尽管农民负担日益加重,但政府的田赋正税收入又严重不足,附加税的征收为各地方政府提供了重要的经费保障,这种状况造成政府在附加税的废除上欲罢不能。政府的这种行为实际上为中央和地方各征收机关以及那些明火执仗的违法征收者起了开脱的作用,促使这一问题愈加严重。在有些省份,田赋附加的严重性已到了无以复加的地步。

二、田赋负担问题的表现

20世纪二三十年代,田赋负担问题极为彰显,成为一个引人注目的社会现象,对农村及整个社会都产生了重要影响。那么,到底当时的田赋达到了怎样的高度?产生了怎样的影响?以下以事实予以说明。

由于田赋负担问题的严重性,国内外很多学者或机构纷纷针对这一问题进行调查或实地考察。但不管他们采取何种调查或考察方法,得出的结论都是基本一致的。

首先,通过田赋赋额占农民收支或地价的比例来观察这一问题。

20世纪30年代中期,有学者对每一农民平均担负的田赋赋额作了粗略的估计,认为"全国人民每年负担的捐税,为1 903 318 089元,其中至少百分之九十是归于农民负担的,计为1 712 986 280元。以320 000 000农民平均负担,则每人需负担捐税六元左右"[1]。那么,以一个五口之家来计算,仅田赋一项全家就要负担30元了。如果引用近代学者张稼夫先生1933年在今太原南部村庄所做的调查资料(资料显示,在山西中部,种有15亩地的农家,各种农作物每亩可获得1.65元,15亩合计收24.75元),[2]那么,全家15亩土地的全部收益24.75元还不足以缴纳30元的田赋赋额。"至于内战区域每亩田赋总计在二十元以上

---

① 朱其华:《中国农村经济的透视》,上海:中国研究书店,1936年6月30日,第297页。

② 千家驹编:《中国农村经济论文集》,上海:中华书局1936年版,第46页。

者,所纳田赋,当超过农产的总收入"①。结果,很多自耕农的土地越卖越少,无以养家糊口,或者是所借高利贷盘剥重重、无以偿付,只好流离失所,合家乞讨。路上到处可见"夫携妻、母携子,肩负其生活所必需之简单物品,仆仆道上,面有忧色,询之,则皆家中颇有田亩,可称小康者,盖不胜捐税指派之累,羁押扑打之苦,将其田契贴诸城隍庙或县政府前,扶老携幼,离乡而去"②。不仅内地如此,边远地区的情况也是这样。"绥远经济建设调查团"是位于山西的晋绥经济实业计划建设委员会下属的一个组织,据其调查,"河套各乡多荒地,农民负担奇重,终年劳动所获不敷赋税"③。

有些学者以田赋赋额占土地耕种费用的比例来看田赋负担问题的严重程度,如"塔尔哈诺夫氏民国十五年在广西所调查的,说是占百分之三十乃至四十;秉山氏在江苏无锡调查的结果,据称田赋(二元五角)占耕作费总额(种子五角,河泥三角,油槽一元,工资五元七角,共计七元五角)的百分之三十三"④推算田赋占耕地价格的百分比,也是用来测量田赋高度的正确方法之一。

根据当时的南京政府中央农事实验所统计的田赋与地价之百分率,"依廿三年田赋概况来看,水田税率,占地价百分之三点五,平地税率,占百分之三点二六,山地税率,占百分之三点四六"⑤。这还只是政府法定范围内的田赋征收额,但其已大大超过了孙中山先生所倡导的和民国税法所明令的田赋不得超过地价的百分之一的规定,何况还有数不清的苛捐杂税。

其次,通过对全国各地附加税的征收情况来进一步了解这一问题。

田赋附加是随田赋正额加征的附加税,在晚清以前只是为了补足田赋正

---

① 李如汉:《中国田赋高度的新估计》,载《地政月刊》第1卷第3期,南京:正中书局1933年3月版,第329页。

② 冯和法编:《中国农村经济资料续编》,上海:黎明书局1935年版,第412页。

③ 见《大公报》(天津版),1933年6月15日第6版。

④ [日]天野元之助:《中国田赋之考察》,邓伯强译,载《地政月刊》第2卷第12期,1934年12月,第2430页。

⑤ 程滨遗、罗巨峰、夏益赞、吴泽:《田赋史》,见周谷城主编《民国丛书》第3编第31册,上海书店1991年版,据正中书局1944年版影印,第393页。

税在征收过程中所造成的耗损等情况而征收的,因此附加税的额数并不高。但自晚清以来,由于政府需要"赔款"和实施"新政",而清政府又限于"祖训"不能随意加征田赋正税,于是,附加税的征收量就逐渐超过了正税的征收量。各地看到附加税的征收方便随意,于是不断创造新的附加,结果,"附加之上,又有附加,重叠相乘,是非莫辨,于是而正附遂不易分。杂税并入地丁带征,本为少数地方,一时变例。乃此风一开,竞相仿行,变例几成常态"①。及至南京政府时期,这一情况愈演愈烈,成为影响社会正常运行的一个重要因素。有学者说:"农村凋敝,时人首皆归咎于田赋之暴敛,此实洞中肯綮之论。田赋暴敛之显著情形,主要的在于附加之繁重。"②因此,可以说,对田赋附加税的征收数量和种类的调查最能反映出田赋负担问题的严重性。

就种类而言,我国近代著名经济学家马寅初曾说:"查我国田赋赋目,各省有十余种至百余种之多,甚至附加一项,即有数十种之多。"③具体就省份来看,"全国除西康、蒙古、热河、绥远、西藏外,其余25省的田赋附加税达673种,其中,川、粤、晋、豫、湘、皖等省均在20种以上,浙、赣、鄂三省则都超过了60种,江苏更达147种,昂居首位"④。1927年,山东莱阳附加税即已经包括省县附税、省教育附税、河工特捐、河工附捐、军事附捐、汽车路附捐、县教育附捐、赈济特捐、警备捐、清乡费、地方公款、征收费等。⑤20世纪30年代中期,山西的田赋附加税有警费、学费、区费、差徭、学款生息、公款生息、粮捐、油帖捐、铺捐、牲畜牙捐、屠捐、店捐、婚帖捐、烟酒税捐、田房交易公证费、过割费、农务局收益等等。⑥"湖北省田赋附加情形——正税每年额征合洋二百八十万余元,附税年达六百六十三万余元,超过正税,殆将二倍有奇(按湖北田赋附加,超过正税,实在四倍以上)。"⑦有些地方挖空心思征收附税,税收名目千奇百怪。

---

① 陈登原:《中国田赋史》,上海书店1984年影印本,第15页。

② 见《申报年鉴》(1934年),上海申报年鉴社1934年版,第442页。

③ 马寅初:《财政学与中国财政》(上册),商务印书馆2001年重印,第319页。

④ 孙晓村:《苛捐杂税报告》,见《农村复兴委员会会报》第12号,1934年5月,第6页。

⑤ 冯节:《中国田赋研究》,上海:民智书局1929年版,第35—39页。

⑥ 山西省史志研究院编:《山西通志》(土地志),中华书局1999年版,第483页。

⑦ 朱其华:《中国农村经济的透视》,上海:中国研究书店1936年版,第229页。

"江苏、浙江、江西等省田赋附加的名目有百余种之多,其中竟发现有所谓国会议员选举费者"[1],有百姓讽刺说:"自古未闻粪有税,如今只有屁无捐"。

从调查资料上来看,各省之间的附加情形有所不同,同时,这些资料关于附加税征收的记述也与实际征收情况有一定差距,因为"各县任意加征的,往往没有列入,所以去实在情形,还是很远"[2]。

就全国整体情况而言,田赋附加普遍存在征收数量过大、征收种类过多的问题,但各地具体情况又各不相同,存在一些地方特点。在农业生产较发达的省份如江苏、浙江等,不仅田赋正税高,田赋附加也很高;在一些军阀战争相对较多的省份,如河南、四川等,附加税十分高,且田赋预征现象严重;在阎锡山独自统治的山西省,总体上看来,政府对农民的剥削是严重的,但剥削形式却更为多样化,不仅存在田赋及其附加的苛征,兵差和劳役等形式也占很大的比例,使得田赋征收的剥削程度并不显得像其他省那样明显。关于山西田赋的征收情况,后面章节将给予详细介绍。

---

① 孙晓村:《地方财政对于农村经济的影响》,载《中国农村》1936年4月第9期,第37页。

② 朱其华:《中国农村经济的透视》,上海:中国研究书店1936年版,第231页。

第三节 问题产生及恶化的原因

ERSHI SHIJI ZHI ZHONGGUO

从本质上来看，"税费之所以成为负担，其关键不外乎是：（一）上缴的额度过大，造成'民不聊生'的局面；（二）税，尤其是费，种类繁多，且不规范，以致老百姓无所适从，未能对所要负担的支出形成较稳定的预期"[①]。这一论断虽然在于概括现代社会农民税费负担沉重的情形和最主要原因，但仍可以说明和再现民国时期田赋负担问题出现的大背景。与此同时，我们也要注意到，每个问题的产生都有它所处时代的特点，南京政府前期的田赋负担问题之所以得以凸显，一定还有那个时代自己的原因，探讨这一原因是十分有意义的。

以下从社会与财政两大方面详细分析。

一、社会原因

1.短期内的地价狂跌对农民赋税的上推作用

在20世纪二三十年代，由于世界经济的影响和国内农村政策的失误，中国农村的土地价格一路下跌，其程度可谓惊人。地价大跌对农村造成了很大的影

---

① 龚启圣、周飞舟、赵阳：《地方经济、财政和干部行为：对农民负担的一个定量分析》，见黄宗智主编《中国乡村研究》（第2辑），商务印书馆2003年版，第197—198页。

响,其中一个最重要的后果就是导致农民负担的急剧增加。这是因为,随着土地价值的贬低,与土地相联系的因素大都纷纷贬值,尤其是各类农产品更是如此。这样,主要靠出售农产品养家糊口的农民所得的收入大大减少,即使在维持原有田赋赋额不变的情况下,农民的负担也无形中增长了,何况政府还在不断增加田赋负担,这从田赋赋额占地价百分比的增长上就可以看出来。

表2.4　1931—1935年14省田赋占地价百分比(各年地价=100)

年份 省别	水田					旱地				
	1931	1932	1933	1934	1935	1931	1932	1933	1934	1935
山西	2.30	2.60	2.66	2.75	2.48	2.88	3.09	3.35	3.98	4.32
河北	1.21	1.39	1.33	1.79	1.40	1.49	1.42	1.37	1.75	1.63
山东	1.71	1.67	1.59	2.33	2.40	1.67	1.77	1.66	2.02	2.51
河南	2.48	2.26	3.32	2.46	2.95	2.15	1.72	1.99	2.30	2.63
陕西	2.47	2.64	3.12	3.07	3.41	3.34	3.51	3.86	3.73	3.58
江苏	1.37	1.89	3.11	2.71	2.71	1.52	1.77	2.40	2.67	2.17
安徽	1.46	1.83	1.96	2.45	2.69	1.16	1.74	1.84	2.65	2.83
江西	2.21	3.93	4.88	3.18	3.44	2.32	4.06	4.57	3.23	3.19
湖北	1.31	2.92	2.66	2.98	3.00	2.35	3.71	2.97	3.17	3.33
湖南	1.28	1.61	1.87	2.55	3.08	3.07	2.52	2.79	3.17	3.33
四川	1.59	3.49	3.69	4.22	4.13	2.95	3.47	3.67	4.47	4.60
浙江	2.15	2.61	3.30	2.90	2.73	2.44	3.06	3.50	3.11	3.05
福建	1.45	2.98	3.04	2.70	3.23	1.96	2.79	3.34	2.83	3.46
广东	1.56	1.81	1.96	2.64	2.11	1.79	2.16	1.95	2.48	2.70

资料来源:《农情报告》第4卷第8期,1936年8月。

再来通过下表了解当时乡村的地价变动。

表2.5　1931—1934年部分省份乡村地价指数变动表(以1930年地价为100)

年份 省份	水田				旱地			
	1931年	1932年	1933年	1934年	1931年	1932年	1933年	1934年
山西	93.05	80.29	72.08	69.97	89.86	75.90	64.54	61.69
山东	94.11	86.19	78.93	76.90	95.68	82.07	77.58	76.90
河南	101.82	102.49	97.15	94.48	102.84	103.88	99.31	96.94
湖南	98.68	103.04	100.13	84.31	94.66	99.06	97.63	87.32
江苏	85.00	85.00	77.84	75.99	87.54	85.44	79.37	74.39
浙江	93.60	87.29	77.10	72.01	93.55	85.10	76.27	70.26
江西	96.30	81.48	68.52	57.41	100.00	83.33	76.67	66.67
福建	95.48	87.86	82.14	80.22	96.57	91.13	86.20	84.02
贵州	99.75	96.49	88.81	75.05	100.83	100.61	94.30	79.30

资料来源:根据《各省乡村地价历年变动指数表》改动,见中国第二历史档案馆编《中华民国史档案资料汇编》第五辑第一编《财政经济》(七),江苏古籍出版社1994年版,第21—22页。

从表中可看出,农村地价在全国范围内都有下降,但下降的幅度在各地有所不同。沿海工商业较发达地区的农村地价波动相对较小,而工商业等不发达的内地省份如山西、江西、贵州等的农村地价则波动相当大,下降幅度都在30%~40%左右,也就是说,这些地区的农民田赋负担无形中增加了30%~40%左右,何况这些地区的农民本来就已经生活在贫困和死亡线上了。据当时的国民政府农村复兴委员会对苏、浙、豫、陕四省调查的结果,从1928年到1933年,地价"平均跌落百分之四十",结果造成"自耕农的经济削弱,农产物跌价,农业经营成为亏累。而在这时候,田赋的征课却继长增高,使农民雪上加霜地增加着负担"[1],"即使真的田赋绝对额减轻了一些,但是这种减轻的程度是远落在地价跌落的后面的"[2]。

① 孙晓村:《近年来中国田赋增加的速率》,载《中国农村》1935年第7期,第35页。

② 石西民:《我国田赋的积弊与整理》,载《中国农村》1936年第11期,第33页。

不过，有一点要注意的是，地价跌落对田赋负担增加的上推作用只是特殊历史时期的特殊现象，并不具备长期性。就当时而言，整个世界正处于1929—1933年大危机之中，中国在这次危机中也未能幸免，地价跌落正是危机造成的严重影响之一。从结果来看，尽管这种因素是暂时性的，并且是问题产生的外因，但它却推波助澜，大大加重了农民的田赋负担，使这一问题更为严重化，所以其影响不容忽视。

2.征收人员的舞弊和地方公务人员的贪腐

著名经济学家薛暮桥在评论民国时期的农民负担时说："中国农民所负担的捐税，不仅种类复杂，税率苛重，而且征收的时候，额外浮收，任意勒索，欺骗中饱的情形不一而足。所以单单从有形的捐税上观察，还不够了解苛征暴敛的实况，而最残酷的苛征暴敛，却是在征收的方式及其过程中。中国的征收制度，尤其在田赋方面，症结太深，结果使得人民常在负担之外有额外负担；而公家收入也永远到不了规定的限度。"[①]由此看来，征收人员的贪污和勒索是农民负担加重和田赋问题出现的重要原因。一般来说，征收人员获得的这种赃物占到农民所缴纳赋税的重要份额，如陕北清涧县"至二十一年，每斗纳粮时，需洋十元有奇，加以乡老收粮，从中渔利，每一下乡，随带差役数人，窝帮使费，每元按一角加息，种种勒索，统计每斗需款竟达二三十元，人民举农事之所得，不足以供赋粮"[②]。可以看出，在很多时候，这样的贪污和勒索竟占到农民所缴纳田赋的一半甚至多一半。因此，有学者说，农民们除了缴纳正常的国家规定的赋税外，"还应加上各色军人、官吏等在正常税收之外的大量勒索。且所有这些使那些很少能负担得起的人、特别是贫农来承担它，在三十年代中尤其如此"[③]。

民国时期，田赋征收中存在着普遍的黑幕。"全国几乎没有一片干净土，经征人员，什九皆能于短期内暴富"[④]。以下仅举1932年至1935年期间山西省部分

---

① 薛暮桥：《旧中国的农村经济》，农业出版社1980年版，第81页。

② 《陕北清涧县粮赋奇重》，载《大公报》（天津版），1933年5月17日第6版。

③ ［美］杨格：《1927—1937年中国财政经济情况》，中国社会科学出版社1981年版，第80页。

④ 王元璧：《田赋征收制度的改革》，载《东方杂志》第32卷第7号，1935年4月，第127页。

县财政局长贪污税款的情况。

表2.6　　1932—1935年山西省部分财政局长私吞税款情况

县名	局长姓名	私吞款额
朔县	李达仁	1300元
代县	白向卿	20 000元
浑源	耿臻荣	8000元
沁源	宋廷达	1000元
山阴	闫级、丰席	26 700元
定襄	郭永垣	8000元
翼城	赵堃	30 000元
和顺	——	1500元
绛县	郑济沣	1000元
平鲁	——	3675元
屯留	杨继善	37 000元

资料来源:齐天宇著《一年来山西之财政》,《监政周刊》1935年第105期,转引自乌廷玉、张占斌、陈玉峰著《现代中国农村经济的演变》,吉林人民出版社1993年版,第253页。

以上列举的仅仅是部分县财政局长的贪污情况,而每一财政局长下面的经征人员都直接从农民手中拿钱拿物,其贪污的数量又有谁能够计算清楚。

近代以来,随着地方自治的日益展开,地方公务人员在征税甚至财政活动中的贪污腐化行为不断增多,直接加重了各地农民的经济负担。这一现象的出现和增多,主要是由于"自清末举办新政,颁布自治章程,县经费需要既多,地方捐税渐起,唯一切均乏章制无所准绳"[1]。因此,从清末至1930年代初,"由新官绅把持的地方机构借办理'新政'和各种自治性事务而向农民、小商贩征

---

① 彭雨新:《县地方财政》,上海:商务印书馆1945年版,第1页。

税捐,强行摊派财务,并从中贪污中饱"①。1914年,鉴于"各属自治会良莠不齐,平时把持财政,抵抗税捐,干涉词讼,妨碍行政",袁世凯政府曾一度停办了各地自治团体,清末出现的地方自治活动也暂时停止。②

在地方自治过程中,从县长到一般赋税征收人员到各村政办理人员都有贪污中饱的行为,且贪腐行为日益严重。甚至在最基层的农村,腐败现象也是司空见惯,不足为奇。1934年12月1日公布的《山西省政府村政处通令》(总字第七六五号)中曾慨叹:"各县村长副经手村款,廉俭撙节、依章办理者固所在多有,而开支任意、浮滥糜费者亦复不少,如以村款宴会酬宾者有之,赏人市惠者有之。"③有时,"政府征人家一元税,百姓轻者要出三元,重则五元"④。征收来的大部分款额被公务人员侵吞挪用,而政府财政收入并没有因此增多,所以,在征收部门,有一个现象是,"现在许多管税收的衙门墙上四个大字'涓滴归公',正确的解释是只有一涓一滴归公"⑤。因此,有人讽刺说:"据我的观察,财政在地方政府没有办法……现在的地方政府呢!他是:(1)你有两个钱,我拿两个钱(截留);(2)我说拿一个钱,而拿的是两个钱(中饱了);(3)我有一个钱,而用的是两个钱(不量入为出)……所以苛杂就根本无法。"⑥实际上,针对这些贪腐现象,当时的有关法令也规定:"关于经费之计算书类,需公布之(《区自治施行法》、《乡镇自治施行法》,均规定每月公布一次),使负担者明了其状况,且以昭信守。"⑦但是,实际情况是,自治经费制度即使较为规范,但是,一是操作中存在种种弊端,二是这些名正言顺的自治经费多而且繁,还是大大超出农民负担。

负责一县事务的县长在地方赋税征收上有着重要的作用,不仅其品质影响甚至决定着该县百姓的捐税负担,同时,他本身的言行举止也是地方其他

① 魏光奇:《官制与自治——20世纪上半期的中国县制》,商务印书馆2004年版,第367页。

② 《大总统令》,见《政府公报》1914年2月4日,第627号,南开大学图书馆藏。

③ 山西省村政处:《清理村财政报告》(1933年—1935年),出版地、出版时间不详,第16页。

④ 张家良:《国民经济与县政建设》,载《中国社会》1936年第3卷第1期,第68页。

⑤ 吴晗、费孝通等:《皇权与绅权》,上海书店据上海观察社1949年版影印本,第50—51页。

⑥ 孙晓村:《中国农村经济现状与农民的出路》,载《中国社会》1936年第1期,第63页。

⑦ 张家良:《国民经济与县政建设》,载《中国社会》1936年第3卷第1期,第72页。

公务人员效仿的模式。"我国各县的佐助人员,所以不守纪律,甚至一个征收吏之微,也能发财达数十万的。这都是没有清明的县长来约束所致!假使县长清廉,犹能明白是非,辨别优劣,当惩者惩,当赏者赏,县政何愁不上轨道。"①但是,在当时,各地在县长的任用上存在很大的复杂性。"按照县长任用法,县长的最终任用权在法理上是在中央而不在省府。然而,由于县长为地方统治之基石,任用权被中央上收,地方实力派大为不满,纷纷抗辩,最终中央作了让步,故事实与规定之间有比较大的出入"②,最终造成"县长资格参差不齐,来路五花八门"③。而且,在"任期和更迭方面,无论是北洋政府还是南京国民政府时期,县长任期短和更迭频繁的问题贯穿始终"④。而同时,"县缺成为省厅长官用做酬应拉拢的工具。在任县长既随时有解职之虞,因而在职期间,就无日不在打算失业后的生活出路,小则收受贿赂,大则贪污公款,基层吏治自然日滥"⑤。频繁的换动导致县长人心不稳,任职也不图长久,只求一时捞钱,故基层吏治腐败,搜括人民成其主要"业绩"。

地方行政监督的缺失是南京政府时期基层腐败泛滥的重要原因之一。现代学者王奇生的相关研究表明,在当时的情况下,地方之所以缺乏行政监督,是因为"国民党推行党政分开的地方党治体制……在很大程度上削弱了国民党的党治权威和党治基础"⑥。于是,"地方党部之权力日削,地方政府之气焰日高"⑦。很多时候,"(本党)因为不能监督政府,推动军队,只有依照政府和军队

---

① 傅荣校:《南京国民政府前期(1928—1937年)行政机制与行政能力研究》,浙江大学博士论文,2004年11月,第128页。

② 王奇生:《民国时期县长的群体构成与人事嬗递——以1927年至1949长江流域省份为中心,载《历史研究》1999年第2期,第101页。

③ 朱翠华:《民国时期县官群体研究——以1912—1937的江苏省为中心》,山东大学硕士论文,2006年4月,第44页。

④ 王奇生:《民国时期县长的群体构成与人事嬗递——以1927年至1949长江流域省份为中心》,载《历史研究》1999年第2期,第100页。

⑤ 王云五编:《中华民国法规大全》,上海:商务印书馆1933年版,第455—456页。

⑥ 王奇生:《党政关系:国民党党治在地方层级的运作(1927—1937)》,载《中国社会科学》2001年第3期,第196页。

⑦ 《市党部监督市政府办法》,载上海:《民国日报》1930年3月5日。

的需要去宣传。政府和军队做了坏事,也只能替他们向民众辩护,甚至民众受了政府、军队和其他恶势力的压迫,向党部申诉,党部也只能说,这是属于行政的事件,那是属于司法的事件,我们不管;或者说,那是属于军事范围的事件,我们没有法子管"[1]。因此,地方党部权力急速弱化是南京国民政府时期行政管理方面的一个明显特征,不论这样的特征对中国社会发展是否有利,但它至少产生过一个严重的后果,地方社会丧失了重要的监督力量,地方政府的经济和财政行为变得更为无所拘束,苛捐杂税铺天盖地,农民负担的沉重情形日甚一日。

3.军事摊派(即"兵差")

南京政府建立后,中央政府一方面要维持庞大的日常开支,另一方面又要增加军事力量,以对付怀有野心的各地方军阀,如此的高额花费正如恩格斯所说:"常备军以及政府支出日增而需款日急。赋税重担有加无已。城市多半因享有特权的保护而免担此重负;于是整个赋税的重担就落到农民身上了。"[2]在地方上,由于军阀混战,军费开支急剧上升,各地农民不仅要承担日常赋税,而且在"有事"的时候,还要供应军队的吃喝。"1930年是河南中部农民遭浩劫的年份(讨冯之役)。王老五(振)的军队驻在鄢陵,征派最重,每亩负担最低三元,最多甚至五元"[3]。

军事摊派即所谓的"兵差"。就当时全国28省而言,军事摊派的现象或多或少都发生过。以1929和1930两年来看,全国各省1941个县中,征派过兵差的就有851县。[4]实际上,"兵差"并不属于田赋负担,但它的征收却冲击了国家正常田赋的征收,对农民的生活造成了严重影响,因此,它也是田赋负担问题产生的重要原因。

---

① 林乾祐:《今后党务工作方针》,载《广东党务旬刊》1937年第1期。转引自王奇生:《党政关系:国民党党治在地方层级的运作(1927—1937)》,第197页。

② 恩格斯:《德国农民战争》,见《马克思恩格斯全集》(第7卷),人民出版社1965年版,第389页。

③ [美]张信:《二十世纪初期中国社会之演变——国家与河南地方精英,1900—1937》,岳谦厚、张玮译,中华书局2004年,第215页。

④ 周之章:《中国农村中的兵差》,见《中国农村问题——佃农问题·农民负担》,太平洋书店1933年版,第60页。

二十世纪之中国——乡村与城市社会的历史变迁

64

表2.7　1929年和1930年各地征派兵差的县数

省名	所有县数	负担兵差县数	省名	所有县数	负担兵差县数
黑龙江	53	2	山东	107	77
吉林	42	3	江苏	61	7
辽宁	59	59	浙江	75	6
热河	18	2	安徽	60	17
察哈尔	16	16	江西	81	21
绥远	17	17	湖北	68	10
宁夏	12	未详	湖南	76	14
新疆	64	未详	四川	148	43
青海	7	7	西康	31	2
甘肃	66	58	云南	108	1
陕西	92	73	贵州	81	9
山西	105	105	广西	94	15
河南	112	105	广东	94	13
河北	130	130	福建	64	32

资料来源：周之章《中国农村中的兵差》，《中国农村问题——佃农问题·农民负担》，太平洋书店1933年版，第61页。

由表格可知，全国"兵差"最严重的地区是华北地区，其中，山西、河北、察哈尔、绥远等省各县均有"兵差"，其次是西北地区和华中地区。"兵差"负担经常超过农民正常负担的数倍，使农户本来就贫困的生活雪上加霜。

二、财政原因

农民田赋负担是一个复杂的社会问题。进入20世纪二三十年代，由于种种原因，以田赋为主的农民负担急剧加重，对近代后期的中国社会造成了不可忽视的重要影响。反观这一问题产生的历史背景，笔者认为，以政府为主导的财政政策也是其中最重要的因素之一。因此,客观分析田赋负担产生的财政原因,对于理解农民负担问题以及国家与农村社会的关系问题有着重要作用。

有五个方面的财政原因是本文所特别予以关注的:①南京政府关于划分中央收入和地方收入的法令,意在加强对财政和税收的中央集权,其结果却使地方财政收入在很大程度上没有着落,地方政权只好滥征以应付日渐膨胀的支出。②赋税征收不仅在行业间而且在城乡间都存在极端不平等现象。③省和县的财政收入与支出都没有实施过真正的预算和统一的管理,致使作为地方税的田赋及其附加在征收上随意和混乱。④在赋税收入的划分比例上,省和县之间也存在着严重的比例失调现象。县政建设虽任务繁重,但从法定渠道可获得的资金却极为有限。⑤中央政府和地方政府的征收权限划分根本就没有被具体界定,更谈不上双方在税收职责上是否明晰。田赋附加和摊派的征收权掌握在地方政权手中,征收手续又简单,故征收数量增长惊人,苛捐杂税泛滥成灾。

以下就五个原因做详细分析。

1.财政上的中央集权

清末以来,地方截流中央税赋的情形十分严重。北洋政府建立后,基于此种情况,财政部于1913年11月22日制定《划分国家税地方税法草案》,"把主要税种均划归国家税,而地方税则是附加税和杂税杂捐"[①]。不过,地方政府却对有关的税收法令置若罔闻。在整个北洋政府时期都是如此。因此,可以说,南京国民政府成立之前,"中央税和地方税的划分仍无实际意义,不管形式上如何区分,实际上根据中央、地方双方的实力而决定。中央政府势力强盛的话,中央税收便送交中央;中央政府势力衰弱的话,地方势力便随意截留税收"[②]。

南京政府成立后,国民党中央在实现全国统一的前提下,决定对财税管理体制和政策进行改革,再次加强财政收入的中央集权,以便削弱地方军阀的实力,增加中央政府的收入。1927年,南京政府财政部长古应芬提出《划分国家

---

① 中华民国史事纪要编辑委员会:《中华民国史事纪要》(1913年7月—12月),台湾"中央"文物供应社1981年版。

② [日]长野朗:《中国的财政(续)》,李占才译,载《民国档案》1994年第4期,第126页。

收入地方收入暂行标准草案》，将盐税、关税、常关税、内地税、统税（即原来的厘金）、烟酒税、印花税、卷烟特税、煤油特税等大宗税收划归中央，而将田赋、商税、船捐、房捐、屠宰税、牙税、契税、当税等划归地方，除田赋一项外，其他地方税均数额不大。[①]二三十年代，国民政府又对划分中央和地方收入的政策做过几次调整，但总体变化不大。这样，在地方事务不断增加的情况下，地方收入却急剧减少，导致地方财政赤字日益增加。以山西为例，当时的中央政策"迫使阎锡山靠借债度日。正因为这样，所以阎锡山在中原大战前就开始征收更重的赋税并开始预征三年的田赋"[②]。不过，从另一方面来看，南京政府在财政上加强中央集权对于削弱地方军阀势力确实起了很大作用。阎锡山等地方军阀最终在中原大战中一败涂地，财政上的拮据是其中一个重要的原因。这是问题的另一方面。

从理论和实例均可看到，中央财政的集权化对地方造成的负面影响是很大的。"中央财权过度集中，地方财政收入来源减少，收支缺额较大，客观上必然造成地方越权行为的产生"[③]，尤其是县级财政多为"虚收实支，难以抵补"，更加剧了各县财政的贫困。[④]为了维持县政的正常运转，征收巨额的田赋附加的现象反而司空见惯，日益正常化。同时，由于"田赋附加税虽称附加，但各省县所摊派的用途却大部分都是地方重要事业的必要费用"[⑤]。这样，各县地方政权就借口财政资金紧张更是随意征收，结果造成苛捐杂税多如牛毛且屡禁不止。

2.赋税在行业和城乡间征收的极端不平等

税收是国家经济和社会发展的杠杆，如果其政策合理，就可以对国家的发展起到积极的作用，但如果政策存在较大的失误，如行业间、地域间、城乡间

---

① 贾士毅：《民国续财政史》（一），上海：商务印书馆1932年版，第23页。

② 武静清、陈兴国：《十九世纪末二十世纪初叶山西财政与经济》，中国财政经济出版社1994年版，第182页。

③ 刘慧宇：《论南京国民政府时期国地财政划分制度》，载《中国经济史研究》2001年第4期，第48页。

④ 载《中央银行月报》，1935年第4卷第12号，第2790页。

⑤ 尤保耕：《田赋附加与中国财政》，载中国经济研究会主编：《中国经济》第2卷第7期，1934年7月，第3页。

税收的极不平衡,或随心所欲而滥征苛收等,都会严重影响国家的发展,损害社会的进步。即使这样的税收政策使国家在某一阶段获得一时的发展,但却往往会给后来社会造成长期深远的不良影响,最终受到历史的惩罚。虽然南京国民政府前期曾被许多史家誉为国民经济发展的"黄金十年",但至少在税收方面,政府的政策是畸形的。姑且不论"黄金十年"的含金量有多少,单就税收在行业之间的极不平衡状况而言,政府的失误和失职是显而易见的。值得一提的是,工商企业,尤其是较大的官僚工商企业的税收并没有随着这一行业的巨大发展而同步增加。时人便有评论说:"经营工商业者,因所得税、利润税、超过税等尚未实行,故所得多而纳税少,有土地者则适相反……所以,田赋的高度,较之工商业税,不啻霄壤之别。"[①]在那样的五光十色、正在走向现代文明而又战争不断的高消耗社会里,对于靠土地活命而收入微薄的农民来说,征收沉重赋税是个致命的政策。

此外,政府在赋税管理过程中对商业税和农业税之间关系的处理也无形中增加了农村社会的苛捐杂税。1931年1月,基于清除厘金对商业发展的桎梏,南京政府废除了厘金。厘金是清代遗留下来的一种商业税,随着时代的变迁,到南京政府时期,厘金的存在已有不适之虞,而它被废除在理论上讲是合理的,但实际上,田赋和厘金的关系就是农业税和商业税的关系,在当时整个社会财力乏困的情况下,某一社会阶层税负的减少或豁免,都会对另一阶层形成重大的经济压力。也就是说,两者的存废就存在着此消彼长的问题。因此,厘金刚一废除,田赋附加和摊派便扶摇直上,程度惊人。这正是因为地方当局"急不暇择,只求有捐之可征,有赋之可加,既不问其苛,亦不计其杂,悉用充裁厘之抵补,杂苛附加层出不穷"[②]。故而,"自裁厘以后,厘金秕政固告结束,而田赋附加苛捐杂税即与时俱进,其窒碍国民经济之发展,实不在厘金之下也"[③]。就连时任南京政府财政部长的孔祥熙也认识到"裁厘之

① 李如汉:《中国田赋高度的新估计》,载《地政月刊》第1卷第3期,南京:正中书局1933年3月,第340页。

② 见《申报年鉴》(1935年),上海申报年鉴社1935年版,第401页,南开大学历史学院资料室藏。

③ 见《申报年鉴》(1935年),上海申报年鉴社1935年版,第396页,南开大学历史学院资料室藏。

后,各地方当局增加附捐,以至农民负担愈重,不但凶岁不免于死亡,即丰收之年亦因捐重不克安身"[①]。当时的一些地方志对此也有明确的反映。山西《安邑县志》记载:"最近民国政府裁去厘金恶税,商贾称便。然新税增加过度,几与田赋中附加税相埒,人民憔悴于苛征,亦甚惫矣。"[②]而恰逢此时,农村社会正陷入贫困破产的边缘,废除厘金,无异于给农民以致命一击,造成社会的不安和动荡。

城乡间的税收政策也存在极不平衡性,特别是在土地税方面。从整个世界范围来看,"各国征收地租,多不分都市与农村之别;惟在我国,则各处城市的土地都是无税的"。而且,从另一角度看,"都市地价的自然增值,一日千里;而乡村则较为迟缓的"[③]。如此说来,倒是应该对城市的土地,而不是农村的土地征收更高的税费,这样才是科学的、合理的。

3.地方财政支出的不断膨胀

民国以来急剧增加的地方财政支出是田赋问题激化的根本原因之一。晚清以来,国家不断实施"新政",采取了一系列措施加强地方自治与建设,建立了一些新的地方行政和事业机构与组织如公安、警察、新学堂等,大大增加了地方财政的负担;除了中央政府之外,地方政府也纷纷扩充军队,这些军队不仅耗费着大量法定的地方政府赋税收入,而且在各地随意征派军需,人民不堪重负;20世纪30年代,在中央政府的倡导下,旧日的保甲制在形式上得以复活,这样,不仅保甲制空有其名,徒耗地方财政收入,而且当时政府在行政机构上使保甲与自治措施强行融合,造成机构臃肿,对地方财政支出产生了极大的消极影响;此外,由于县长等地方官员任用制存在的问题及其他一些原因,地方行政人员贪污中饱的现象随处可见,给本来已十分沉重的地方财政

---

① 孔祥熙报告:《救济经济要策》,载《申报》1934年1月29日第6版。

② 《村粮征收章程》,见景定成主修:《安邑县志》卷4《赋税略》,1934年2月编修,山西省运城市盐湖区档案馆藏,第1页。

③ 李如汉:《中国田赋高度的新估计》,载《地政月刊》第1卷第3期,南京:正中书局1933年3月,第346页。

增加了新的负担。

以下就地方财政支出膨胀的原因做详细的分析。

清末以来,在西方政治影响下,中国社会产生了浓厚的地方自治思潮。在自治运动的发展中,地方事业建设纷纷开展,整个国家似有日趋繁盛之势。

但表面繁盛的背后到底隐藏着怎样的矛盾与问题?

袁世凯在担任山东巡抚(1899—1901)和直隶总督(1901—1907)期间,普遍建立了警察制和新学堂,地方自治事业颇有成果。虽然,"这些举措表明当政者企图加强国家权力对乡村的控制,但却带来了未曾预想到的后果"[①]。由于"地方自治以财政为唯一要件;地方财政即地方自治命脉之所关"[②],因此,伴随着近代"社会经济之演进,民治思想之发达,地方事业之扩张,财用日渐浩繁"[③]。地方财政开支的急剧加大,造成农村赋税负担日益沉重,喧嚣一时的地方自治反而加剧了乡村社会中的矛盾,给国家的长治久安带来了极大的隐患,这确实是那些地方自治的策划者和实施者所始料未及的。

我们从南京国民政府的地方自治政策谈起。"民国十七年以后,国民政府先后公布《县组织法》、《乡镇自治施行法》、《区自治施行法》,在地方实施自治"[④],而自治的顺利实施需以强大的财政和充足的经费作保证。在当时的中国,在自治的实施过程中,"县政与自治是混在一起的"[⑤]。同时,"省政府不是实体的施政机关,地方行政之实施在县,省只监督地方行政之实施……如是,在省政府只事监督,并无浩大消费,自无不足;在县则费为己用。"[⑥]但是,正如上文所述,南京政府前期,在各省,地方税收的大部分为省部门所占有,再加上其他一些原因,使得地方财政特别是县级财政匮乏拮据,严重阻碍了地方建设的进行。例如,在山西省,阎锡山把大部分的地方财政收入用于军事活

---

① [美]杜赞奇:《文化、权力与国家:1900—1942年的华北农村》,王福明译,江苏人民出版社2006年版,第40页。

② 文公直:《公益卫生财政公安》(自治丛书之二),上海:时还书局印行,1933年版,第1页。

③ 朱博能:《县财政问题》,南京:正中书局1943年版,第1页。

④ 闻钧天:《中国保甲制度》,上海:商务印书馆1935年版,第367页。

⑤ 孔充:《县政建设》,上海:中华书局1937年版,自序。

⑥ 孔充:《县政建设》,上海:中华书局1937年版,第5页。

动,能用于县政建设者是少之又少。这样,该用钱的县政建设却没有多少钱,没有具体建设事务的省政府却由于把持地方财政分配大权而夺取了地方收入的大部分。

下面就几项主要的地方财政开支做必要介绍。

（1）地方自治机构与事务的繁杂

就地方自治的实施而言,地方财政支出日益膨胀的主要原因是地方自治实施过程中地方机构的过度增加和地方事务的日渐繁杂。

①首先来看地方自治中地方机构的设置情况

社会进步与相应的管理机构的增加是同步的,"随着城市的出现也就需要有行政机关、警察、赋税等等"①。这句话说明,人类的进步和社会的日趋复杂化使行政机关等政府机构的诞生成为必要。尤其是,政府职务的增加和扩充,成为近代政治进化的一个重要特征,因为"政府机关的职务日趋繁重,事实上不能不采取分工的方法,增设机关,以分掌各项职务"②。于是,民国政府在1928年9月颁布的《县自治法》中"计划实行'自治'模式的县区乡体制,从推行区乡闾邻自治入手,最终实现县自治"③。同时颁布的《县组织法》中便规定了实施中具体的机构建设："县以下设区,区以下设村里,村里以下设闾,闾以下设邻。"④由此,从形式上来看,行政机构已扩充到整个基层农村社会,政府行政机关的数量越来越多。加之,"1928年后,国民党一党独掌全国政权,在'训政'体制下,其党务组织系统与行政组织系统双轨并进","这是中国有史以来政治控制体制由单轨制向双轨制的重大转变","政权的'组织成本'成倍增长,官僚机构和官僚队伍急剧膨胀"。⑤这与中国传统的社会组织方式形成了天壤之别。比如说,原本承担地方职能的组织如保甲制或里甲制等是基本不需要

　　① 马克思、恩格斯:《德意志意识形态》,见《马克思恩格斯全集》第3卷,人民出版社1960年版,第57页。

　　② 陈柏心:《地方政府总论》,广西建设研究会出版,上海:商务印书馆1940年发行,第5页。

　　③ 魏光奇:《官制与自治——20世纪上半期的中国县制》,商务印书馆2004年版,第140页。

　　④ 钱端生、萨师炯:《民国政制史》(下册),上海:商务印书馆1946年版,第281—286页。

　　⑤ 王奇生:《党政关系:国民党党治在地方层级的运作(1927—1937)》,载《中国社会科学》2001年第3期,第187页。

什么行政费用的，但随着地方自治的不断推行，那些县乡新设置的行政机构中人员的薪水、农村税收"包征者"的征收费用以及所谓"维护治安"的警察的工资等都纷至沓来，一时令人难以招架。这样的现象在抗战爆发前都一直存在。有学者对当时山西的情况进行了评价："这里首先使我们注意的，就是领薪阶层的增加。今年以来，新奇的机关不断增加着，大批的失业军官和不如意的所谓文人，都走马上任，支起很像样的薪金。别的不用说，像防共保卫团啦！主张公道团啦！棉花检查委员会啦！这些普遍全省各县的机关，主要的人员每人每月都要支薪四五十元，次要的也要支一二十元。"[1]

以税收机构为例进行说明。

在地方政府中，往往出现机构重叠设置的情况，在税收部门尤显如此，如县政府的警察局可以下乡征税，而县政府的财政局也会在这一活动中不甘示弱。国民政府《县组织法》规定，（县政府）可以设置警察，"办理催征、送达、侦缉、调查等事项"[2]。而同时，"财政局分设总务、经征、会计三课……经征课掌经征各项赋课税捐及附加税，并整理户粮及其他关于征收事项"[3]。警察和地方财政人员都有理由和所谓的"合法"权力来到农村基层社会去征税，这种现象的出现大大加重了各县地方财政的负担，而这些负担又最终落到农民的头上。直到"1930年代中期，县地方财政机构与国家财政机构的整合还未能彻底完成……经理地方财政的机构与经理国家财政的机构往往只是机械地归并于县政府之中，而仍旧各自履行其旧有的职能"[4]。尤其要指出的是，在整个南京政府前期，"县政府不是利用不断增加的税收来巩固和提高已有设施和机关的办事效率，而是在省政府的命令下，不断地创立机构，增加'近代化'职能……结果机构重叠，使有限的财源更显紧张"[5]。从税收机构的设置情况

---

① 闻莺：《山西新政下的农村经济》，载《中国农村》1937年2月第3卷第2期，第80页。

② 《县组织法》，见《国民党政府政治制度档案史料选编》（下册），安徽教育出版社1994年版，第524—529页。

③ 吴树滋、赵汉俊：《县政大观》（第2编上册），上海：世界书局1930年版，第89页。

④ 魏光奇：《官制与自治——20世纪上半期的中国县制》，商务印书馆2004年版，第290页。

⑤ [美]杜赞奇：《文化、权力与国家：1900—1942年的华北农村》，王福明译，江苏人民出版社2006年版，第56页。

可以看到,"庞大无章,叠床架屋,运转不灵,这是今日中国行政组织问题中最严重的坏现象"①。而各级政府为了实现对基层社会的有效控制,不断设置的行政机构的服务人员不是领取国家的薪俸,便是具有所谓的补贴,而这些县以下机构人员的报酬在过去的保甲制度下都是不曾发生过的。从中国现代化进程的角度来看,实际上,在当时,地方政权的现代化已逐次展开,但是政府与社会之间的沟通渠道还停留在传统的阶段,而且地方经济仍以农业为基础,财政收入的重点仍然是田赋。如此,以传统落后农业的有限收入来支撑现代政府庞大的国家机器,其后果可想而知。

②再以当时山西最基层的村庄行政机构的设置为例

阎锡山政府控制农村社会并向基层社会渗透的手段之一就是日益增加包括村级机关在内的行政机构。按照阎锡山实施的编村计划,每一村庄设置"村长1人,村副1—2人,秘书1人,村政协助员3人,村连长1人,村排长3人,户籍员1人,地籍员1人,书记1人,公役2人,伙夫1人,校长1人,教员3人,分校教员4人,公役1人"②。如此基层的乡村竟添设这样多的职位,比之更高的各级政府的机构设置就可想而知了。从薪资上来看,各级政府机构中所添设的人员都有自己相应的工资收入,从各村政府到各区政府莫不如此,更不用说各县政府了。先看下面表格:

表2.8　村长薪给等级表(民国二十五年十二月二十四日公布)(单位:元)

级别 / 等级	一等	二等	三等	四等	五等
第一级	16	15	14	13	12
第二级	15	14	13	12	11
第三级	14	13	12	11	10
第四级	13	12	11	10	9
第五级	12	11	10	9	8

资料来源:马秋来主编《运城市盐湖区财政志》,中央文献出版社2004年版,第95页。

---

① 江禄煜:《中国今日的几个重要行政问题》,铅印本,1936年4月版,无页码。

② 《村级机关编制表》,见《山西省各区县村编制表》,第3页,类号C,编号0471,山西省档案馆藏。

村长待遇按编村大小分为五等：一等（1500户以上者）月支12—16元；二等（1000户以上未满1500户者）月支11—15元；三等（800户以上未满1000户者）月支10—14元；四等（600户以上未满800户者）月支9—13元；五等（500户以上未满600户者、300至500户者）月支8—12元。村长薪给每等分为五级，初任村长均按第五级起支，每进一级加薪一元。

③再来看区经费的支出情况

在阎锡山政府的《各县区公所组织法》第五项《区公所经费支配法》中规定："区长一人年俸二百元至四百元，公费四十元，雇员一人，年给薪资六十元"，"区警每名月饷四元"，"每警一名备制单布衣裤各一件，连同帽靴每套以三元计算，年分两季换给，每名服装费六元"。[①]具体情况以下面的"安邑县区经费表"实例来看：

表2.9　安邑县区经费表（民国二十五年十二月二十四日公布）（单位：元）

	一等区			二等区			三等区		
	额数	月支	年支	额数	月支	年支	额数	月支	年支
区长	1	30	360	1	30	360	1	30	360
助理员	3	36	432	3	36	432	3	36	432
区警	10	70	840	8	56	672	6	42	504
夫役	1	6	72	1	6	72	1	6	72
公杂费		14	168		12	144		10	120
旅费		14	168		12	144		10	120
服装费			100			80			60
合计		170	2140		152	1904		134	1668

资料来源：马秋来主编《运城市盐湖区财政志》，中央文献出版社2004年版，第94页。

从区经费表上来看，每一位区长、助理员、区警和夫役各自的月薪在三个

---

① 郭葆琳：《山西地方制度调查书》，山东公立农业专门学校农业调查会出版，出版年代不详，第9页。

等级的区中没有差别，分别为30元、12元、7元和6元，但三个等级的区中，工作人员数量的设置有所差别，一等区有区警10人，二等区有区警8人，三等区有区警6人。另外，财政所拨付的各区服装费也有所区别，一等区每年为100元，二等区为80元，三等区为60元。总之，无论如何，真正的问题是，民国以前，办理村政的地方社会精英是没有薪给的。进入民国后，尤其是在南京政府时期，小到村长副，大到区长副都有法定的薪金，财政支出不可谓不大。

④我们再来看地方自治中地方事务的繁杂情况

晚清以前，我国的地方政治以简易为特征，地方事业大多以在乡绅士为首领由人民自办，所需各项经费也大多由社会捐助而来，"至于社教建设及公营事业各项事业费，绝无仅有"①。因此，政府机构简单，地方财政支出很少。而民国以来，由于"新县制推行，县地方事业应时发展，经费需要益巨"②。"譬如中央颁布度量衡制度也，县地方乃有度量衡检定所经费之支出，或者省方令饬办理新闻检查也，县地方乃有新闻检查费之列支……省府令设公园也，县地方乃有公园管理费之列支。各项政务皆循此而举办，各项经费，亦依此例以添列。一政务一经费，习成惯例，其流弊乃形显著。首先所计及者，则此种被动施行之政务，环境不同，逾淮为枳，某事在甲县实为首务，在乙县或为不需者，强求一律，令各县同时举办，难免削足以适履。"③由于地方自治过程中诸如此类的弊端丛生，使得"地方政务，日见繁复"，因此，"非有确实的永续的收入，不足以应诸求"④。但以当时微小的地方财政收入而言，繁杂的政务以及巨额的支出无异于是对孱弱的地方社会的致命一击。在南京政府前期颁布的《财政法规·财政收支系统法》中规定的县支出就多达16项："1，政权行使支出；2，行政支出；3，立法支出；4，教育及文化支出；5，经济及建设支出；6，卫生及治疗支出；7，保育及救济支出；8，营业投资及维持之支出；9，保安支出；10，财务支出；11，债务支出；12，公务人员退休及抚恤支出；13，损失支出；14，信托管理

① 朱博能：《县财政问题》，南京：正中书局1943年版，第1页。
② 彭雨新：《县地方财政》，上海：商务印书馆1945年版，前言。
③ 朱博能：《县财政问题》，南京：正中书局1943年版，第8页。
④ 郭垣、崔永楣：《田赋会要·地税理论》，南京：正中书局1943年版，第33页。

支出;15,普通协助及补助支出;16,其他支出等等。"①仅仅一县之支出就有如此之巨,并且很多项为重复征收,尤其是行政方面的费用。再来看乡镇的情况。1933年至1935年,山西省政府曾对乡镇财政支出进行了统计,列出的支出项目包括:"第一类乡镇公所办公杂费,包括煤、水、灯、油、纸、墨、笔费,乡镇长副等因公出外食宿费,乡丁公食;第二类教育费,包括学校内用具及煤、水等费,校役公食费等;第三类建设费,包括开渠费,凿井费,修筑桥路费,造林植树费等;第四类警卫费,包括保卫团经费,巡田费等;第五类差务费,包括帮差费,车骡费等;第六类社事费,包括赛会费,救恤费等;第七类行政杂支,包括书报费、其他费等。"②

⑤再以详细的分项为例加以说明

首先来看田赋征收一项中所包含的相关费用。《中华民国二十一年度岁出经常费》的条款中规定的田赋征收中的相关费用就包括:"县田赋征收费、县总粮柜职员俸、县粮柜职员俸、村分柜职员俸、催征员俸、粮差饷项、公役工资、村粮柜工饷、办公费(包括文具、邮电、串票印刷、消耗、杂支、旅支、村粮柜办公津贴费)。"③这每一项费用无一不是直接出自农民的血汗。乡民们每日为了生计活命而早出晚归,哪里知道这些苛捐杂税的来龙去脉与真正用途。

其次来看当时政府所谓的"公安和保卫"方面的相关支出。据统计,抗战之前,地方政府的公安类附加即包括"公安经费、自治费、新案自治费、公安亩捐、地方亩捐、警察队亩捐、公安行政费、保卫团经费、公安局经费、区公所经费、县警队费、警队地方费、水警队经费、保卫团亩捐、保卫团捐、公安费、警察队经费、扩充警察队费、区经费、乡镇经费、村制费、清乡费、警备费、防务费、水巡队费、补助警察费、清乡分局经费、政务警察检查所经费、内务费、地方补助行政费、预算不敷费、市乡行政亩捐等"④。除此之外,各县均设保卫团以维

① 张一凡、潘文安主编:《财政金融大辞典》,上海:世界书局1937年版,附录第8页。

② 《乡(或镇)年度财政支出概算册》,见山西省政府村政处编《清理村财政报告》(1933年—1935年),北京农业大学图书馆藏,第6—8页。

③ 孙群:《整理山西田赋计划书》,晋绥整理赋税研究会发行,晋新书社1932年12月出版,第76页,山西省档案馆藏。

④ 商务印书馆编:《中国经济年鉴续编》(1935年),第279页。

持社会之秩序，但乡民的花费随之也不断增加。在阎锡山统治下的山西社会，公安和保卫的经费在全国更是名列前茅，一直到30年代后期都是如此。

表2.10　山西省1935—1942年县各项主要财政支出
平均数占总支出百分比及在全国各省的位次

支出项目	党政费	公安保安费	教育文化费	建设卫生及救恤费	预备费及其他
百分比	32.25	29.71	15.02	4.81	18.55
位次	14	2	19	16	6

资料来源：彭雨新《县地方财政》，上海商务印书馆1945年版，第21—25页。

从上表可知，山西省在教育文化、建设卫生及救恤费方面投入甚少，名次分别排在全国的第19和16位，基本属于最后，但是用于维护社会秩序的公安保安费在全国的位次却名列前茅，而且阎锡山政府所谓的"预备费"往往也是用于军事，这充分表明了阎锡山政府注重武力，处心积虑地维护自己的军阀统治的目的，也是当时山西农村社会秩序表面上较为稳定的原因之一。

有晋南永济县的资料记载："查该县毗连豫陕，边防重要所有各区村村民凡合于团丁年龄者均一律入团服务……全县共一百一十六编村，编为一百一十六村团，按区分为四段……每段聘请教练员一名，择素有军事知识者充任之，月给薪金七元，并预在县受一月之训练。其常任操练之少数团丁，每名每月津贴膳费三元或五元，由本段各编村分摊。"[①]在一般情况下，像这样的事例在各县都有。于是，"县地方财政积累的半数，用在保卫经费上"[②]，再加上其他的花费，县政府哪里还有多余的资金用于农村建设呢？就连蒋介石也不得不承认："在五方杂处的都会，保甲的组织不足以代替警察的效用，故城市的警察在事实上是不可少的，在农村则绝无需要。"[③]更为严重的事实是，"一

---

①　实察委员报告：《各县保卫团进行概况》（1928年7月至1929年6月），见山西省政府村政处刊行《山西村政旬刊》第3卷第30册，第28页，山西省档案馆藏，类号C，编号0075。

②　孙晓村：《地方财政对于农业经济的影响》，载《中国农村》1934年第9期，第41页。

③　蒋介石：《现代行政人员须知》，见《先总统蒋公思想言论总集》（第12卷），1933年3月20日，第165页。

方面我们看到农村中不稳的程度，如何严重得使政府需用最大的力量在镇压；另一方面，政府从农村中分配来的财富，不但没有用来改进农村的生产事业，扩大农村的建设资本，反大部分浪费在骚扰农村，并且被农民所痛恨的保卫团队上"[1]。

对于民国以来地方事务的繁杂，近代经济学家孙晓村曾批评说："中国地方财政制度与农村经济的不相适应，原是很久的事，不过自从民国时期初年以来，因为大家沉迷在建设的美名里，地方财政不断地在膨胀，一方面省市县政府的组织骤然扩大，所有漂亮的政治戏法一起搬上舞台；可是，另一方面，农民的生产依然停滞在古旧的落后的阶段中……因此，便成了现在这种省县政府的局面日益冠冕，而农村的景况日益破落的一个悲惨的对比。"[2]更有人认为，南京政府所谓的地方自治和地方事业实质上是"不操之于官，即操之于绅；等而又下之，又操之于棍痞。生杀欺夺，民之所能自存者几希，民之所能自主者几希，民之所能以自致其治者亦几希矣"[3]。因此，可以说，国民政府堂而皇之的地方自治实际上是各级政府和各级官员对农村社会的一场掠夺，如果等到农村社会有了自己的自治事业和自治权利的时候，农民已经被剥夺得一干二净了。

（2）保甲制度的恢复与保甲、自治的融合

南京国民政府建立后，中央政府在农村社会管理方面的最大特征就是管理体制的变化无常。1928年9月，在山西"村制"改革和"编村"制度的影响下，南京政府颁布《县组织法》，以所谓的"山西经验"为指导，在全国推行以"区村闾邻"为体系的乡村自治制度，即"县下设区，区下设村，村下编闾，闾内编邻"，以此对基层社会实行有效管理。[4]但是，"区村闾邻"制实施几年后，由于没有什么实质内容，因此并没有达到预期的效果。进入30年代后，随着时局的变动，为了达到控制乡民和所谓的"剿匪"目的，南京政府又抬出了自北宋至

①　孙晓村：《地方财政对于农村经济的影响》，载《中国农村》1936年第9期，第41页。

②　孙晓村：《地方财政对于农村经济的影响》，载《中国农村》1936年第9期，第38页。

③　闻均天：《中国保甲制度》，上海：商务印书馆1935年版，第365页。

④　朱宇：《中国乡域治理结构：回顾与前瞻》，黑龙江人民出版社2006年版，第79—80页。

晚清一直实施的乡村管理体制——保甲制，进一步强化了"连坐法"，实行村庄内各户相互监督和相互告发的制度。同时，进一步强化"保甲制"的军事职能，"一再强调保甲制的设立在自卫而不在自治"，"显然不重视清末以来注重自治的情势，而在继承以此为控制人民工具的传统"。这样，以区村间邻为结构形式的乡村自治制度最终为保甲制所取代。当时，"通过'剿匪'总司令部对各省政府的训令，在兵荒马乱之际，保甲制度得到迅速的推广。这个由上级政府向下推行的政制，以编户籍与练民兵为主要工作"，"把先前呼喊了多年而略具幼苗的地方自治一笔勾销，代替了它的地位"。①到1937年为止，除了"山西实行区村制"之外，"全国大多数省份实施保甲制……山西省被批准缓办保甲，仍维持其原有之村制组织"②。

很显然，南京政府的保甲制是披着传统社会乡村管理组织的外衣，对基层社会实行的非正常的军事化管理，其目的完全是为了"加强对农民的监视和税收"③。从理论上来看，民国时期保甲制的复兴"并不是传统制度的简单复制，而是传统与现代因素纠葛、融通复杂历史过程的结果"④。

直接牵涉到地方财政支出的一个问题是，"国民政府对于地方自治的'改进'和保甲制度、'分区设署'的实行，实际上使得《县组织法》框架下的区乡镇自治行政转变成为'官治'行政"⑤。因此，既然是"官治"行政，那么，形形色色的保甲机构设置就要官方的财政支持。然而，以中国农村社会之大和地方财政之弱，地方政府必将难以有所作为，因此，政府只有走上搜括民财一途了。保甲制实施之初，"乡镇保甲经费主要由各乡镇保甲自行筹集"⑥，那些大大小小的乡村头目便"领旨"四处征税摊款，为害乡村百姓。在实行保甲的江西省，

---

① 吴晗、费孝通等：《皇权与绅权》，上海书店据上海观察社1949年版影印本，第133页。

② 冉绵惠、李慧宇：《民国时期保甲制度研究》，四川大学出版社2005年版，第59页。

③ 姜继为：《近代农村的政治动员》，见王先明、郭卫民主编《乡村社会文化与权力结构的历史变迁》，人民出版社2002年版，第252页。

④ 王先明、郭卫民：《乡村社会文化与权力结构的历史变迁》，人民出版社2002年版，前言。

⑤ 魏光奇：《官制与自治——20世纪上半期的中国县制》，商务印书馆2004年版，第206页。

⑥ 杨焕鹏：《国家视野中的江南基层政治(1927—1949)——以杭、嘉、湖地区为中心》，复旦大学博士论文，2005年4月，第60页。

农民的负担异常沉重。除了"区署的经费由县政府负责拨给"之外,"联保主任和保长办公费,全部由农民直接按户摊派。每保平时要负担联保办公费每月四元,保长办公费每月七元,这是经常的。此外区署派员下乡清查户口的时候要供应伙食,壮丁受检阅,要派旅费,修筑渠道,除征工外还要派办事费……虽赤贫亦不能免"[①]。

为了更进一步加强统治,1934年,国民党行政院规定了"将保甲容纳于自治组织之中,乡镇内之编制为保甲"一条根本原则。南京政府所谓的"保甲制""又披上了民主的外衣,进入地方自治的范围之内"[②]。这样,从20年代后期到30年代初的短短几年,地方自治、保甲制以及保甲与自治的融合先后登上历史舞台,中央政府以走马观花的方式,仅以一纸命令,便不知耗费了多少民脂民膏,令多少农户陷于破产。

从地方财政支出而言,虽然保甲制的实行可谓花费甚巨,但是它的实施对中国社会进步并没有产生有利的影响。从全国整体情况来看,"各省奉行保甲,成绩卓著者少,成绩不良者多……遵循官治或绅治者多,参酌现代民治精神者少"[③]。不过,有一点似乎可以肯定,那就是,"在这个过程中,保甲与自治的关系由相互对立发展到了相互融通,国家权力对乡村社会的渗透也在一步步地加强"[④]。

(3)地方军队的扩充及军事掠夺

地方军队的扩充是地方财政支出的最大项,直接或间接增加了农民的田赋和其他负担。实际上,地方军队的扩充根源在于地方割据的形成。"民八以后,各省渐成独立割据之局,地方当局扩充军队厚拥实力,相互成风,支出益增,苛杂益重"[⑤]。可以说,地方军队的不断增加也同时使"地方财政支出逐年

---

① 立人:《保甲生活中的江西农民》,载《中国农村》1936年第2卷第10期,第77页。

② 吴晗、费孝通等:《皇权与绅权》,上海书店据上海观察社1949年版影印本,第133页。

③ 闻钧天:《中国保甲制度》,上海:商务印书馆1935年版,第429页。

④ 李伟中:《南京国民政府的保甲制新探——20世纪三四十年代中国乡村制度的变迁》,载《社会科学研究》2002年第4期,第119页。

⑤ 见《申报年鉴》(1935年),上海申报年鉴社1935年版,第401页,南开大学历史学院资料室藏。

不断增加,增加额度显著"。因此,"地方支出的大部分为军费开支"①。据30年代前期的调查,当时全国的兵额"有二百八十余万人之多,实为世界各国仅有之奇象。财政方面,每年养兵经费,至少五万万元以上,全国全年收入不过四万万五千万元,除还外债一万万元外,剩余之数完全充作军费之用(当然是不可能的),亦不足一万万五千万元,尚何其他庶政之可言?"②无怪乎百姓税负如此之高,生活如此贫困。

更为严重的问题是,军队的这些非同寻常的行为实际上不仅仅大大增加了农民个人的负担,它会反过来加剧地方财政的贫困化,因为农民被军队搜括得一干二净后,地方财政就谈不上有什么像样的收入了。

鉴于前章已经对军事因素的详细论述,在此不再赘述。

从以上地方财政支出膨胀的三大原因中可以看到,每一原因实际上又都直接导致了南京政府时期田赋问题的激化。由于"县自治财政收入的主要来源是征自于农民的田赋附加和田亩捐"③,"地方之一举一动,悉以增加田赋附加为财源"④,"减少附加即危及新政,藉新政形式以标榜之长官,或倚赖新政以剥削民众之土劣,自必百万维持此项附加之存在"⑤。因此便出现了一个奇怪的现象:"凡县地方推行一项新政,必多一项附加,新政结束之后,所加之附加税,决不见取消"⑥,以致造成农民负担一天重似一天,直到农民无法忍受而四处流落或揭竿而起。

但另一个明显的事实是,巨额耗费不仅不能使政府有效地管理农村,反而使农民与政府处于对立的地位。从南京政府建立以来,政府花费了10年时间从事地方事业的建设,但结果是,中国的文盲没有减少,农民的生活没有改善,农村的治安则越来越差,中国社会走上了与统治阶级最初目标相反的道

80

① [日]长野朗:《中国的财政(续)》,李占才译,载《民国档案》1994年第4期,第127页。

② 闻钧天:《中国保甲制度》,上海:商务印书馆1935年版,第433页。

③ 魏光奇:《官制与自治——20世纪上半期的中国县制》,商务印书馆2004年版,第285页。

④ 见《申报年鉴》(1934年),上海申报年鉴社1934年版,第442页,南开大学历史学院资料室藏。

⑤ 《减轻田赋附加之两途》,载《朝报》1934年5月22日,转引自《地政月刊》第2卷第6期,第905页。

⑥ 见《申报年鉴》(1934年),上海申报年鉴社1934年版,第442页,南开大学历史学院资料室藏。

路,飘摇动荡的中国面临着一个新的暴风雨的冲刷和洗礼。

4.省、县收入比例的失调及县财政的窘迫

南京政权建立后,面对财政方面的诸多问题,从第一任财长古应芬开始,中央政府便不断进行财政改革。结果正如上文所说,改革在加强中央集权,削弱地方军阀势力的同时,也大大减少了地方收入,导致各省地方财政赤字日益增加,严重影响了地方社会建设。这还只是问题的一个方面,另一个值得重视的问题是,在本已经穷困的省财政之下,处于基层社会的县财政更是捉襟见肘,直接导致以田赋附加和摊派为主的苛捐杂税的盛行。产生这一问题的根本原因是中国传统财政政策的影响以及南京政府中央对地方财政规定的不完善。

民国时期,中国社会虽然正发生着全方位的变迁,但许多社会元素在社会整体变迁中存在一定的滞后性,也就是说,传统性对当时社会还有很大的影响。财政领域也是如此。由于"我国在历史的传统上,向不重视地方政治,而地方财政亦不过是受中央的唾余,既无制度上的划分,亦无法律上的保障……中央是有其固定的重要财源,省市亦紧握着其份内的收入,唯有出于最下层的县财政,却是没有一个确定的独立的来源,只是东挪西移,抱残守缺。这样地,县财政基础更陷入了'贫弱恐慌'的境地"①!

传统性的这种不足之处对南京政府制定新的地方财政政策有直接的影响。1928年11月,国民政府公布《划分国家收入地方收入标准案》。对于省与县的财政收入划分,法令并无明确规定,只是在其中的第五条规定:"省市县收入之分配由各省及各特别市自定之。"②"就实行情况看,国民政府初期各省均没有进行省与县之间的财政收支划分。这样,在北洋政府时期和国民政府初期,县公署、县政府就仍然同清代一样,在财政方面只是国家财政(这一时期是省财政)的收支机关。"③由此带来的问题是,县级财政依附于省级财政,"田赋及营业税等主要财源,均属省有,而县财政则无确定财源"④。因为"所有划

① 程方:《中国县政概论》,上海:商务印书馆1940年版,第159页。

② 王后哲、汪翰章:《现行县政法规汇编》,上海:大东书局1932年版,第168—169页。

③ 魏光奇:《官制与自治——20世纪上半期的中国县制》,商务印书馆2004年版,第261页。

④ 姚树声:《民国以来我国田赋之改革》,载《东方杂志》第33卷第17号,1936年9月,第81页。

归地方之税源全由省级把持,鲜有将某项税收一部分分与县者"①,"县地方之收入,除税捐之外,极少再有固定之财源"②。从这一情况来看,省在制定税收分配原则上往往极大地有利于自己,而对县的收入项目则极力压挤,对县的收入数额则百般刮削。"于是各县乃不得不赖田赋附加、契税附加、屠宰附加,以及其他苛杂,以资挹注"③。

更为严重的是,裁撤厘金和废除苛杂的行动紧随其后发生,进一步加剧了县财政的贫困。因为第二次全国财政会议虽然划分了省县财政收支,但是,"惟因当时各省财政,在裁厘废杂之后,各省支绌,不能顾及县之收支"④。再加上省或中央事务堆集于县,"县政非常繁重,中央及省的政令多待县去执行……财政就亦不得不想法子"⑤。在县政事务堆积如山而经费却日益紧张的情况下,中央政府和省级政府的一声"就地筹款"就如同打开了农村灾难的潘多拉魔盒。"由于坐支或定额向省财政请领的经费不敷办公需要,各地县公署(政府)仍然征收各种半合法或者非法的税捐和行政性收费"⑥。因此,民国时期,一县的财政收入就出现了正式和非正式两种形式。正式收入主要为各种附加税及附加之外的附加。之所以如此,是因为1928年之后,由于田赋和田赋附加归省政府支配,作为"补偿",省政府允许各县在原来"附加"之上再加"附加",收入归县政府支配。县财政的另一个收入是非正式的"亩捐"或者"摊派"⑦,亩捐是以耕地的亩数为标准而摊派的款项,实质上与田赋附加并无异致,只不过田赋附加须呈请财政厅核准方可施行,而亩捐则只要经当地乡绅同意即可开征。⑧

---

① 彭雨新:《县地方财政》,上海:商务印书馆1945年版,第3页。

② 朱博能:《县财政问题》,南京:正中书局1943年版,第9页。

③ 姚树声:《民国以来我国田赋之改革》,载《东方杂志》第33卷第9号,1936年5月,第81页。

④ 彭雨新:《县地方财政》,上海:商务印书馆1945年版,第3页。

⑤ 程方:《中国县政概论》,上海:商务印书馆1940年版,第159页。

⑥ 魏光奇:《官制与自治——20世纪上半期的中国县制》,商务印书馆2004年版,第266页。

⑦ [美]杜赞奇:《文化、权力与国家:1900—1942年的华北农村》,王福明译,江苏人民出版社2006年版,第53页。

⑧ 冯小红:《乡村治理转型期的县财政研究(1928—1937)——以河北省为中心》,复旦大学博士论文,2005年4月。

实际上,这一征收项目比"田赋附加"更能表现出地方政府在赋税征收上的随意性。另外,地方政府的苛征行为即使受到中央政府"整顿田赋"法令的限制,但地方政府"也会采取其他方式来增加财政收入","临时性的摊款就成了地方军阀及各级地方政府搜刮乡村财富的重要手段"。[①]

由于县财政的正式收入很少,维持繁杂县政的主要财政支持就依靠非正式收入——附加与摊派。可见,农民在正税之外的负担才是田赋负担问题的关键。随着滥征的情况日益严重,田赋附加和苛捐杂税层出不穷,农民负担已到了无可复加的地步。

整个南京国民政府前期,省县财政收入划分都维持着这种不均衡的状态和程度。尽管在1934年5月的第二次全国财政会议上,财政部长孔祥熙提出了《财政收支系统法》,将财政收支系统划分为中央、省、县三级,一部分原为省级所有的税源转移到县市级,如将田赋与附加合并之土地税划分为县财政的主要税源,从此,"县市级财源有了明确保障","使地方财政从混乱无序状态渐向规范有序状态发展,并为地方财政收支结构的确定奠定基础"。[②]但是,这一措施的实施还有一个很长的过程,而且,社会的骚动和农民反抗的洪流都表明了这些措施都来得太迟了。当这些措施的效果就要受到历史验证的时候,日本强盗已经闯进了我们的家园,战争已经不允许国民政府再有更多的实施机会了。

5.财政管理的缺失和地方政权在田赋征收上的随意性

政府财政制度的完善和健全是国家税收行为顺利进行的前提,也是国家财政收入的重要保证。其中,预算制度的科学、合理是国家正常财政的最基本要求之一。中国传统的财政制度中向无预算。至迟在南京国民政府前期,国家正式的预算制度始终未能建立起来,这是由于传统社会对南京国民政府有着深刻的影响。实际上,在西方财政制度逐渐传入中国后,早在"民国八年,政府颁布《县自治法》,赋县议会以议决算等财政之权,然实际上,法徒具文,殊未

---

① 朱博能:《县财政问题》,南京:正中书局1943年版,第2页。

② 刘慧宇:《论南京国民政府时期国地财政划分制度》,载《中国经济史研究》2001年第4期,第44—47页。

见县议会之成立。十八年公布《县组织法》,县设参事会,亦有审核县财政之责,但设立参事会之县份,殊不多见,并无实效可言"①。1932年9月,国民政府也曾公布《预算法》,但因种种原因而未能实行,后经多次研讨和修订之后,才最终于1937年4月公布。

"国民政府的中央预算都是如此,地方预算更是一笔糊涂账"②。由于缺少预算,当时地方政府财政收入往往是税目不确、数额不详,财政支出的情况是有多少花多少,入不敷出时再随意征收。有学者评价说:"县财政既无一定之范围,亦无法律之根据,省政府一纸命令,即可以变更县财政之收支,其不确定之情形,实为最甚。"③因此,"没有预算制度而滥征滥支,是国民政府初期承自清代和北洋政府时期县财政制度的又一弊病"④。直到1934年,全国财政会议才颁布《办理县市地方预算规章要点》,令各省在1935年内建立县预算。1936年7月,国民政府公布了《修正财政收支系统法》,其中的第四十条及第四十二条规定:"乡镇或市区之各类费用,应依类分别列入各该市县局之经费预算","乡镇区支出,应占县市局预算百分之五十,至百分之七十"。⑤截止到1937年前后,各地的县财政会计制度和基层财政的预算制度才陆续建立起来。

从征收的税目及数额来看,地方政府对临时摊派的征收尤其缺乏统一的管理。临时摊派又称"摊派"或"差徭",有时又称做"摊款","系指违反民意于应征田赋正附税外,强征人民财物以及劳力的征发"⑥。民国时期,摊派的征收形式往往是"按户或按财产摊收,以户捐为最普遍"⑦。而摊派最明显的特征

---

① 朱博能:《县财政问题》,南京:正中书局1943年版,第2页。

② 方庆秋:《民国社会经济史》,中国经济出版社1991年版,第248—249页。

③ 朱博能:《县财政问题》,南京:正中书局1943年版,第2页。

④ 魏光奇:《官制与自治——20世纪上半期的中国县制》,商务印书馆2004年版,第292页。

⑤ 胡次威:《乡镇自治提要》,上海:大东书局1946年版,第67页。

⑥ 《湖北省政府取缔临时摊派款项规则》(1934年9月),湖北省档案馆藏,档号LS1-7-6825。转引自张泰山《近代农村社会转型中的沉重脚镣——1927—1937湖北农民实际田赋负担考察》,《湖北师范学院学报》(哲社版)2005第1期,第83页。

⑦ 彭雨新:《县地方财政》,上海:商务印书馆1945年版,第85页。

是，"没有规则，没有章程。什么时候需要摊派，摊派多少，如何支用，都无章可循，全凭主事者随机决定"①。"摊派数额通常每村数百元，军事时期则常无限制。其征收时，单位、税率等亦全无标准……一年摊派六次八次者实很普遍"②。因此，与摊派相比，田赋附加税"有明文规定的制度，其征收数额及时期都有相当的限制"③，"一般来说，田赋附加税须各地方事先做好预算，每年分上下两忙随正税一起征收"④，而"一到摊派，便予取予求，漫无范围"⑤，可见两者不同。不过，从根本上来看，"附加与摊派性质相仿，都是正税之外的额外负担，且名目繁多，因此经常被统称为苛捐杂税"⑥，只是摊派"论苛重程度则较田赋附加税有过之"⑦。

由于征收的随意性，"摊派"这种"税收"形式在中国近代社会产生过极大的消极作用。摊派向无征收时间和确定额数，随时需要随时征收，其结果造成南京政府在农村基层社会百姓中的恶劣印象，引起了广大农民的极度反感，最终影响了政府的统治基础。另外，"执行摊派的人假借名义，层层加码，中饱私囊，严重干扰了正常的社会生活，令百姓的生活状况越来越糟糕，同时也形成了政府腐败的基础。"⑧因此，时人慨叹："自田赋划归地方税收之后，地方当局握征收之实权，附加摊派，漫无限制，其摧残民命，固无有甚于此者"⑨，"盖世人徒知苛捐杂税之病民，不知其他临时按亩摊款之为害更烈也"⑩。

中央对地方的管理程度也严重影响着国家赋税征收状况。中华民国时期

① 杜恂诚：《民国时期的中央与地方财政划分》，载《中国社会科学》1998年第3期，第190页。

② 孙晓村：《苛捐杂税报告》，见《农村复兴委员会会报》第12号，1934年5月，第13页。

③ 孙晓村：《苛捐杂税报告》，见《农村复兴委员会会报》第12号，1934年5月，第13页。

④ 朱汉国、王印焕：《民国时期华北乡村的捐税负担及其社会影响》，《河北大学学报》（哲社版）2002年第4期，第7页。

⑤ 孙晓村：《苛捐杂税报告》，见《农村复兴委员会会报》第12号，1934年5月，第13页。

⑥ 朱汉国、王印焕：《民国时期华北乡村的捐税负担及其社会影响》，载《河北大学学报》（哲社版）2002年第4期，第7页。

⑦ 孙晓村：《苛捐杂税报告》，见《农村复兴委员会会报》第12号，1934年5月，第13页。

⑧ 杜恂诚：《民国时期的中央与地方财政划分》，载《中国社会科学》1998年第3期，第190页。

⑨ 邹健：《近年田赋整理的批判》，载《中国经济》1936年第4卷第7期，第29页。

⑩ 张庆豫：《废除苛捐杂税之我见》，载《地政月刊》第2卷第6期，第906页。

是一个特殊的时期,中央与地方关系形成了所谓的"弱势中央集权"格局。[①]正是这种格局,使得南京中央政府对地方政权形成了"能管又管不好"的状况。这一状况所造成的影响在财政上的具体表现就是,中央政府在加强中央财政收入的同时,又对地方政府任意苛征、胡作非为的做法只能空喊几句或者说无力去管,这就在财政方面形成一个巨大的矛盾:按当时税收收入有利于中央的财政政策,如果中央政府对地方政府管得严的话,地方财政将更加趋于拮据,地方事务甚至包括一些中央事务都随之陷入困境。而且,有时即使中央政府具有整顿地方的真心实意,但由于"弱中央"的特性却不一定能管得好和管得住。从另一方面来说,如果不管的话,地方各级政府势必正在榨干农民的血汗,国家对于农村社会法定的田赋税收也往往会受到极大影响。在这种情况下,中央政府为了确保自己的收入不减,只好任由地方政权掌握附加税的征收权,而中央政府至多在苛捐杂税征收最严重的时候有心无力地空喊几句"田赋整顿"的口号。

有学者批评说,1931年6月1日,南京政府正式公布了《中华民国训政时期约法》,"它关于中央政府和地方政府的组织规定较为笼统;对于双方的权限划分,根本就没有加以具体界定,更谈不上明晰不明晰的问题了"[②]。这必然使双方在行使职权过程中,缺乏制度的规范。从表面上看,这一情况的产生是由于中央在组织上对地方管理的缺失,实际上,这是"弱势中央集权"政局在政治管理上的具体体现和必然结果。

田赋被划为地方税收,同时国家的其他主要税种又由中央掌控,而地方财政依然贫穷。这两种因素共同促成了农民负担的加重。因为一方面,地方财政尤其是县级财政按正当渠道所收极少,需要到处搜括钱财以应付日益增长的地方支出;而另一方面,1929年,中央批准实施的《县财政整理办法》规定,各县地方之支出应由县政府视地方各种事业需要情形通盘筹划支配,中央由此便把田赋这种农业税的征收权交给了地方,"这样,县长的权力可谓大也。所以,

---

① 李国忠:《民国时期中央与地方的关系》,天津人民出版社2004年版,第8页。

② 李国忠:《民国时期中央与地方的关系》,天津人民出版社2004年版,第169页。

征收税额的多少完全由县长说了算,这就要看县长的人品了"①。但是,在当时,"县长任用尚未纳入正轨","县长资格参差不齐,来路五花八门"②。而且,即使有比较正派的县长,但由于受到当地豪强劣绅的掣肘和捣乱,也往往不能有好的作为。因此,在当时,很少有县长能真正为穷苦乡民着想而减少沉重的赋税负担,绝大多数都是以肥己和保位为目的,取悦于豪强劣绅,压榨于贫穷百姓,使地方赋税征收管理呈现明显的自主性和随意性。

如果考虑到乡镇财政,情况就更加不容乐观了。按照中央的规定,乡镇所需经费由县拨付,但是,"各县的财政收入,已属万分拮据,还有多少余钱,来补助乡镇,充其量也不过是补助乡镇公所一部分的行政经费……因此乡镇财政最主要的来源,便是经乡镇民代表会决议,县政府核准征收的临时收入。要是这种临时收入,确实经过乡镇民代表会的决议,县政府的核准,倒无问题",但是"十之八九都是由于乡镇保甲的任意摊派,用多少就派多少,既没有经过乡镇民代表会的决议,又没有经过县政府的核准",而县政府为了自身财政的宽裕,对此睁一只眼闭一只眼,"这样一来,乡镇保甲便成了怨府"。③

从地方政府的角度来看,摊款的唯一便捷之处在于"摊派时不必考虑村庄的实际土地占有量——故也不必考虑偷漏问题。国家政权机构(实际上就是地方政府——引者注)在其感觉'手紧'时便可随时摊款,至于如何派款到户和是否公允,则由村庄和下属自行处理"④。此外,由于增征田赋只需随粮附征,因而"田赋附加征收手续简单"⑤,而且普通民众完纳田赋已成习惯,不致引起强烈反抗。因此,历年来,军阀割据,混战不已,都以田赋附加为他们争权夺利

① 粟伯隆:《县政大观》(第3编),南京:中山印书馆1932年版,第21页。

② 王奇生:《民国时期县长的群体构成与人事嬗递——以1927年至1949长江流域省份为中心》,载《历史研究》1999年第2期,第101页。

③ 胡次威:《乡镇自治提要》,上海:大东书局1946年版,第69页。

④ [美]杜赞奇:《文化、权力与国家:1900—1942年的华北农村》,王福明译,江苏人民出版社2006年版,第44页。

⑤ 于永:《30年代中期国民政府整理田赋的举措述评》,载《内蒙古师大学报》(哲社版)1999年第6期,第71页。

的政治资本。

与此同时，这一时期地方政权更换频繁也对赋税征收的随意性产生了推波助澜的作用。20世纪20年代后期至30年代初，南京政府表面上统一中国，但各地军阀不断混战，政局混乱。"每逢一机关更迭长官，恒有大部分之官吏，随之变动。其甚者则上自科、处，下及雇员，盖行变置，如疾风扫叶，无一幸免"[1]。其造成的结果是，每上来一批所谓的执政者，便趁机大捞一把，并不会顾及农民的生活。而田赋附加征收手续简单，正好被这些执政者所利用。

由此看来，田赋附加及摊派的征收权掌握在地方政权手中，征收手续又简单，再加上1930年《中华民国训政时期约法》对于双方的权限划分没有加以具体界定，中央对地方缺乏制度的规范，因此，赋税征收数量增长惊人，苛捐杂税泛滥成灾。

---

① 陈之迈：《中国政府》，上海：商务印书馆1945年版，第212页。

第四节　20世纪二三十年代的山西田赋负担情况

ERSHI SHIJI ZHI ZHONGGUO

一、山西的经济和财政

山西地处北方内陆地区，土地相对贫瘠，而工商业又较为落后。同时，自清末以来，由于外国列强的侵略和各种对外赔款接踵而至，尤其是《辛丑条约》签订后，山西"每年竟摊派了116.3万两，居全国第九位。另外，山西还有地方赔款250万两白银，居全国之首"①。因此，山西的经济不断趋于恶化。1917年，阎锡山执政山西后，很有一番拯救山西经济的计划，以稳定自己的统治根基，但由于阎锡山的这些计划包括发展军事工业、实施"村本政治"和"村制建设"等，处处花费巨大，再加上阎锡山军工业的畸形发展和连年的割据战争，结果不仅没有把山西经济搞上去，反而加重了包括农民在内的各行业人民的负担。据记载，到1930年，"山西经济濒于崩溃"。"在1927年到1935年八年间，山西的地方当铺以及几家纺织厂，所有的火柴厂，唯一的酒厂连同几千家商店和制造加工企业全部倒闭。"②1932年，阎锡山重新上台后，"着力进行'造产建设'，

---

① 张玉勤主编:《山西史》,中国广播电视出版社1992年,第241页。

② 段良辰:《一年来之山西经济》,载《建政周刊》1935年1月1日印行,第8—12页。

通过对《山西省政十年建设计划案》的实施，使山西的农业、工业、商业和铁路交通事业，在原有的基础上都有了较大的发展"，这是应当予以肯定的。[①]但是，由于阎锡山政府"重点发展官僚资本和重工业，因而在一定程度上制约了农业的正常发展"[②]。农村贫困破产的状况比以前有过之而无不及，整个山西经济的发展仍然是畸形的。

经济状况决定了山西的财政状况。传统的山西财政收入的主要来源是农业，但农村衰败，农民贫困，山西财政连年赤字。首先以1933年山西省收入和支出为例来看山西的财政状况。

表2.11　山西省1933年度地方岁入暨岁出预算统计表

岁入			岁出		
科目	金额	百分数	科目	金额	百分数
总计	14 774 934	100.00	总计	14 774 934	100.00
田赋	6 523 801	44.15	党务费	166 860	1.13
历年欠赋	359 649	2.43	垫支军费	8 604 520	52.24
契税	1 507 000	10.20	行政费	1 436 958	9.92
营业税	3 871 082	26.20	司法费	490 425	3.32
车捐	286 700	1.94	公安费	284 725	1.93
地方财产	750	0.01	财务费	752 123	5.09
地方事业	29 103	0.19	教育文化费	1 501 497	10.17
地方行政	119 524	0.81	实业费	90 900	0.62
补助款	250 795	1.71	卫生费	80 880	0.55
其他	526 530	3.56	建设费	871 258	5.90
债款	1 300 000	8.80	协助费	88 232	0.59
			抚恤费	21 000	0.14
			债务费	178 000	1.20
			预备费	207 496	1.40

资料来源：山西省政府秘书处编印、山西省政府统计委员会审查《民国二十二年份山西省统计年鉴》（下卷），出版地不详，第1页。

在1933年的省预算岁入中，"债款"和中央给予的"补助款"两项就超过

① 景占魁：《红军东征目的再认识》，载《晋阳学刊》1996年第3期，第6页。

② 刘建生、刘鹏生：《山西近代经济史》，山西经济出版社1995年版，第452页。

10%,可见山西财政是入不敷出。在预算岁出中,表面上看来,垫支军费占总支出的52.24%,而教育文化费占到10.17%,实际上军费远远高于这一比例,而教育文化费则根本达不到所划分的比例。"非生产性支出的军费,大约占省地方岁出的6成。但这在名义上,通常以'债务费'表示之","作为生产性支出的事业费支出是比较少的。特别是建设费,即开发资金支出更是很少"。①

再看下表:

表2.12　山西省1931—1936年预算岁入岁出总数对照表(单位:元)

年度	1931年	1932年	1933年	1934年	1935年	1936年
岁入	11 610 671	13 681 686	13 115 285	12 753 917	12 419 754	12 419 754
岁出	17 766 116	13 681 686	14 774 934	15 253 917	15 019 754	15 019 754

资料来源:申报年鉴社编1934年《申报年鉴》、1935年《申报年鉴》、1936年《申报年鉴》;山西省政府秘书处编1933年《山西省统计年鉴》(下册)、1934年《山西省统计年鉴》(上册);国民政府主计处岁计局《岁计年鉴》第4集。

从表中可知,进入30年代后,山西财政在各年基本上是入不敷出,仅有一年即1932年财政收支相抵,甚至在1931年山西财政短绌6 155 445元,究其根本原因仍然是新军阀之间爆发的中原大战的巨大耗费所致,1932年虽然岁入岁出相抵略有盈余,但这是以大量提高人民的税收和发行新币为代价而换得的。中原大战后,阎锡山出走,商震任山西省政府主席,决定"增加全省田赋每两一元,全省共得田赋550万两","再征发全省各县给养捐一次,额定600万元"。②由于阎锡山的军事行动和残酷掠夺,贫困农民又一次付出自己的血汗钱和活命钱。关于发行新币,曾任霍县与五台县县长的陶伯行回忆说:阎锡山回到山西(指阎锡山在中原大战失败后避于大连,于1932年重返山西),"竟令省银行按20元折合一元,另发新币兑收,受害最大的当然是广大人民群众。他们终年劳动生产所换得的省钞成了一把废纸,生活陷于绝境。而一切苛捐杂

---

① [日]内田知行:《三十年代阎锡山政权的财政政策》,叶昌纲译,载《山西文史资料》1991年第2辑,第31页。

② 刘建生、刘鹏生:《山西近代经济史》,山西经济出版社1997年,第501页。

税的负担，官吏与军队的骚扰，在阎锡山二次上台任绥靖主任之后，有加无已。因此，逼得人们无法生存，逃亡、自杀者时有所闻"①。似这样发行新币坑害人民在山西已是第二回了。在1919年，阎锡山政府就发行"晋钞"。为了满足自己的军事需要，阎锡山肆意滥发纸币。中原大战后，随着阎锡山的失败，"晋钞"急剧贬值，"到1931年1月晋钞与银元的比值已经降为30比1，以后虽有回升，但直至12月也未下20比1"②。

太原在乡士绅刘大鹏1931年12月9日的日记也对此有所记述。他说："吾晋省政府近虽改组，而政府中之委员，无一轸念民生之官，即如山西省银行，开设骗局，竟出纸币至六、七千万元之多，散布民间，现已荒至一元仅顶一角五分，竟使民受此害，而省政府委员竟助省银行骗民。此其做官者行为乎，殆与贼寇无异耳，何论其余之政治。"③这样，一千七百万山西人民皆罹浩劫。"有阳曲河西之一村民，平生辛勤所积共晋钞一百四十元，以作养老及身后棺木之资，因钞价狂跌，亦寻至省银行，坐于柜台前，放声大哭，哭后亦全数焚烧，并哭向银行人员道：'这算是诸位做的好事，老汉这百余元，算给诸位烧了纸，超度灵魂吧。'说毕，沿街大哭而去"④。在这次"晋钞"贬值中，受害最大的是晋北人，因为"晋南粮食棉花年年出超，吸收现洋很多，加之晋南人于辛亥革命后，对阎锡山成见很深，不愿多周使他所发行的省钞。晋中亦有在省外开设的商号，运回现洋周使"⑤，而晋北地区经济相对落后，现洋流入的很少，民间百姓多储存"晋钞"以备用，因此受害最大。

从20世纪二三十年代来看，山西的经济状况有一定的改善，但发展的稳定性较差，且行业间存在畸形发展，尤其是，政府从农村社会掠夺的多而给予的少，导致这一时期山西农村的不断衰败。政府的财政状况在这一段时期不容

---

①　陶伯行：《阎冯倒蒋之战给山西人民带来的灾难》，载《山西文史资料》（第7辑），转引自刘建生，刘鹏生：《山西近代经济史》，山西经济出版社1997年版，第505页。

②　景占魁：《阎锡山与西北实业公司》，山西经济出版社1991年版，第34页。

③　刘大鹏遗著：《退想斋日记》，乔志强标注，山西人民出版社1990年版，第435页。

④　马乘风：《最近中国农村经济诸实相之暴露》，载《中国经济》1933年创刊号，第7页。

⑤　王尊光、张清樾：《阎锡山对山西金融的控制与垄断》，见山西文史资料室编：《山西文史精选——阎锡山垄断经济》，山西高校联合出版社1992年版，第20页。

乐观。由于推行"自治",行政机构不断增多,再加上军阀战争连年,政府需款极多,山西财政基本上是在赤字中度过的,借债和中央补助款占很大部分。

二、山西农民的田赋及其他相关负担

1.山西的田赋负担问题

20世纪二三十年代,中国社会总体上仍处于由传统向近代转型的重要时期。就山西社会而言,这一时期,阎锡山一方面从事着军阀战争,另一方面又着力于乡村事务,腾出手来实施"村制变革",可以说,战争与变革成为这一时期阎锡山所肩负的双重任务,最终,阎锡山在一个偏僻落后的省份取得一定的变革成效,使山西获得"模范省"的美称。当前,学术界关于阎锡山"村制变革"对山西乡村社会的影响程度还未有定论,这一问题以后另当别论,笔者在此谨以近代山西乡村社会转型期的田赋负担为主题,分析20世纪二三十年代这一乡村传统赋税形式在山西的征收情况,暴露出山西乡村社会田赋征收的极端剥削性,也展示出山西区域社会鲜明的地方特色。

山西财政在传统上以农业为主要收入。阎锡山统治以来,田赋在全省财政收入中一直占主要地位,不仅税额稳定,且呈不断增长趋势。1934年的《申报年鉴》有一段评论说:"以田赋为主要收入者,有河南、山东、山西、江苏、浙江等省;至于历年各省田赋之收入,参差不齐,常多增减,因此可分为二类:一为增加者,若山东、山西等省;一为减少者,如湖北、江西、陕西等省。"[1]

这一评论正说明田赋在山西财政中的重要地位,也反映出历年来山西农民负担的加重趋势和山西田赋负担问题的实质。

关于这一时期的山西田赋负担问题,本文在这一部分主要以翔实的数据为依据,以田赋额数及占财政收入的百分比,田赋占地价的百分比和田赋中正、附税的比例关系三个方面对山西田赋负担问题进行全方位的解析。

第一,田赋数额及占财政收入的百分比。

---

[1] 见《申报年鉴》(1934年),上海申报年鉴社1934年出版,第442页。

20世纪20年代中期以来,整个国家处于动荡和战争状态,北伐战争正在激烈进行,全国的田赋征收十分混乱。南京国民政府于1927年4月成立,百废俱兴,事务繁忙,无暇顾及田赋征收的统计。而阎锡山等各地军阀往往占地为王,也一直不向中央缴纳田赋。再者,1928年,中央决定把田赋改归地方所有,但阎锡山等军阀忙于军事活动,一心扩充实力和地盘,也没有留下太多的关于1927—1930年本省田赋征收情况的资料,直到1931年,关于田赋征收的全省具体数额才开始有了较翔实的记录。不过,从当时仅有的一些资料里,这几年的山西田赋征收额仍大略可见。

表2.13　20年代后期田赋正税的公开税率

省份	山东	河南		山西		四川	江西	江苏		浙江	
县份	莱阳					成都		无锡	江宁	湖州	嘉善
每亩征收额	1.900	1.196	3.000	1.289	3.000	2.560	0.766	1.200	1.370	1.200	1.280
征收年度	1927	1927	1928	1928	1929	1928	1929	1931	1928	1931	1928
增加率(%)	475	299	750	750	322	640	192	300	343	300	320
材料来源	陈翰笙《中国农民负担的赋税》	1929年5月财政部报告	秉山《中国田赋的高度》	秉山《中国田赋的高度》	1929年财政部报告	1929年财政部报告		《无锡人报》1932年6月7日		《新闻报》1931年2月15日	《杭州民国日报》1928年3月8日

说明:表中"增加率"一栏,系以光绪二十八年(1902)全国最良稻田每亩征收额四角为100之增加率。"每亩征收额"的征收单位为"元"。

资料来源:徐羽冰《中国田赋之一考察》,《东方杂志》第31卷第10号,1934年5月,第56页。

总体来看,在南京政府前期,山西田赋负担问题已十分严重,其田赋负担竟比山东、四川、江西、江苏、浙江等大多省份都要重,这从上面的一些资料中可以看出来。但它也有不同于其他省的特点,那就是,第一,在田赋的总额中,正税往往占较高的比例,而附加税所占比例相对于其他很多省来说却较低。但这一情况并非说明山西的田赋附加税较轻,只是因为山西的田赋正税相当高。那么,出现这种正税较高而附税与其他省相比较低的状况,笔者认为是由于长期以来整个山西的县地方建设都是由阎锡山政府在较严密的行政网络下统一实施和进行,很多资金也同样由阎锡山政府统一安排和供给,不像其他省那样,县地方各项建设纷繁复杂而没有政府的统一实施纲领和明确的资金来源,县政府只好随意征收各种附加税来应付地方建设之需。第二,在阎锡山势力所及的范围内,包括山西、绥远、察哈尔、河北等省,"兵差"负担的特点要比全国其他省份明显得多,不管在"兵差"所覆盖的地理范围上,还是在"兵差"的严重程度上都是如此,特别在山西更是这样。以下通过详细的资料与数据一边介绍山西田赋负担的情况,一边来进一步说明这些特点。

首先来看20世纪30年代前半期山西省田赋收入与岁入总额的情况。

表2.14　1931—1935年山西省田赋收入与岁入总额之对比表(单位:元)

	1931年	1932年	1933年	1934年	1935年
田赋收入额	6 272 403	6 523 801		6 523 801	7 929 908
田赋收入占岁入总额%	55.26	47.68		42.77	43.55

资料来源:根据《最近五年各省预概算中田赋收入与岁入总额之对比表》制作,《申报年鉴》(1936年),上海申报年鉴社1936年版,第427页。

从上表来看,山西农民的田赋缴纳额数逐年节节攀升,从1931年的6 272 403元到1935年的7 929 908元,增加了20%以上。下面再来结合当时的物价因素来看。从阎锡山的山西省政府秘书处编制的1936年6月份"山西省会批发物价总指数图"[①]中可知,虽然从1933年至1936年6月,山西物价整体处于上涨态势,但物价上涨幅度并没有超过13%,而同期农民却在田赋交纳中增加了20%以上的田赋赋额。同时,指数表也显示,与农民生活息息相关的燃料、建筑材料等物类的价格涨幅程度更是大大高于金属电器类产品,无形中更增加了农民最基本的生活成本。此外,百物腾贵之时,土地价格却一路下跌,难以活命的农户即使出卖土地也无济于事。地方县志记载中对田赋赋额增加的趋势

---

① 山西省政府秘书处编:《山西省会批发物价指数》,1936年第6期,第1页。

也有所体现。《曲沃县志》中记载"民国22年（1933年），征正额123 897元，省附加30974元，县附加12 880元，共计167 751元，每两正银征收2.716元"[①]，"民国23年（1934年）收入银元262 189元，其中田赋127 790元"[②]，"26年（1937年），每两正银实际征收3.6元"[③]。太原县乡绅刘大鹏在1936年4月21日的日记中针对不断增加的田赋赋额也记述道："以吾太原县之征收钱粮，现在办法，每两银原系二元六角，现加一元五角，今年完粮一两必须大洋四元一角，此外又按户起派保卫团费。"[④]这些史料都真实再现了不断沉重的农民负担和日益严重的山西田赋负担问题。除了田赋的实际缴纳额数节节攀升之外，由于阎锡山政府的山西建设重在工业和军事，对农业和农村建设的关注少得多，资金投入是少之又少，也就是说，政府对农村社会是给予的少、拿走的多，因此，农民的负担并没有减轻。

　　下面以1932年为例，在全国范围内对山西的田赋负担情况进行对比说明。

表2.15　1932年度部分省份田赋收入总额表（单位：千元）

山西	山东	河南	河北	察哈尔	江苏	安徽	湖北	湖南	广西	云南	宁夏
6523	15 157	5977	6356	723	10 120	3907	960	3324	2942	562	786

　　资料来源：《各省财政状况鸟瞰》，《申报年鉴》（1934），上海申报年鉴社1934年版，第441页。本表材料系摘录主计处吴培均所作之《各省市田赋概况》一文。

　　山西省地处黄土高原，自然条件较差，农业生产并不发达，但是农民的田赋负担很重。从上表可以看出，山西农民缴纳的田赋赋额比农业自然条件较好的河南、河北、安徽、湖北、湖南等省农民的田赋赋额都要高，何况山西人口较以上这些省份来说少得多，如按人口平均的话，山西农民的田赋负担更显沉重。以山西晋东南的屯留为例，"屯留的田赋，连同附加的粮捐，前数年就是每一两银子征收二元九角八分，现在名义上虽仍旧贯，但实际上，农民所缴纳的远

①　曲沃县志编委会编：《曲沃县志》，海潮出版社1991年版，第214页，山西省图书馆藏。

②　曲沃县志编委会编：《曲沃县志》，海潮出版社1991年版，第208页，山西省图书馆藏。

③　曲沃县志编委会编：《曲沃县志》，海潮出版社1991年版，第214页，山西省图书馆藏。

④　刘大鹏遗著：《退想斋日记》，乔志强校注，山西人民出版社1990年版，第495页。

在三元以上"①。很多山西地方志对这一时期的田赋征收情况也有明确记载。《翼城县志》记载,1927年,"翼民年纳熟荒粮银计共五万六千七百六十三两五钱八分,折合大洋一十五万五千五百三十二元二角一分,其负担亦可谓重矣"②。

据中共榆次市委调查,1936年榆次市大伽南、演武、训峪等三个村庄每亩负担的田赋为12.9~49.8斤小米, 这一缴获量在当时亩产量非常低下的情况下已是非常之高。具体资料见下表:

表2.16　1936年榆次三村田赋

		合计	大伽南村	演武村	训峪村
土地面积(亩)		11 021	4250	4700	2017
田赋正税额	折银元(元)	2369	660	1435	274
	折小米(斤)	47 393	13 202	28 704	5487
实际负担小米(斤)		335 728	74 958	234 045	26 725
实际负担为正税的%		708	568	815	487
亩负担小米(斤)		30.46	17.64	49.80	12.90

资料来源:山西省史志研究院编《山西通志》(第7卷,土地志),中华书局1999年版,第485—486页。

不过,从有关资料来看,全国大多数省份田赋占总收入的比重在抗日战争爆发后都相对有所下降。③在山西省,1934年的田赋收入占全省总收入的42%,而1938年田赋占总收入的27%。④这大概与中央政府的田赋整顿有一点关系,但主要原因是,1937年,抗日战争爆发,山西处于日军进攻的前锋。到1938年,山西农村的土地要么撂荒,要么为日伪军所占领,何谈阎锡山政府的田赋征收。

其次再看田赋占地价的百分比。

农民田赋负担问题的严重程度也可以通过田赋占地价的比例反映出来。

① 冯和法编:《中国农村经济资料续编》,上海:黎明书局1935年版,第273页。

② 马继桢督修,吉廷彦编纂《翼城县志》,成文出版社有限公司印行,1929年铅印本,第354—355页,山西省图书馆藏。

③ 关吉玉、刘国明:《田赋会要》,财政部1941年印,第236—673页。

④ 关吉玉、刘国明:《田赋会要》,财政部1941年印,第575、593、623、644、673页。

二十世纪之中国——乡村与城市社会的历史变迁

98

南京政府在法令中明确规定:"附加总额连同正税一并计算不得超过地价百分之一。"[1]但中央政府执法不严,而地方政府往往又有法不依,旧习不改,税额早已超过法令的限制,造成20世纪二三十年代以来农民田赋负担的不断加重。

看以下两个表格:

表2.17　一些年份全国田赋占地价之百分比(各该年地价为100)

年份 土地类别	1912	1931	1932	1933	1934	1935	1936
水田	1.69	2.08	2.39	2.67	3.05	3.09	2.88
平原旱地	1.80	2.33	2.48	2.74	3.26	3.49	3.21
山坡旱地	1.99	2.48	2.74	3.05	3.46	3.74	3.51

资料来源:《农情报告》第7卷第4期,1939年4月版,第50页。

表2.18　部分省份历年田赋占地价百分率表(各年份之地价为100)

	水田(占地价%)			平原旱地(占地价%)			山坡旱地(占地价%)		
	1912年	1932年	1933年	1912年	1932年	1933年	1912年	1932年	1933年
山西	1.70	2.60	2.66	2.75	3.09	3.35	3.24	3.64	3.86
陕西	1.90	2.64	3.12	2.72	3.51	3.86	2.70	3.00	3.49
河北	1.19	1.39	1.33	1.42	1.42	1.37	1.46	2.19	2.21
山东	1.79	1.67	1.59	1.62	1.77	1.66	1.38	1.84	1.66
江苏	1.39	1.89	3.11	1.57	1.77	2.40	2.00	2.49	3.13
安徽	1.46	1.83	1.96	1.21	1.74	1.84	1.22	1.96	2.28
河南	1.63	2.26	3.23	1.56	1.72	1.99	1.99	2.75	2.38
湖北	1.31	2.92	2.66	2.01	2.71	2.97	2.11	2.31	2.87
四川	1.59	3.49	3.69	1.89	3.47	3.67	2.05	3.43	2.91
湖南	1.28	1.61	1.87	1.06	2.53	2.79	1.25	2.92	3.07
浙江	2.15	2.61	3.30	2.38	3.06	3.50	1.96	2.67	2.93
广东	1.56	1.81	1.96	151	2.16	1.95	2.34	2.52	2.63

资料来源:《各省历年田赋之变迁与田赋占地价之百分率表》,王毓霖编《经济统计提要》,1935年版,出版社不详,第22页。

---

① 《宋子文呈送整理田赋附加税办法草案修正本》第3条,见中国第二历史档案馆编《中华民国史档案资料汇编》第5辑《财政经济》(二),江苏古籍出版社1997年版,第468页。

由以上表格可知,历年来,水田、平原旱地、山坡旱地的田赋赋额占地价的比例都不断升高。由此看来,30年代正是田赋负担问题凸显的主要时期。从山西和其他省份的比较来看,到1932年和1933年,山西山坡旱地田赋占地价的百分比在全国遥遥领先,平原旱地田赋占地价百分比则仅次于陕西和四川,水田田赋占地价百分比也在全国名列前茅。山西田赋负担情况由此可见一斑。

"抗日战争以前,山西的田赋收入占全省预算收入的比重,不少年份都在40%以上,民国20年前占的比重则更大,占到五六成多,甚至七成以上。"[①]不过,虽然1931年以后田赋在国家收入中的比重降低了,但农民的负担并没有因此减轻,因为从30年代开始,农村地价急剧下跌,农作物贬值,农民收入随即减少,即使其他行业的税收负担增加而农民负担的实际数额不变,农民受到的剥夺实际上就已经多于以前了。

第三,田赋中正、附税的比例关系。

先来看山西30年代前期田赋正附税总额的变化情况。

表2.19 山西每亩田赋正附税总额增长状况表(以1931年为100)

年份	水田	平原旱地	山坡旱地	报告县数
1912	55	53	49	
1931	100	100	100	
1932	97	99	100	
1933	95	98	99	85
1934	95	98	97	
1935	93	97	91	
1936	97	94	91	

资料来源:《农情报告》第7卷第4期,1939年4月版。

由表中可知,从1912年到1936年,山西各类耕地的田赋正附税都迅速增加,其中水田增长了43.2%,平原旱地增长了43.6%,山坡旱地增长了46.1%,涨幅都在百分之40%以上,这样的增长速度在全国各省中都是较高的。同时,可

---

① 山西省史志研究院编:《山西通志》(第29卷,财政志),中华书局1999年版,第23页。

以看到,田赋正附税总额增长最高的年份是1931年,其次是1932年。后来随着田赋整顿的进行,田赋征收数额就略微有所减少,但还是明显比民国初年高得多。

那么,在历年山西田赋总额的变化中,正税和附加税有着怎样的关系呢?观察以下表格。

表2.20　山西正税与附税征收额比率的变化(以各年份征收的正税额为100)

年份	水田附税	平原旱地附税	山坡旱地附税	报告县数
1912	79	81	73	
1931	98	117	103	73
1932	107	108	101	
1933	115	115	107	

资料来源:《农情报告》第2卷第11期,1933年11月版;《农情报告》第2卷第12期,1933年12月版。有改动。

可以看到,在大多数时候,田赋附加额数还是超过了田赋正税额数,与中央所做出的田赋附加不得超过正税的规定相左。但从另一方面来说,山西省的田赋附加额数与正税额数相去不远,为正税的一倍多,还是低于全国很多省份的。从统计资料来看,到1935年,山西的附税额征数已大大低于正税额征数。看下表:

表2.21　1935年一些省份田赋额征数概况表(单位:元)

	正税额征数	附税额征数	正附额征数合计
山西	5 983 651	2 564 427	8 548 078
江苏	14 998 019	21 500 447	36 498 466
浙江	7 882 721	15 705 541	23 588 262
安徽	5 239 373	6 133 423	11 372 796
湖南	3 597 856	11 559 770	15 157 626
四川	7 537 683	合并于正税	7 537 683

	正税额征数	附税额征数	正附额征数合计
河北	6 365 512	5 301 427	11 666 939
山东	15 157 747	10 960 242	26 117 989
河南	7 152 011	11 496 174	18 648 185
陕西	5 304 642	1 379 407	6 684 049
宁夏	605 731	1 857 584	2 463 315
广西	2 491 261	2 374 130	4 865 391
黑龙江	2 915 375	2 965 802	5 881 177

资料来源:《申报年鉴》(1935年),上海申报年鉴社1935年版,南开大学历史学院资料室藏。根据348页《各省田赋额征数概况表》制作。

可看出,1935年,山西附税额征数为256万多元,不及正税的一半,而相比之下,江苏、浙江、安徽、湖南、河北、山东、河南、宁夏、广西、黑龙江等省的附加额征数在整个田赋额征数中所占比例都要大大高于山西。这种情况出现的原因正如前文所述,一方面,长期以来整个山西的县地方建设都是由阎锡山政府在较严密的行政网络下统一实施和进行,很多资金也同样由阎锡山政府统一安排和供给,不像其他省那样,县地方各项建设纷繁复杂而没有政府的统一实施纲领和明确的资金来源,县政府只好随意征收各种附加税来应付地方建设之需;另一方面,南京中央政府从30年代初逐步实施田赋整顿,重在减少田赋附加项目及额数,这一举措也对山西的田赋征收产生了一定的影响。

从种类上来看,山西田赋"除收正税一道外,尚有附税九种:省附税,省亩捐,县亩捐,县警捐,教育捐,农桑费,区经费,差徭费,征收费"[①]。其中,附加税又"向分省附加和县附加",省附加包括省附税、省亩捐、县亩捐和征收费,县

---

① 孙群:《整理山西田赋计划书》,晋绥整理赋税研究会发行,晋新书社1932年版,第63页,山西省档案馆藏,类号M,编号0043。

附加包括县警捐、教育捐、农桑费、区经费、差徭费。①

不过，虽然山西田赋额征数中附加税相对其他一些省份来说较少，但这并不表明山西农民的负担较轻。因为，一方面，山西田赋中的正税额数本身已经相当高，另一方面，由于阎锡山的战争需要，除了田赋之外，山西农民的"兵差"等负担在全国各省中名列前茅。看下面这一部分——"兵差"、村费及其他税费。

2.山西农民的沉重枷锁——"兵差"、村费及其他税费

民国政府前期，很多省份的农民负担以田赋为主，其他负担相对较少，而对于华北地区的农民尤其是山西农民来说并非如此，"田赋及其附加税只是农民所承担税额的一部分，此外，还有盐税、烟税、兵差及临时加派的各种苛捐杂税，其中以兵差为害最烈……原来兵差只限于有兵事经过始行派摊，但在民国时已发展为筹措军需的一种简捷办法"②。在山西，农民的"兵差"负担尤为沉重，在全国可以说是首屈一指的。中国近代经济学家陈翰笙说："1929年河北省发生军事行动的时候，其数（指军事征发数额）增至432%，可以为例。当1930年4月至10月河南省的东部及中部发生战争的时候，其百分数为4016%，直言之，即军事征发约当田赋40倍之多。1927年11月至1928年5月，山西北部及长城以北等地，有15县的军事征发，约当田赋的225倍。"③马克思曾在给恩格斯的信中说："农民愈勤劳，国家对他们的剥削就愈重，他们不仅要缴纳捐税，而且还要在军队经常调动时供给膳食、马匹等，并充当国家的驿卒等。"④马克思对专制政府的这一残酷剥夺的特性有着深刻的认识。

---

① 山西省史志研究院编：《山西通志》（财政志），中华书局1999年版，第26页。

② 李凤琴：《20世纪二三十年代中国北方十省农民离村问题研究——以华北地区山东、山西、河南、河北为重点》，载《中国历史地理论丛》2004年第2辑，第117页。

③ 陈翰笙：《现在中国的土地问题》，见中国社会科学院科研局组织编选《陈翰笙集》，中国社会科学出版社2002年版，第48页。

④ 马克思：《马克思致恩格斯》，见《马克思恩格斯全集》第32卷，人民出版社1975年版，第185页。

山西农民的"兵差"负担早在南京政府建立之前就已经为人所注目了。山西省政府村政处在报告中说:"十六年北伐军兴,山西以瘠苦之区,鹰戡乱大业,虽财力不足,而人民乐于革命之观成,于是征输告贷,各村摊款浩繁也。"[1]农民们也早就怨声载道:"你们看看这几年我们山西的农民光景,还顾得什么耕三余一,耕九余三哩,就是每年辛辛苦苦的,闹了一大场,结果十户就有九户不得够半年的生活,还要欠人些外债,以致破产的很是不少,这并不怨天不收,地不长,其重大原因,就是我们山西,连年参加军事行动,天天在各地招兵哩,买马哩,和人家打仗,就是不合人家打仗的时候,也常常给吴佩孚,张作霖,刘振华那些洋人的走狗军阀们,送大洋,送子弹。山西的大洋如水一般的往外流,试问这些大洋,是从哪里来的呢?自然,要在农民身上取些血汗。"[2]

事情的严重程度远不止如此。后来,"兵差"的摊派数额越来越高,种类也越来越多,"谷草、支应费、军事捐、木柴、马鞍、兵捐等项又无不统属于广义上的兵差"[3]。军队一旦到达当地,"则支应局招牌高悬,东家借盆,西家借盅;铺草,烧柴;兵粮,马秣;开门七件事,花椒、大料、油、盐、酱、醋、茶,应有尽有,以供其需索。待其登堂,腰系策马之鞭,高座堂皇;指东划西,无异东家之主……少年妇女,或藏暗室,或避荒郊;秋夏之交匿身田禾,冬春之季伏处沟壑,以期免被侮辱。留下壮男,供其驱策。烧茶,做饭;喂马,饮骡。此呼彼唤,并顾兼筹"[4]。

前文已显示,二三十年代,在山西105个县中,县县都有"兵差",可以说,在山西大地上,从南到北,"兵差"负担压得农民抬不起头。

在晋南地区,"十九年河南打了败仗之后,二方面的队伍,大半都退到我们

①　山西省政府村政处:《清理村财政报告》(1933年至1935年),第1页,北京农学图书馆藏。

②　广全:《农民痛苦之由来及其解除痛苦之方法》,载中国国民党山西省执行委员会农民部印《山西农民》,1927年第2期,山西省档案馆藏,类号D,编号0004,第3—4页。

③　王印焕:《华北农村的社会问题:1928—1937》,北京师范大学出版社2004年版,第55页。

④　周之章:《中国农村中的兵差》,见《中国农村问题——佃农问题·农民负担》,太平洋书店1933年版,第55页。

山西来了,在河东道的各县,每县都住的有军队,我们的县上(指平陆县)共住了两营人,一切的给养,都是由我们县上人民担负"①;在安邑县,"各种杂军进驻本区,支应浩繁,差徭不敷,支出常超出收入数倍,亏空十八万元以上"②。

在晋东南地区,"从1930年开始,某军驻扎在山西屯留,于是屯留的农民除了供给山西的正式捐税以外,还要摊派该军军饷,还要摊派粮秣。截至民国22年(1933年)6月底,计摊派面粉2 033 105斤,小米2 306 520斤,玉面1 130 910斤,大洋36 356元。此外,如将往来差务,派遣差车,往来损失等计算在内,至少在100 000元以上"③。

在晋中地区,1927年5月,"有兵十四、五师,靡饷甚巨,现又加客兵,每月之饷更多。故预征十七年之钱粮且行绝大捐款,搜括民财为势甚急……吾太原县一邑公债票捐六万四千五百元大洋,粮秣捐四万八千元"④。

"兵差"为害最剧的地方是晋北各县。如忻州的"广武是进关要口,晋国两军在那里相持日子最久,所以那里人们的遭殃比别的地方更加厉害。一个十二岁的小孩告诉我说:'我们这里今年因为天旱,一粒粮食也没打下,去年剩下的几石膏粮、谷子和莜麦,都被队伍抢去喂了马,我们现在连吃得都没有'……那里的人们因为饱尝了土匪式军队蹂躏的痛苦,一提起军队,又是痛恨,又是惊怕"⑤。1927—1928年,由于发生奉晋战争,在雁北各县,军阀阎锡山大肆掠夺农民,数量十分惊人。看下表:

---

① 培植:《农村通讯——自平陆寄》,载山西农民自强协会编辑:《醒农半月刊》第1卷第2期,1934年4月20日出版,第45页。

② 马秋来主编:《运城市盐湖区财政志》,中央文献出版社2004年版,第91页。

③ 高苗:《山西屯留县农村经济情况》,见千家驹编:《中国农村经济论文集》,上海:中华书局1936年版,第574页。

④ 刘大鹏遗著:《退想斋日记》,乔志强标注,山西人民出版社1990年版,第356页。

⑤ 广全:《农民痛苦之由来及其解决痛苦之方法》,载中国国民党山西省执行委员会农民部印《山西农民》,1927年第2期,第8页,山西省档案馆藏,类号D,编号0004。

表2.22　1927—1928年雁北各县"兵差"负担数量

县别	生产资金额(元)	耕畜数目(头)	粮食数目(石)
偏关	860 423	2281	44 662
天镇	10 447 567	4192	13 450
阳高	169 290	3639	12 444
大同	508 199	16 196	110 207
朔县	2 155 451	9655	545 656
山阴	225 635	89 178	310 338
浑源	1 625 724	——	——
左云	49 397	1780	111 601
怀仁	152 098	3900	14 216
河曲	1 032 542	3898	63 738
应县	639 530	69 634	184 000
灵邱	315 000	19 628	——
平鲁	68 673	2896	318 290
广灵	167 636	——	——
右玉	241 500	1229	24 210
总计	18 658 665	228 106	1 752 812

资料来源：孙佐齐著《中国田赋问题》，上海新生命书局，1935年4月版，第322—324页。

综合雁北各县情况，阎锡山掠夺的数量为，现金七亿四千多万元，牲畜二十二万六千多头，粮食一百七十多万石。由此加剧了晋北农民的贫困化，严重影响了当地农民的基本生活和生产的发展。

"兵差"对贫苦农民的影响更大。因为"大多数不住在农村的地主，他们所应摊的兵差都由他们底佃农代出"，而对于那些在村的中小地主，"他们的兵差大半由自己负担。但是实际上他们底这部分负担也常常用提高租额的方法转移到佃农身上去的"。①

村费和杂捐是山西农民的又一个沉重负担。

有研究结果证明："在近代赋税费征收中存在着黑洞，这无疑是正确的，这

① 章有义：《中国近代农业史资料》第3辑，三联书店1957年版，第73页。

一黑洞就是村费。以往对县级以下的财政（即区、乡、村财政）研究不够，因此对近代农民负担水平众说纷纭。而实际上，村费在近代农民负担中占有重要成分。有的县，甚至达到田赋的几倍。"①这个"村费"，实际上就是清末实施村自治以来村庄的办公用费。本来，"村政之职员，本系义务职，不受薪金，但办公费及因公出入，须酌给夫马费"②。山西村政处在《编造二十四年度村概算应注意事项》中详细规定了每一不同规模的编村在村费方面的支出："1、村公所办公杂费，二百五十户以上编村不得过三百元，二百五十户以下编村不得过二百元，百五十户以下编村不得过一百二十元；2、警卫费，二百五十户以上编村不得过六十元，二百五十户以下编村不得过五十元，百五十户以下编村不得过四十元；3、社事费，各类编村分别不得超过一百五十元、一百二十元、八十元；4、行政费，各类编村分别不得超过五十元、四十元、三十元。"③同时又在《禁止各村滥支各款》中规定："禁止以村款宴会宾客；书记村警除应支薪资外不准再有赏给；村中对于保卫团团丁应照章派充不准出资雇佣；委员及县区官员、粮差、警察等到村时不准支给饭食车马等费；村中购阅各项报纸、书籍，除奉省令者外余均自便，不需要尽可退还等。"④尽管制订了种种规定，但这些腐败现象却有增无减，费用有时多得惊人，以至于到后来，"村政权工作的主要内容是'要'，即要粮、要款、要兵、要差。许多在公费项目下开支的却另行摊派。上级人来吃饭，花五角钱，账上写买酒钱若干，肉钱若干，以超过原价数十倍的数目向群众摊派。什么修理费、购置费等又可以随意出账"⑤，大大增加了农民的负担。山西省政府村政处在1934年各县村财政预算书中陈述："祁县、徐沟、介休、文水、太谷、曲沃、临汾、襄陵、绛县、洪洞、五台、山阴、应县、阳高等县，开支较多每户平均负担五元左右"，"徐沟每户平均负担二十一元，文水每

---

① 郑起东：《近代农民负担与国家财政条块分割体制》。

　http://club.cat898.com/newbbs/dispbbs.asp?boardid=1&id=1838556，2007-9-14。

② 陈阜民：《训政时期县政区政村政计划书》，出版日期不详，第46页。

③ 山西省政府村政处编：《清理村财政报告》（1933年至1935年），第16页，北京农学图书馆藏。

④ 山西省政府村政处编：《清理村财政报告》（1933年至1935年），第16页，北京农学图书馆藏。

⑤ 晋西区党委编：《政权建设材料汇集》（2），1941年1月印行，第63页，山西省档案馆藏，类号A，编号22。

户平均负担十元二角,介休每户平均负担十二元三角,天镇每户平均负担八元四角",村财政的浮支滥派和耗费无度,"为人民切肤之痛"。①

山西的杂捐名目繁多,"普通而推行较广者,如斗捐加抽二文,斗捐加抽一文及四文,斗捐续加二文,斗捐,车捐,铺捐(又名商捐),粮捐,戏捐,骡捐,差徭捐,地亩摊捐,药商票卷等是"②。在各县地方收入中,"约以随粮附加之学、警各款及斗捐、铺捐为大宗"(其中,学、警各款属于田赋附加税)③。"其性质特别而推行较狭者,如油捐,肉捐,妓捐,丝捐……黄芪捐,水磨捐……散面捐,串票捐,炭秤捐,地丁底捐,盐店底捐,羊毛口袋捐等,大都限于一处或一县,未能普及也"④。

以具体情况为例说明。

通过下表了解1933年安邑县全县杂捐的收入情况。

表2.23　1933年安邑县地方财政收入各项杂捐列表(单位:元)

项目	金额	项目	金额	项目	金额
收警饷	7654	收保捐	800	收护池地租	15
收差徭	2673	收车马捐	500	收婚书纸价	380
收区费	6390	收炭草捐	175	收契税附加	2200
收斗捐	3266	收庙会捐	20	收契税手数科	1800
收牲畜屠宰捐	1900	收十大行捐	58	收违警罚金	400
收戏捐	15	收学堂房租	27	收建设局	200
收炭用捐	1000	收学堂地租	40	收草契纸价	400
收猪羊公益捐	210	收提抽庙产四街学校经费	140	收契税罚金	440
收驼捐	16	收提抽牙用归公	3800	收筹补款	10 327
合计	44 846				

资料来源:马秋来主编《运城市盐湖区财政志》,中央文献出版社2004年版,第46页。

①　《山西省政府村政处二十三年度行政概况》,见《太原日报三周年山西书局一周年联合纪念册》,1935年版,第50页。

②　张一凡、潘文安主编:《财政金融大辞典》,上海:世界书局1937年版,第83页。

③　郭葆琳:《山西地方制度调查书》,山东公立农业专门学校农业调查会出版,出版年代不详,第7编《整顿财政之一切计划及推行情形》,第1页。

④　张一凡、潘文安主编:《财政金融大辞典》,上海:世界书局1937年版,第83页。

可以看到，1933年安邑全县杂捐名目竟有27种之多，这还是政府在县志里记载的税收项目，实际情况恐怕比之还要高。

平顺县的杂捐包括下列各种："1.契税、2.印花税、3.烟酒税、4.牙税、5.六畜税、6.皮毛税、7.斗税、8.婚姻捐（官婚书）、9.戏捐、10.营业税、11.牌照税、12.产销税、13.当捐、14.附捐、15.区款附加、16.警饷附加、17.巡缉队捐、18.官佣、19.所得税、20.村捐。其中，印花税、六畜税、皮毛税三种，并不是按一定手续征收，而是按户派捐，不管你是否需要贴印花，也不管你是否会买卖牲畜或是否出卖过皮毛，全是按户派捐。"①

不过，尽管苛捐杂税项目繁多，但从每年全省财政总收入看，田赋收入仍占据主要地位，"他如房捐、船捐系杂税杂捐性质，为数无多，已属无足轻重"②。

小　结

近代以来，中国在普遍的地域范围内产生了严重的田赋负担问题，主要表现是以附加税为主的整个田赋赋额攀升到一个令普通农户难以承受的高度，严重影响到农民的日常生活、农业生产甚至个体生存。山西农民的田赋负担同样沉重，但山西的田赋负担问题有自己的地方性特征。该章主要以翔实的数据为依据，以田赋占财政收入的百分比，田赋占地价的百分比和田赋中正、附税的比例关系三个方面对山西田赋负担问题进行全方位的解析，所得出的结果是：山西以西陲壤僻之乡，其田赋负担竟比山东、河南、安徽、湖北等大多省份都要重，但同大多数省份相比，山西的田赋附加税在整个田赋总额中所占比重并不算高。不过这一情况并非说明山西农民的田赋负担较轻，只是因为山西的田赋正税相当高。另外，山西农民所担负的"兵差"之重在全国都首屈一指，更加重了山西农民的生活负担。

对于田赋负担问题的产生，笔者从社会原因和财政原因两大方面进行了

---

① 赵梅生：《山西平顺县农村经济概况》，见千家驹编：《中国农村经济论文集》，上海：中华书局1936年版，第572页。

② 贾怀德：《民国财政简史》（下册），上海：商务印书馆1930版，第579页。

详细的分析。就社会原因而言,短期内的地价狂跌对农民赋税的上推作用、军事摊派、征收人员的舞弊及地方公务人员的贪腐是主要应考虑的因素。基于这一问题产生的社会环境,笔者同时认为,以政府为主导的财政政策也是问题产生的最重要因素,其中,有五个方面的财政原因是本书所特别强调的:1.南京政府关于划分中央收入和地方收入的法令,意在加强对财政和税收的中央集权,其结果却使地方财政收入在很大程度上没有着落,地方政权只好滥征以应付日渐膨胀的支出;2.赋税征收不仅在行业间而且在城乡间都存在极端不平等现象;3.近代以来,随着"新政"的推行及后来南京政府时期保甲与自治的融合,地方各类机构日益膨胀,再加上各地军队的扩充,地方财政支出急剧增加,直接加重了农民的税赋负担;4.在赋税收入的划分比例上,省和县之间也存在着严重的比例失调现象,县政建设虽任务繁重,但从法定渠道可获得的资金却极为有限,地方机构只能依靠于附加和摊派;5.省和县的财政收入与支出都没有实施过真正的预算和统一的管理,致使作为地方税的田赋及其附加在征收上随意和混乱,再者,田赋附加和摊派的征收权掌握在地方政权手中,征收手续又简单,故征收数量增长惊人,苛捐杂税泛滥成灾。

第三章 CHAPTER THREE

中央政府:决策者的
行为及后果

　　国家在现实社会中的具体体现就是政府,政府"在社会政治经济生活中扮演着管理国家事务、组织社会经济和文化建设、维护社会公共秩序等重要角色"[1]。因此,"政府"是一个与"国家"密切相关的政治学概念,是国家的载体,"是一个国家为维护和实现特定的公共利益,按照区域划分原则组织起来的,以暴力为后盾的政治统治和社会管理组织"[2]。

　　在本书山西田赋负担问题的研究中,应该把中央政府和地方政府作为分析问题的首要因素,因为"政府"比"社会"尤其是"农村社会"更有主动性、自主性,更容易让读者理解本书所分析的这一社会问题的本质与起源。

---

　　① 王华新:《地方政府行政运行成本控制与核算研究》,经济科学出版社2004年版,第2页。

　　②刘凤梅:《政府与社会的关系》,载《海南师范学院学报》(社科版)2004年第5期,第130页。

在20世纪二三十年代，虽然阎锡山政权是统治和管理山西地方社会的政府，是研究山西社会问题的中心，但是，一方面，阎锡山政府同样是中央政府在山西地方社会的延伸；另一方面，中央政府的状况及决策对山西社会的影响也是至关重要的，所以，对中央政府的相关研究是探讨这一时期田赋问题的重要组成部分。就20世纪二三十年代来看，南京中央政府不仅是这一时期统治中国的主要政府，而且它在中国近代财政及税收史上影响巨大，因此，本章主要以蒋介石南京政权为例分析中央政府在田赋问题中的角色。

第一节　田赋负担问题中的中央政府角色

ERSHI SHIJI ZHI ZHONGGUO

一、政府在经济生活中的地位和影响

在现实的经济生活中,政府与社会之间存在着相互依存的关系。由于"政府在进行制度创新的过程中具有优势的地位","政府可以利用其特殊的地位强制予以推行,以保证经济全局和长远发展目标的实现"。①所以,社会把经济生活的决策权和管理权交予政府,而政府"为了维持公共权力就需要公民缴纳费用——捐税"②。捐税就是社会与国家交换的产物。但是,由于政府"垄断了暴力使用权,因而,'政治市场'的'定价'往往对它有利,结果国家的赋税额总是随意的"③。那么,这种有利于国家的交换是否能取得社会对政府管理的满意呢?

双方的交换完成后,"政府通过自己的管理活动来影响社会"④。不管是政

①　王玉茹、刘佛丁、张东刚:《制度变迁与中国近代工业化:以政府的行为分析为中心》,陕西人民出版社2000年版,第11页。

②　徐邦友:《中国政府传统行政的逻辑》,中国经济出版社2004年版,第1页。

③　曾峻:《公共秩序的制度安排——国家与社会关系的框架及其运用》,学林出版社2005年版,第51页。

④　刘凤梅:《政府与社会的关系》,载《海南师范学院学报》(社科版),2004年第5期,第130页。

府与社会关系的理论研究者还是处理两者关系的实践者，他们都可以看到，"政府作为制度创新方面最具优势的社会组织，在一个国家的工业化过程中发挥着十分重要的作用"①，"政府实施何种政策，尤其是各项重大的经济政策，对本国过渡时期经济的发展乃至社会转型的进程，都将产生不容忽视的重要影响"②。看来，政府对社会的作用确实不小，但政府真正推动了社会的进步与发展了吗？实际上，在社会经济发展过程中，政府的作用是柄双刃剑。可以说，政府的存在是经济增长所必不可少的，但从另一方面来说，政府又是导致经济社会衰退的最大的人为原因。政府所作出的"及时而正确的决策将迅速推动经济的发展与社会转型的进程；反之，错误的决策则会产生严重的阻碍作用，甚至延误和丧失某些不复再现的绝好机遇"③。甚至，在激进的时代，政府"对社会剩余资源的过度的、随意的挤占又成为政治改良、政治革命的导火线"④。

在政府与社会的关系方面，中国的情况有一定的特殊性。"由于中国传统社会小农经济基础和宗法制度的制约作用，以及忽视个人权利、漠视经济利益的思想的影响，中国传统的国家与社会处于一种同构状态，社会被笼罩在国家之下，国家权力渗透到社会生活的各方面，政治领域的规则成为整个社会的游戏规则，政治权力成为主宰整个社会运行的指挥者。"⑤由以上情况来分析，可以看出，在中国，政府的权力更大，因而对社会的影响也就更大。具体就南京国民政府前期而言，这段时期的政权"几乎是常常被责难的无能和腐败的同义词"。史学家也常常疑惑不解：北伐结束后国民党掌权是代表了后来把中国分裂为对抗性军事领地的自相冲突的新阶段，还是国家和民族复兴的第一步？⑥

①　王玉茹、刘佛丁、张东刚：《制度变迁与中国近代工业化：以政府的行为分析为中心》，陕西人民出版社2000年版，第11页。

②　朱英、石柏林：《近代中国经济政策演变史稿》，湖北人民出版社1998年版，前言，第4页。

③　朱英、石柏林：《近代中国经济政策演变史稿》，湖北人民出版社1998年版，前言，第5页。

④　曾峻：《公共秩序的制度安排——国家与社会关系的框架及其运用》，学林出版社2005年版，第51页。

⑤　孙晓莉：《中国传统社会与国家同构状态探析》，《求是学刊》2002年1月，第37页。

⑥　[法]安克强：《1927—1937年的上海——市政权、地方性和现代化》，张培德、辛文峰、肖庆璋译，上海古籍出版社2004年版，第172页。

实际上，抛开无休无止的纠葛和没完没了的争论，我们把目光集中在这一时期的田赋负担问题上，一个明显的事实呈现在我们面前：在这一特殊的历史时期，国民党"大大强化了对农民的政治统治和赋税搜括，使农民经济状况明显恶化"，加之世界经济危机的影响和全国性农业恐慌，致使"国内农产品'过剩'，价格惨跌，农民经营亏折"。①有人针对这种评论为南京国民政府多方辩解，提出了各种各样似乎合理的理由，但问题是，为何政府不采取直接或间接提高农产品价格的政策，而令其持续跌落，严重打击了农户的生产积极性？为何政府在日本侵略野心早已昭然若揭的背景下并没有大批采购粮食，以便可以一方面为即将到来的抗日战争做好战略物资储备，另一方面又可以提高粮食的价格并恢复农业的发展？当抗日战争爆发，粮价猛涨的时候，为何蒋介石政府又实施"征实"的田赋政策，强迫农民以实物代替货币缴纳赋税？看来，一定是政府的问题。历史是公正的，没有而且也不会曲解甚至污蔑任何一届为民谋利的政府。

不管怎样，问题最终还是归结为税赋，在此方面最适合的忠告应该给政府。理智的政府在征税方面"应遵循税收适度原则，即兼顾需要与可能，做到取之有度。这里，'需要'是指财政的需要，'可能'则是指税收负担的可能，即经济的承受能力"②。如此一来，合理的税收政策配合正确的经济政策，政府一定可以在国家的经济生活中发挥积极的作用。

二、问题的高层背景所在

税赋是政府与社会联系的主要表现和重要纽带。如果税赋的征收或缴纳处于非正常状态，那么造成这种状态的原因就是，要么征收者一方要么缴纳者一方没有遵守双方之间的长期默认的"契约"：社会成员缴税，而政府提供

---

① 刘克祥：《1927年—1937年的地价变动与土地买卖——30年代土地问题研究之一》，载《中国经济史研究》2000年第1期，第21页。

② 龚辉文：《促进可持续发展的税收政策研究》，中国税务出版社2005年版，第67页。

保护和服务。这样,问题就会涉及两个方面:社会成员在缴税过程中出现了异常?政府没有提供与税赋相应的保护和服务?

有研究显示,按照政府权力与社会权利的范围及其能力大小,历史上出现过的不同的政府与社会关系被划分成四类,即"强政府弱社会模式,弱政府强社会模式,强政府强社会模式,弱政府弱社会模式"①。根据历史经验来看,政府往往是双方关系的操纵者。它有权制定有利于自己的赋税政策,有强大的军事力量来对付社会成员中的不满者,而且,它还可以一边征税一边放弃对社会的服务。从中国的历史来看,强政府弱社会模式一直是双方关系的主要特性,历代政府对整个社会的控制都很严厉,对于农村赋税的征收尤其重视,南京国民政府也是如此。因此,就本书所覆盖的这一特定时期而言,农村赋税问题产生的根本在于政府,这应该是毫无疑问的。无怪乎美国著名的中国史研究专家费正清发出这样的感叹:南京国民政府"不真正具备推动中国经济走上现代经济增长道路的能力"②。这句话语意味深长,其中包含了史家对这一政府的多少质疑与困惑!

1.政府对农村基层社会的渗透

116

"由于有着独立的目标和利益",任何一届政府都以国家名义"试图向乡村社会延伸其触角"。③从社会学角度看,历史上,政府在向乡村社会延伸触角的时候往往表现为对基层社会的权力渗透,而渗透的途径往往又有两种:一是对社会基层的政治控制,二是赋税征收。④

在传统中国社会,就政府对社会基层的政治控制能力而言,日本学者猪口孝评论说:"中国的职官组织在世界上历史最为悠久,从六至七世纪时就已开始发展,截止到19世纪至20世纪之前,它虽然具有强制性和压迫社会的性质,

---

① 刘凤梅:《政府与社会的关系》,载《海南师范学院学报》(社科版)2004年第5期,第131页。

② [美]费惟凯:《经济趋势》,见[美]费正清编:《剑桥中华民国史1912—1949年》(上册),中国社会科学出版社1994年版,第123—124页。

③ 朱新山:《乡村社会结构变动与组织重构》,上海大学出版社2004年版,第38页。

④ 李伟中:《南京国民政府的保甲制新探——20世纪三四十年代中国乡村制度的变迁》,载《社会科学研究》2002年第4期,第122页。

但却由于基础组织非常薄弱而未能浸透到社会的底层。"①乡村社会组织上的特色长期表现为"绅士主导的地方自治"②，甚至在晚清时期也是如此。以当时的山西为例，不仅国家行政对乡村管理无效，就连传统社会中的乡村宗族、保甲组织也无序化。曾在山西担任巡抚的曾国荃说过这样的话："民间有利之事，必为奸胥蠹吏之所垂涎，往往以稽查为名，假公济私，百计阻挠，诸多掣肘，故民间欲为之者，必须将衙门内外人等，各予以年利规费，而后其事得行，迨其事行，而其利已无迹矣。又复多为名目，横添枝节，陋规费年增一年，非但朘其脂膏，必使之削骨见髓，而犹噬吮之不已。"③因此，可以看出，"山西传统乡村社会在传统中国国家行政止于州县的体制下出现了行政管理失效"，"这种特点与传统中国地方县制、传统乡村社会组织的演变以及清代山西乡里制度的紊乱紧密相关"。④由山西的事例说明，至迟在进入民国早期阶段的时候，"国家权力对乡村社会的渗透极为有限"⑤，也说明当时"中国基层政权机构近代化的努力从功效上来说是进展不大的"⑥。从民国初年中央和各地方行政机构的设置数量以及权限来看，"中央和省组织权力庞大，县以下的行政机构则羸弱不堪"，呈"倒立宝塔形"结构，⑦因此，总体来看，政府还没有真正实现对乡村社会的控制。吴晗和费孝通等在《皇权与绅权》中举出这样一个事例，说是"即使云南的中心地区玉溪，民国初年，一个县府差人还不敢单独下乡承办公事，至少得结合三人以上，携带武器，否则随时有丧失性命的危险"⑧。这样的例子表明，一方面，当时的国民政府对农村社会的渗透还远远不够，另一方面，当时政府与农村社会的关系是比较紧张的。

---

① [日]猪口孝：《国家与社会》，经济日报出版社1989年版，第45页。

② 朱新山：《乡村社会结构变动与组织重构》，上海大学出版社2004年版，第5页。

③ 彭泽益：《中国近代手工业资料》(二)，三联书店1957年版，第316页。

④ 祖秋红：《"山西村治"：国家行政与乡村自治的整合（1917—1928）》，首都师范大学2007年博士论文，第14页。

⑤ 李宗黄：《新县制之理论与实际》，上海：中华书局1945年版，第101页。

⑥ 王建国：《近代华北农村基层政权的变迁》，载《山西大学学报》(哲社版)1996年第4期，第47页。

⑦ 李宗黄：《新县制之理论与实际》，上海：中华书局1945年版，第101页。

⑧ 吴晗、费孝通等：《皇权与绅权》，上海书店据上海观察社1949年版影印本，第126页。

从清朝末年开始直到民国时期,"在民族救亡与现代化的急迫任务之下,各个时期的国家政权均企图在乡村社会建立自己的政权组织,将国家正式权力延伸到乡村社会内部,以期加强对乡村社会的整合,提升其对乡村社会资源的汲取能力,维持其政治统治"①。在这样的目标下,中国的行政制度和社会制度开始逐渐发生变化,传统制度网络趋于解体。在此期间,"国家对乡村社会治理进入现代化探索时期。民国时期是进行这一探索的重要阶段,政府依靠制度力量不断向农村社会渗透"②。一系列关于地方政治制度的文件出台,如一些县市自治大纲中规定:"切实整理县市行政,充实县市政府之组织与职权,增进行政上之效率,以为实施地方自治之初。"③1927年南京政府成立后,县以下地方行政制度经过了三次大的调整。1928年中央政府颁行《县组织法》,地方政权建设进入自治阶段,由于山西号称"模范省",时人将其所行村制视为乡村自治的典范,"南京国民政府成立后,更以之为基础,构筑了全国乡村自治制度体系"④;1934年颁布《改进地方自治原则》,恢复了保甲制度;1939年颁布《县各级组织纲要》,实施"新县制"。这些政策的实质正是政府试图对农村社会作进一步渗透,而国民政府控制基层社会所建立的这些种种现代政治制度,实际上正是国家政权向农村社会渗透的手段。从努力的结果来看,国民政府统治期间向基层社会渗透的唯一进展就是"在其统治区域打破了县以下广大地区的传统权力结构,建立了一套纷繁复杂的地方政治制度,国家政权由此加快了向地方社会的渗透过程"⑤。

在各地政府建立控制农村社会的种种尝试中,1922年开始的阎锡山"村本政治"的实施最为有效。其办法是,"设立编村,村足若干户而地方适中者为主村,其余小村距离远近适宜者为附村。每编村村长一人或村副一人或二人,一

---

① 朱新山:《乡村社会结构变动与组织重构》,上海大学出版社2004年版,第64页。

② 朱新山:《乡村社会结构变动与组织重构》,上海大学出版社2004年版,第64页。

③ 《各省县市地方自治改进办法大纲》,见焦如桥编著:《县政资料汇编》(上册),第324页。

④ 李德芳:《阎锡山与民初山西乡村制度的变革》,载《河北大学学报》(哲社版)2000年第3期,第109页。

⑤ 王春英:《民国时期的县级行政权力与地方社会控制——以1928—1949年川康地区县政整改为例》,四川大学2004年博士论文,第120页。

十五家为一闾,有闾长一人,五家为邻,设邻长一人"①,"村长副之上有区长","区长承县长之命,办理地方公共事业焉"②。阎锡山以这样的"编村"形式构成了政府对农村社会的有效控制,"以一村之长掌管全村事务,包括代行警察职能"。可见,阎锡山第一个在全省范围内"把政权渗透到村一级,成为20世纪二三十年代各地方势力对农村社会控制最严密、时间也最长的一个"③。

但是,实践证明,政府以现代化建设为目标对基层社会的渗透过程"给中国带来的不是由传统走向现代的成功的社会转型,而是一场总体性的社会危机。这场危机不仅摧垮了中国的上层政治社会结构,也导致了上层结构坍塌之后的基层社会失范,即乡村社会的治理危机"④。这种危机产生的根本缘由可以表述为:国家系统地、全方位地对社会的渗透和控制所造成的国家组织费用的上升以及"社会再生产的产出量下降,社会成员可支配的剩余资源的减少,生存质量降低及由此而产生的社会成员的抗拒"⑤。从政府的角度来看,"进入20世纪,国家政权开始向乡村社区扩张,国家财政收入也随之增加。但此时,地方上存在着范围相当广阔的无政府状态,于是,一方面是农民田赋和其他税收的剧增,另一方面却是国家行政效益的递减,形成了奇怪的'国家政权内卷化'现象"⑥。这种现象在财政上的表现就是,"国家财政每增加一分,都伴随着非正式机构收入的增加,而国家对这些机构缺乏控制力","随着官僚们越来越看重这种'额外'收入,其自身也逐渐地半经纪化,从而忘却国家利益"。⑦如此结果是国家政权建设过程反而破坏了国家自身在基层的权力基

---

① 山西村政处编:《山西村政汇编》,1928年太原版,第10页。

② 闻钧天:《中国保甲制度》,上海:商务印书馆1935年版,第368—369页。

③ 苗挺:《三晋枭雄——阎锡山传》,中国华侨出版社2005年版,第113页。

④ 吴毅:《村治变迁中的权威与秩序——20世纪川东双村的表达》,华中师范大学2002年博士论文,第1页。

⑤ 曾峻:《公共秩序的制度安排——国家与社会关系的框架及其运用》,学林出版社2005年版,第93页。

⑥ [美]杜赞奇:《文化、权力与国家:1900—1942年的华北农村》,王福明译,江苏人民出版社2004年版,第51页。

⑦ [美]杜赞奇:《文化、权力与国家:1900—1942年的华北农村》,王福明译,江苏人民出版社2004年版,第51—52页。

础,社会动乱由此不断增多。从基层社会的角度来看,虽然南京国民政府在基层实施了各种举措,旨在加强政府对基层的渗透与控制,但与此同时,国民政府却"忽略了对基层的社会综合服务与综合管理的职能"①。政府看重的是在基层社会的阶级统治功能,看重的是如何有效地控制农村以获取所需的资源。因此,乡村社会治理危机之所以产生,其本质在于这一时期政府史无前例地加大对农村的赋税征收。政府在向基层社会渗透的过程中与基层社会的联系单一,一般都是以田赋和其他税捐的征收为双方联系的媒介物,其结果造成政府对农村社会的一味索取,而不知给予农民该有的权利。尤其是,南京国民政府前期,中央政策不力,地方军阀横行,政府的这种行为更为显露和张扬。"政府是早晨一个通令,晚上一个告示,不是叫你完粮,就是叫你纳税,不是催缴特捐,就是逼纳给养。总一句话说,政府与民间的关系,除去要钱还是要钱而已。"②时人评论说:"从赋税学理言,支出分配之不当,而使纳税人享益不均。赋税之真正负担者,如为大多数乡村农民,则于施政上应不可忽视于农民之享益,方为公平。"③实际上,各县日常开支所需经费,十有八九来自农民阶层,城镇居民的负担相当少。但是,从农村享有的权利方面看,"各县地方支出除保卫公安等经费外,其余大部分均为行政费,真正用诸农村者,可谓渺沧海之一粟"④。就连一向很少批评南京政府的大学者胡适也愤愤地说:"大多数农村所以破产,农民所以困穷,却还是由于国内政治不良,剥削太苛,搜括太苦,负担太重……纳税养官,而官不能做一点有益于人民的事;纳税养兵,而兵不能尽一点保护人民之责。剥皮到骨了,血髓全枯了,而人民不能享一丝一毫的治安的幸福。"⑤

因此,不管从政府的角度还是从基层社会的角度来分析,这样的情况最终

① 杨焕鹏:《国家视野中的江南基层政治(1927—1949)——以杭、嘉、湖地区为中心》,复旦大学2005年博士论文,第201页。

② 王湘岑:《菏泽实验县宝镇乡乡农学校》(下),载《乡村建设》1935年5月第25期。

③ 朱博能:《县财政问题》,南京:正中书局1943年版,第12页。

④ 孙晓村:《苛捐杂税报告》,见行政院农村复兴委员会印行《农村复兴委员会会报》第12号,1934年5月,第9页。

⑤ 刘世仁:《中国田赋问题》,上海:商务印书馆1935年版,第119页。

造成基层社会的失范和乡村治理危机，加重了政府与农村社会关系的紧张。"作为一个现代政府的国民党政权在基层无法有效地完成从传统国家向现代国家职能的转变，从而也无法发挥一个现代国家在基层所具有的基本执政能力，这样就导致基层各种社会矛盾的激化"①，极大地威胁着社会的和谐稳定。骚动和反抗在那样的年代时刻酝酿着，社会的成员——人民在无路可走的情况下只能选择如下几条途径："1，暴动；2，抗粮；3，抢米；4，参加'土共'"②。

可以从历史教训中看到，"乡村社会的组织重构是参与各方互动的产物"，因此，政府与乡村社会和谐关系的建立实际上是一个双方互动的过程，因为"任何一方即使是国家都不可能单方面地完成社会的组织建构"③。基层民众的主动性和自愿性在这一过程中有着很重要的作用，可以说，在本质上，农村社会的变迁根本上是农民的意愿和思想的变迁。那种在政府的操纵之下，社会自主性严重缺乏的情况会导致"社会无力抵御国家权力的渗透，无力监督和制约国家权力的运行"④，政府的腐败现象丛生，农民当然不会积极主动地迎合政府，而是消极被动地应付政府的乡村政策。就拿当时最为成功的阎锡山"村政"改制来说，尽管"阎锡山政府在一定程度上达到了对地方社会控制的目的，并试图撤除国家与地方社会之间的藩篱，取得民众对其政权的支持，但是由于基层政治与社会关系的复杂性，政府与农村社会的距离并未被拉近"⑤。究其失败的根本原因，笔者认为仍是"村政"改制过程中农民主动性和自主性缺失的缘故。所以，有研究认为，"由于基层权力执行者的劣性，大大损毁了政府在民众心中的形象，从而拉大了国家与民众的距离"⑥。实际上，反过

---

① 杨焕鹏：《国家视野中的江南基层政治(1927—1949)——以杭、嘉、湖地区为中心》，复旦大学2005年博士论文，第202页。

② 刘世仁：《中国田赋问题》，上海：商务印书馆1935年版，第120页。

③ 于建嵘：《岳村政治》，商务印书馆2001年版，第441页。

④ 孙晓莉：《中国现代化进程中的国家与社会走向》，载《教学与研究》2000年第8期，第33页。

⑤ 渠桂萍、王先明：《试述晋西北抗日根据地乡村权力结构的变动》，载《社会科学研究》2002年第1期，第123页。

⑥ 渠桂萍、王先明：《试述晋西北抗日根据地乡村权力结构的变动》，载《社会科学研究》2002年第1期，第123页。

来看，也正是中国社会自主性的缺失，使社会无力监督和制约政府权力的运行，腐败丛生，并最终导致国家渗入农村社会的失败。

2.国家现代化过程中对农业的定位问题

在世界范围内，传统意义上的现代化实际上就是"西化"，中国也不例外。由此带来的问题是，盲目的"西化"导致不顾国情的盲从，反而在很大程度上又阻碍了中国现代化的进程。这一点在历史现象上多有表现，如"中国的现代化自晚清开始酝酿以来经历颇多曲折，本世纪（指20世纪）上半叶又呈现某种制度的混乱与过渡"①。再者，西方各个方面的制度在形成过程中具备长期的本土沉淀，近代中国则往往直接拿来为我所用，以致造成的结果是，到现代社会为止，中国"仍未摆脱制度建设失衡的结构性困局"②。因此，经过认真的思考、梳理和总结，民国时期现代化建设进程中的一些经验和教训必然可以为现代中国提供参考，其中，这一时期国家现代化过程中对农业的定位问题是本书最为关切的问题。由于受西方发达国家早期现代化模式的影响，迄今为止，工业化大概是所有发展中国家实现现代化过程中必须迈出的第一步。由此带来的后果是农民负担的沉重和农业的长期贫困化，而这一切又反过来严重影响和制约着社会的进一步发展，这似乎是现代化进程中不可逃脱的定律。尤其要指出的是，"许多发展中国家致力于发展工业，而忽视了农业。有些国家甚至损害农业来发展工业"③。虽然正是农民通过自己的辛苦劳动养活了整个国家，但遗憾的是"国家并不太感激他们；他们的收入是其他生产者的收入的一半"，因此，"肯定是由于制度上有毛病或农业政策失当"。④我们可以从南京国民政府的事例上看到，许多国家的政府在政策制定上偏重于"实行压挤农民的政策……收费和隐性负担往往超过税收成为农民的主要负担"⑤。对于农民

---

① 张博树：《现代性与制度现代化》，学林出版社1998年版，第119页。

② 张博树：《现代性与制度现代化》，学林出版社1998年版，第149页。

③ [美]西奥多·W.舒尔茨：《改造传统农业》，梁小民译，商务印书馆2006年版，前言。

④ [法]H.孟德拉斯：《农民的终结》，李培林译，中国社会科学出版社1991年版，第246页。

⑤ 周批改：《中国农村税费制度的演变和改革——社会分层角度的研究》，中国经济出版社2006年版，第78页。

的这些沉重的分外负担政府往往听之任之,甚至支持和怂恿。

工业革命的巨大生产力使西方发展模式影响深远。即使在20世纪50年代,经济学家们仍然认为,"工业化是发展经济的中心,只有通过工业化才能实现经济起飞。农业是停滞的,农民是愚昧的;农业不能对经济发展做出贡献,充其量只能为工业发展提供劳动力、市场和资金"[①]。也正是在这样的理论引导下,南京国民政府时期,政府对工业的发展寄予了厚望,因而便从落后的传统农业的微薄收益中征取大量税收用于工业。同时,在另一方面,政府对农业的经营状况和农民的生活状况无心关注,有时也因为时局的变换与复杂而无力关注。如此这般的政府行为最终导致农民生活状况的持续恶化和农村经济的濒临破产。美国经济学家D.盖尔·约翰逊揭示了这样一个发人深思的现象:"发展中国家的政府剥削了农民(通常是为了少数城镇居民的利益);相反,发达国家的政府却正在试图帮助农民。于是我们看到如下荒唐之事:在发展中国家,农民相对贫穷,城镇收入比农村收入高出许多,农村人口却被课以重税。"[②]在中国近代社会,伴随着现代化进程的农村变迁尤其体现了这样的特点。有学者分析:"现代化无疑是隐含在农村权力和文化变迁背后的一条主线,现代化过程的拉动,根本性地改变了乡村的文化与政治地位,并使其法定地处于经济上附庸和被牺牲的境地。清末民初以来几乎所有国家和地方政权主导的乡村政权变革,莫不暗含现代化的驱动。"[③]也有学者说,自晚清以来,"中国社会由传统向现代的转型中,国家谋求现代化的意图日益加强,现代化建构行为逐渐由被动转向主动,现代化资源的聚集力度随之大幅增加。作为素以农业为主要财政来源的大国,启动中国现代化的原始资本无可选择地由农业承担"[④]。这些研究结果都大致表明了中国现代化早期进程中农业贫困的必

---

① [美]西奥多·W.舒尔茨:《改造传统农业》,梁小民译,译者前言。

② [美]D.盖尔·约翰逊:《经济发展中的农业、农村、农民问题》,林毅夫、赵耀辉编译,商务印书馆2004年版,第381页。

③ 张鸣:《乡村社会权力和文化结构的变迁(1903—1953)》,广西人民出版社2001年版,第2页。

④ 渠桂萍:《现代化的压力与乡村危机——20世纪二三十年代乡村危机的一个分析视角》,载《社会科学辑刊》2005年第4期,第135—136页。

然性。不论这一结论是否正确，有一个问题应当注意到，那就是社会性质问题。因为在民国时期，"不幸的是中国还处在半殖民地状况。发展大规模的工业是不容易的。西方文明的本质——工业主义还没有真正地引入。现在引进的是这种文明的比较表面的一些因素，如追求物质的舒适和享受。但是中国还没有这些感官享受的物质基础"①。但偏偏这一时期中国社会又过渡到了一个"不健全,不发达而又离不开自然经济为依托且又受其制约的资本主义模式"——"新旧杂陈,土洋共生的畸形资本主义社会"。②因此,在当时农民的生存都难以为继的情况下,上层社会以极度剥削农业的办法来供养工业甚至为部分阶层提供奢侈腐败的物质条件是极不合理和极不人道的。通过如此途径,即使取得了现代化,其不道德的一面也必然在历史上留下消极的影响。再者,在一个农业占主体的国家中,如果试图靠牺牲农村和农民的基本生存为代价去实现现代化,就会最终"阻碍了整体经济的发展"③,使整个国家经济凋敝,百业不兴。同时,没有农业作支撑,那些政府所努力发展起来的仅有的工业成果也是极其脆弱和命运短暂的。从社会与国家关系的层面来看,作为社会主体的农民阶层则日益成为政府的对立面,严重削弱了国家的统治基础。

当然,农业之所以不被重视甚至被剥夺也是有它自身的原因的。由于"短时期内,农产品的供给和需求,都是相对稳定的,不可能如其他产业一样,有爆炸性增长。所以,农业是最不容易扩张的部门。在资本面前,农业是最容易被忽视的","这也是发展中国家农业出现悲剧性结果的根本原因"。④不管是有意还是无意,南京国民政府对农业和农民的轻视政策最终导致农产品价格跌落、地价下跌和耕地荒芜,农民种地都已无利可图,更不要说让那些有钱人投资农业了。因此,在近代时期的中国,"经营农业基本上是一件很少能赢利

① 费孝通:《江村经济》,见谢立中编:《中国社会学经典读本》,北京大学出版社2007年版,第227页。

② 陈振江:《近代华北社会变迁与农民群体意识》,见冯尔康、常建华主编:《中国历史上的农民》,台北:财团法人馨园文教基金会1998年版,第161—162页。

③ [美]D.盖尔·约翰逊:《经济发展中的农业、农村、农民问题》,林毅夫、赵耀辉编译,商务印书馆2004年版,第362页。

④ 王磊:《农业是最容易被资本所抛弃的》,载《生活文摘报》2008年6月6日第三版。

的事业,所以绝少见资本家投资农业,经济史学家所谓的农业资本主义,在中国直到1949年,连萌芽都谈不上"①。

　　看来,在当时那种贫穷落后的半殖民地的境况下,如何实施早期的现代化是一个重要的议题,不顾国情而盲目操作势必导致中国农村的长期贫穷和落后,甚至对中国农业和中国农村造成毁灭性的打击,那无疑会成为国家现代化进程中的一个严重的障碍。所以,应当注意的是,"农业可以为经济发展做出重要贡献,但是要将这些贡献变为现实,农业必须得到应有的重视"②。

---

　　①　张鸣:《乡村社会权力和文化结构的变迁(1903—1953)》,陕西人民出版社2008年版,第51页。

　　②　[美]D.盖尔·约翰逊:《经济发展中的农业、农村、农民问题》,林毅夫、赵耀辉编译,商务印书馆2004年版,第359页。

第二节　中央的税收和财政特点及对田赋征收的影响

ERSHI SHIJI ZHI ZHONGGUO

随着鸦片战争以来中国社会的逐步转型，中国的财政体系也同样在近代经历了从封建体制向现代体制的转变。不过,相对于其他很多领域来说,中国社会财政体制发生变化要晚一些。戊戌变法之后,尤其在慈禧太后主持的清末"新政"中,政府开始在财政改革方面做了一系列的整理,"中国沿袭已久的封建财政体制开始向现代财政体制转化"[1]。因此,可以说,"在中国财政发展史上，晚清时期是一个具有承前启后意义的转型阶段","高度集权的封建财政已成明日黄花，取而代之的是具有某些近代特征与半殖民地色彩的新型财政"。[2]但由于中国社会发展在这一阶段的不成熟性,导致了这一新型财政体制中一些财政政策在执行过程中的失误,如中央财政和地方财政间的关系问题,财政需求与经济建设之间的平衡问题等等。这一特性及其影响延续至民国时期,成为民国经济和财政发生困难的一个重要因素。

---

① 　赵学军:《清末的清理财政》,见王晓秋、尚小明主编:《戊戌维新与清末新政》,北京大学出版社1998年版,第286页。

② 　申学锋:《晚清财政支出政策研究》,中国人民大学出版社2006年版,第2页。

接着,在随后的北洋政府时期,为应付政府支出而出现的债务费又成为国家财政的重要问题。由于军费支出浩大,而且中央政府因"地方军阀和外力的把持又没有可靠的收入可资凭借,于是就不能不出于借债一途。尤其是外债,都是靠出卖国家和人民利益换取的,借到后又主要用来扩充反动派实力,以便更有效地镇压中国人民"①。债务费的出现及膨胀又给后来的南京国民政府形成了巨大的经济和财政压力。

一、政局对南京政府财政的影响

一个政府的经济和财政政策往往受制于它的政治力量,"经济政策能不能发生效果,就要看政治力量是否健全,没有政治力量就没有经济力量,没有政治力量就无所谓经济政策"②。晚清以来,中央权力日趋衰落。③在这一政治格局的影响下,国家的赋税政策也发生着重要的变化。由于"地方对中央有一定的独立性,中央有威力的时候,地方向中央交纳一部分财政收入,中央的威力一旦衰微的话,地方就不再向中央缴纳税收"④。所以,"自从太平天国起义田赋被地方截留移作军费起,各省田赋一直不能全额解库"⑤。为此,"晚清时期,中央政府与地方政府为控制财政收入而展开长期斗争,这一斗争一直持续到民国前期,其中,田赋征收仍然是争夺的主要领域"⑥。辛亥革命虽然推翻了帝制但中央与地方的关系仍旧摆脱不了"地方各自为政,号令不出都门"的政治格局。"田赋名义上仍归中央所有,但实际已基本上为地方所控制"⑦。

南京政府成立后,中国仅仅在形式上实现了统一。"由于各省情形不一,许

---

① 杨荫溥:《民国财政史》,中国财政经济出版社1985年版,第14页。

② 徐建生:《民国时期经济政策的沿袭与变异(1912—1937)》,福建人民出版社2006年版,第165页。

③ 张启耀:《清末商会经济纠纷调理权产生原因探析》,载《历史教学》2008年第7期,第69页。

④ [日]长野郎:《中国的财政》,王晓华译,载《民国档案》1993年第3期,第62—70页。

⑤ 牛淑萍:《1927—1937年南京国民政府田赋整理述评》,载《民国档案》1999年第3期,第96页。

⑥ 齐锡生:《中国军阀政治,1916—1928》,斯坦福大学出版社1976年,第154—155页。

⑦ 章鹏若:《农村复兴之原理与实际》,上海:商务印书馆1934年版,第31页。

多省由地方实力派把持控制，造成地方割据。"①整个国家"处在党治政府、军人当政的政权特征之下，作为执政党的国民党和军队内部还没有统一，反而是派系林立"②。由于建都南京的国民党政府力量是脆弱的，"行政权力所能够达到的范围实际上很有限"③，"新政权控制的只是一小部分地区……其他新征服的省份依然为原来的统治者所控制，他们几乎都不愿意去服从首都的命令"④。从当时的历史来看，在南京国民政府时期，这样的政权结构以及中央与地方貌合神离的关系对国家财政政策甚至其他方面的政策都产生了很大的消极影响。因此，可以毫不夸张地说，在很大的程度上，"使南京政府建设国家的努力受到损害的是折磨着国民党的政治上的分裂"⑤。

"前清之时，凡有税收，全视为国家之收入，根本上无所谓中央与地方之区别。"⑥清末，在仿行宪政活动中，中央有划分国家税和地方税的意图。1914年，袁世凯执政时，颁定了国家税与地方税草案。南京政府成立之际，各地军阀割据，地方政权截留原本在法律上一直属于中央的田赋收入的情形十分严重。"新政府从来没有牢固掌握住中国的农村社会；它控制的地区基本上限于城市地区……以财政而论，南京政府的岁入几乎全部是从现代城市经济部门中聚敛而来，从传统的农村地区的收入是微乎其微的。"⑦日本学者长野朗通过对1927年数省财政收支状况资料的考察，认为"由地方征收的国家税，除缴送中央部分款项外，大部分被地方使用了，这还仅仅是南京国民政府势力范围内的

128

---

① 牛淑萍：《1927—1937年南京国民政府田赋整理述评》，载《民国档案》1999年第3期，第96页。

② 傅荣校：《南京国民政府前期(1928—1937年)行政机制与行政能力研究》，浙江大学2004年博士论文，第83页。

③ 徐建生：《民国时期经济政策的沿袭与变异(1912—1937)》，福建人民出版社2006年版，第166页。

④ [法]安克强：《1927—1937年的上海——市政权、地方性和现代化》，张培德、辛文峰、肖庆璋译，上海古籍出版社2004年版，第1页。

⑤ [美]帕克斯·M.小科布尔：《江浙财阀与国民政府(1927—1937)》，蔡静仪译，南开大学出版社1987年版，第6页。

⑥ 《各省财政状况鸟瞰》，见《申报年鉴》(1934年)，上海申报年鉴社1934年版，第441页。

⑦ [美]帕克斯·M.小科布尔：《江浙财阀与国民政府(1927—1937)》，蔡静仪译，南开大学出版社1987年版，第4页。

省份。在南京政府势力范围之外的省份基本上是不向中央缴送款项的"①。例如，以山西为例，南京政府的建立虽然标志着向中央集权化迈进了一步，但是，蒋介石却"几乎未能介入阎锡山政权的财政政策（如国税扣留政策和各种独立的税务税则的实行灯）"②。因此，可以说，"在十七年（1928年）以前，国内政局纷扰，法无定制，财政收支实无系统之可言"③。为此，中央政府在被逼无奈的形势下采取了承认现状的态度，并策划对整个税收政策进行较大的改革。

从南京政府建立之初起，税收政策的制定和改革就开始陆续进行。"由于地方之坐大，而适逢地方自治之思潮，传入中土，于是划田赋为地方税之议兴焉。"④在如此背景之下，"国民政府于十六年夏制定《国家收入地方收入暂行标准》，确认田赋为地方税，十七年之划分国家收入地方收入标准中，仍维持前议，田赋划为地方税一案，遂得实现"⑤。1930年，中央又正式颁布《土地法》，其中第233条规定"土地税金全部为地方税收"⑥。"宋子文出任财长时，基本上完成国、地税收系统的划分，并同时进行了对中央税收制度的改革。孔祥熙接任财长后，又对地方税收制度进行整顿和改革。在他们的精心策划和推动下，中国的资本主义财政税收制度已初步建立起来。"⑦

二、南京政府的财政特点及其影响

虽然，从历史上来看，南京政府的十年是一个重要的发展期。"从1928年至

---

① ［日］长野郎：《中国的财政（续）》，李占才译，载《民国档案》1994年第4期，第127页。

② ［日］内田知行：《三十年代阎锡山政权的财政政策》，叶昌纲译，载《山西文史资料》1991年第2辑，第2页。

③ 马寅初：《财政学与中国财政》（上册），商务印书馆2001年重印，第186页。

④ 程滨遗、罗巨峰、夏益赞、吴泽：《田赋史》，见周谷城主编：《民国丛书》（第3编第31册），上海书店1991年版据正中书局1944年版影印，第353页。

⑤ 程滨遗、罗巨峰、夏益赞、吴泽：《田赋史》，见周谷城主编：《民国丛书》（第3编第31册），上海书店1991年版据正中书局1944年版影印，第367页。

⑥ 《土地法》，载《东方杂志》第27卷14号，1930年7月，附录。

⑦ 董长芝：《宋子文孔祥熙与国民政府的税制改革》，载《民国档案》1999年第3期，第81页。

1937年7月抗日战争全面爆发的10年间,中国经济进入了一个新的嬗变时期",尤其是在财政经济方面"初步形成了中央、省、地方三级财政网络,财政收支日渐平衡,税收增加"。[1]但是,由于政府不能严格执行国家财政预算,致使"南京政府的财政收入与支出有着明显的差距,支出远远大于收入"[2]。更为严重的是,"当时国民政府的财政顾问杨格说:1928年政府把田赋划归地方,再加上未能从国民经济的这一最大部分的任何一级,抽征足够的税收,严重地损害政府使用非通货膨胀性收入来抵补用项日益增多的能力"[3]。虽然"十年之中,政府曾经发表了一些发展现代经济的计划,结果却是有限的。可以利用的钱很少"[4]。由此看来,收入的严重不足是制约中央财政的重要原因。在南京政府前期十年中,这一现象自始至终存在。

表3.1　南京政府1927—1936年历年财政赤字统计表(单位:百万元)

年度	实收总额	实支总额	赤字额	赤字占实支的比例%
1927	77.3	150.8	73.5	48.7
1928	332.5	412.6	80.1	19.4
1929	438.1	539.0	100.9	18.7
1930	497.8	714.4	216.6	30.3
1931	553.0	683.0	130.0	19.0
1932	559.3	644.8	85.5	13.3
1933	621.7	769.1	147.4	19.2
1934	638.2	1203.6	565.4	46.9
1935	513.2	1336.9	823.7	61.6
1936	1293.3	1894.0	600.7	31.7

资料来源:杨荫溥《民国财政史》,中国财政经济出版社1985年版,第43页。

---

① 陆仰渊、方庆秋:《民国社会经济史》,中国经济出版社1991年版,第215页。

② 董长芝、马东玉:《民国财政经济史》,辽宁师范大学出版社1997年版,第249页。

③ [美]杨格:《1927至1937年中国财政经济情况》,陈泽宪、陈霞飞译,中国社会科学出版社1980年版,第76—77页。

④ [美]帕克斯·M.小科布尔:《江浙财阀与国民政府(1927—1937年)》,蔡静仪译,南开大学出版社1987年版,第6页。

从表中可知,南京政府每年都有财政赤字,赤字最高年份达年支出的61.6%,平均约为32.7%,而且整个南京政府前期的财政状况基本成恶化趋势,收入与支出的矛盾日益尖锐。

但是,也可以看到,支出的急剧增加主要并不是出于经济建设的用途,而是在于政府军事活动的频繁。例如国民党中央在不断扩大对革命根据地"围剿"的同时,又要遏制各地军阀的势力扩张以加强国民党的集权统治。此外,对日本侵略势力的防御也是国民政府支出中的一项。

3.2 南京政府1927—1936年军费支出表(单位:百万元)

年度	年实际支出总额	军费支出额	军费支出所占比例%
1927	150.8	131.2	87.0
1928	412.6	209.5	50.8
1929	539.0	245.4	45.5
1930	714.4	311.6	43.6
1931	683.0	303.8	44.5
1932	644.8	320.7	49.7
1933	769.1	372.9	48.5
1934	1203.6	386.6	32.2
1935	1336.9	362.0	27.1
1936	1894.0	555.2	29.3

资料来源:杨荫溥《民国财政史》,中国财政经济出版社1985年版,第70页。转引自董长芝、马东玉主编《民国财政经济史》,辽宁师范大学出版社1997年版,第244—245页。

南京政府的军费开支是逐年增加,进入30年代,军事费比例从表面上来看并不高,但这却是一种假象。因为南京政府将很大一部分的军费开支转入其他支出项下,如文化教育费、建设费、补助费等,因此军费支出比例便在表象上大大降低了。这样的情况即使在整个国民政府统治期间也是如此。有研究表明,"国民政府存在于中国大陆的22年间,其财政支出中占据首位的是军费支出。在统计科目中的债务费,主要是战争借贷,因而债务费实际上是变相的

第三章

中央政府:决策者的行为及后果

军务费"①。也就是说，庞大的财政赤字是通过借债方式使中央收支达到基本平衡。②"在二十六年全面抗战发生以前，我国的财政状况本来极不健全。历年的财政收支未曾平衡过，自二十年至二十五年之六年间，债款收入平均占岁入总额的百分之三十左右，民国二十四年度高达百分之六十"③，军务费和债务费"两者合计占支出的70％以上"④。从整个国家的财政收入来看，"在供给军事和偿债这两大块支出之后，在政务费项下留给实业、交通和建设的份额也就所剩无几了……据估计，每年财政支出中用于生产建设的费用，均不超过支出总数的4%"⑤。所以，有人分析说："南京政府财政收入是逐年增加的，但是赤字也随之增大，并且攀升速度更快，所以财政形势得不到好转。造成其财政困难的，主要是支出部分的居高不下"⑥，而军务费的庞大，是造成中央财政收支不平衡的最主要原因。

"这种趋势，到今日非但仍继续着，而且日益深刻……六年之内，军务费约增加了百分之六十。"⑦因此，当时的学者评价："我国今日的财政病态，简直已由过去的'有财无政'进入今日'无财谋政'的阶段，在经济的国难同时又深陷于政治国难的水火之中。"⑧"政府已谈不上借助财力以干预社会经济。"⑨

面对日益严峻的财政状况，为了使税制不断趋于合理化，虽然南京政府多次进行改革，但税制弊端仍很严重，如税制的不公平，税法在执行过程中的

---

① 张静如等：《国民政府统治时期中国社会之变迁》，中国人民大学出版社1993年版，第11页。

② [美]杨格：《1927年至1937年中国财政经济情况》，陈泽宪、陈霞飞译，中国社会科学出版社1981年版，第38页。

③ 邹宗伊：《我国之战时财政》，见朱斯煌主编：《民国经济史》，1947年银行学会编印，第411页。

④ 王华新：《地方政府行政运行成本控制与核算研究》，经济科学出版社2004年版，第12—13页。

⑤ 徐建生：《民国时期经济政策的沿袭与变异（1912—1937）》，福建人民出版社2006年版，第185页。

⑥ 徐建生：《民国时期经济政策的沿袭与变异（1912—1937）》，福建人民出版社2006年版，第178页。

⑦ 千家驹：《中国当前的财政问题》，载《东方杂志》第32卷第13号，1935年7月，第58页。

⑧ 张一凡：《我的改造财政与整理税制》，载《中国经济》1935年第3期，第5页。

⑨ 徐建生：《民国时期经济政策的沿袭与变异（1912—1937）》，福建人民出版社2006年版，第173页。

有法不依等等,尤其是税制腐败对国家财政产生着极大的影响。当时,"税制之腐败,较之税率的繁重,更足以祸国病民。因为税制淆乱不清,征收官吏,便得上下其手……人民虽困于重压之中,而国用却日益穷困"[1]。可见,税制的腐败既是百姓负重的主要原因,也是国家财政紧张的重要根由。同时,作为地方税主体的田赋征收中的弊端也对国家和社会发展起了消极的作用。第一,南京政府时期,"我国田赋是以收益额为对象,采比例制,即不采累进制,实有背税制上纳税人负担能力之标准,且与近代进步之税法不合"[2]。田赋征收采用比例制极为有利于农村中的富有阶层,而对于贫困阶层则不啻致命一击,且这种税制十分不利于政府对田赋的顺利征收,因为贫穷阶层面对的往往是军阀和官吏"竭泽而渔"的税收政策,"农村已濒于破产之境,税源日有竭蹶之虞"[3]。与同一时期的共产党政权来比,根据地在广大的农村地区实施了科学合理的累进制,依照财产多少来确定赋税交纳的比例,基本保证了税收任务的顺利完成。第二,田赋征收中的积习相沿,也极大地影响了政府的税收工作。"吾国田赋之法,历朝屡变,而以土地辽阔,人口殷繁,积弊相沿,难以整理,舆图不确,册税多讹,粮税比较,遂致舛错支挪,不可纠诘。不均之患,影响民生;国家岁入,因而短绌。"[4]针对如此问题,南京政府几任财长都进行过一系列的改革,各界人士也纷纷出谋划策,但可惜的是,由于国民党政府没有接触到土地和土地税问题的实质,再加上田赋问题从"表面上看来,是由于地方财政的膨胀,可是骨子里这完全是政治上封建割据形势下的结果……在整个国民经济的崩溃中,田赋便愈益成为地方政府唯一的支持"[5],所以这一问题呈现出极大的复杂性,故而中央政府并没有能力解决它,一直到南京政权灭亡都是如此。

但是,无论如何,南京政府的税收政策从一开始就存在的一个极大错误

---

① 王伟中:《复兴农村与田赋》,载《农村》第1卷第6期,1934年4月版,第24页。

② 马寅初:《财政学与中国财政》(上册),商务印书馆2001年,第338页。

③ 姚树声:《民国以来我国田赋之改革》,载《东方杂志》第33卷第17号,1936年9月,第78页。

④ 《新闻报》1928年10月27日,转引于陈登原:《中国田赋史》,上海书店1984年影印本,第2页。

⑤ 孙晓村:《近年来中国田赋增加的速率》,载《中国农村》第1卷第7期,1935年4月,第40页。

是,赋税被政府当作所有急需之时的万灵药,从合理的经济建设到遭谴的军阀战争。"在1927年国民党控制该地区(长江中下游)并着手实施其雄心勃勃的强国计划时,赋税急剧上升。"[①]这样的税收状况一直持续到这一政权的灭亡。实际上,"政府征税(包括税制的建立和税收政策的运用)应遵循基本的准则,即税收原则"[②]。在现代西方财政学中,通常把税收原则归结为"公平、效率、稳定经济"三原则。因此,通过如此大规模提升赋税尤其是田赋税率来实施强国计划在本质上是不正确的,或者说是不能长久这样做。这涉及一个国家发展道路的实质,如果搞不好的话,会适得其反,会使农民更为贫困并产生极度的厌恶情绪,致使"城市乡村分裂的二元社会结构几无弥合之势"[③],为其他政治力量的崛起埋下了基层的隐患。

小　结

政府,尤其是中央政府在社会、政治、经济生活中都扮演着重要的角色,因此,它是分析问题时所要考虑的首要因素。同时,由于政府对社会的作用存在积极和消极的两面性,所以,面对南京政府时期日益严重的农民田赋负担问题,就必须要首先考虑到南京国民党中央政府在问题产生中的角色。从宏观层面来看,中央政府对农村基层社会的渗透和在现代化过程中对农业和农村的定位取向对于问题的产生起了根本性的决定作用。因此,可以毫无疑问地评论说,农村赋税问题产生的根本原因就在于政府。

另一方面,从分析南京中央政府的财政特点和税收政策入手,我们也可以看到这一时期农民田赋负担问题产生的一些深刻社会背景。整体来说,南京中央政府的财政特点是:财政收入与支出之间有着明显的差距,支出远远大于收入,而大多数收入是被用来支付战争费用,用于事业建设和农村复兴的

---

①　[美]白凯:《长江下游地区的地租、赋税与农民的反抗斗争:1840—1950》,林枫译,上海书店出版社2005年,第16页。

②　龚辉文:《促进可持续发展的税收政策研究》,中国税务出版社2005年版,第60—61页。

③　张博树:《现代性与制度现代化》,学林出版社1998年版,第153页。

经费少之又少；从税收政策的角度看，南京中央政府从一开始就怀有一个极大的错误观念，赋税被政府当作了所有急需之时的万灵药，从合理的经济建设到遭谴的军阀战争。即使是通过大规模提升赋税尤其是田赋税率来实施强国计划的税收政策在本质上也是不正确的，其结果不仅造成农民的更加贫困化，而且使农民对政府产生了严重的对立情绪，为社会动荡不安埋下了极大的隐患。

第四章 CHAPTER FOUR

地方政府：处境研究与行为分析

　　地方政府是中央政府在形式、职能等方面的延续和伸展，也是中央政府在地方上的代表者和代理人。"地方政府的管辖区域以一特定的地方为限，这种地方，不问其面积的广狭如何，只需为整个国家领土划分而自成为一行政单位者均属之"①，地方政府与中央政府之间有着密切的、辩证的关系。中央政府在国家和社会的政治与经济行为中起着决策性的作用，但是"国家和政府的经济职能，要分解和落实到地方政府这个中观层次，通过其经济行为来实现"②。从这样的角度来看，地方政府的政治和经济行为直接影响和决定着政府与农村社会的关系。研究田赋负担征收中的地方政府处境与行为，对于更好地理

---

　　①　陈柏心：《地方政府总论》，上海：商务印书馆1940年版，第3页。

　　②　沈立人：《地方政府的经济职能和经济行为》，上海远东出版社1998年版，第99页。

解田赋负担问题以及政府与农村社会的关系有重要的意义。

20世纪二三十年代,阎锡山政府在全省范围内进行大规模的"村政"建设运动,以"模范省"的称号为国人所知。在这场革新运动中,山西农村以田赋为主的赋税政策不仅是阎锡山政权的关注重点,也是整个运动的重要组成部分。本章在宏观介绍"村政"建设的基础上,着重对山西田赋征收的独特性及征收实质进行详细分析,体现出山西地方社会在这一时期的鲜明区域特色。

第一节 "村政"建设：一个 内陆省份的农村政策

ERSHI SHIJI ZHI ZHONGGUO

从民国时期整个中国的版图来看，"山西算不上一个特别要紧或者富庶的地方，更不是一个引人注意的所在"①。但是，就是这样一个较为偏僻的内陆省份，在民国时期，山西却被中央和很多人赞美为"模范省"，以自己独特的做法吸引了众多的学者和政客考察和研究。这些现象的产生主要是因为阎锡山在山西实施了所谓的"村政"建设。

一、"村政"建设的实施及评价

"村政"建设是阎锡山从民国初年开始为推行新政而采取的重要举措，包括最初的"六政三事"、"村制"改革到后来的"土地村公有"，是一个系统的农村改制计划。"它原为一种行政制度，20年代开始向自治制度转变"②。值得一提的是，在整个中国近代的地方自治发展史上，山西"村政"建设并非中央所倡导实施的一般自治措施，而是富有自身特色的农村改制。当时有人评价说：

---

① 张鸣：《乡村社会权力和文化结构的变迁（1903—1953）》，陕西人民出版社2008年版，第70页。

② 李德芳：《阎锡山与20世纪20年代山西村制的变革》，见江沛、王先明主编：《近代华北区域社会史研究》，天津古籍出版社2005年版，第191页。

"对于地方自治……虽曾颁发一部分自治章程,然无具体办法。奉行者每视同具文。独山西阎锡山氏,特别注重区村间政,差强人意。其余各省对于乡村民众之组织,均听其自生自灭,参差错乱。"①

以农村社会为根本和出发点来进行政治改制,是阎锡山在山西实施地方自治的重要特色。阎锡山自始至终认为:"为村者,人民聚集之所也。为政不达诸村,则政乃粉饰;自治不本于村,则治无根蒂。舍村而言政治,终非彻底之论也。"②有学者认为:"村政者,村本政治之谓也。质言之,即以村为施行政治之单位者也。但所谓村者,系指编村而言,并非漫无限制","村政之真谛,即在以村为施政单位,使个个编村均成为活体之组织,将政治放在民间,任村人自了村事"。③

以下对这一改制予以简要阐述和分析。

1."村政"建设的实施

阎锡山的"村政"建设实际上是一个系列的农村革新计划。阎锡山之所以一心实施这样的计划,是因为"乡村为人民政治组织的最小单位,团体经济生活的基本组织",是"最下层的社会基础","村村治则县治,县县治则省治,省省治则国治矣,故治国在治村"。所以,"乡村建设为全盘建设的中心,惟有乡村建设,才是贴合人民生活的真正建设"④。因此,从1916年阎锡山任山西省长兼督军一直到抗战爆发前,阎锡山都在逐步地推进他的这一农村改制计划。如按照实施的先后顺序,这些计划包括1917年实行的"六政三事"(时人又称"村治运动")、1919年实行的"村制"改革和1935年提出的"土地村公有",其中的"六政三事"和"村制"改革对山西田赋征收有一定的影响,而"土地村公有"虽由阎锡山提出,但并未付诸实施。

山西地方的自治活动开始较早,在全国也有一定的影响。近代社会学家闻

---

① 陈阜民:《训政时期县政区政村政计划书》,中国国民党学术院丛书,出版日期不详,第2页。

② 山西村政处编:《山西村政汇编》,1928年1月太原版,序言。

③ 邢振基:《山西村政纲要》,晋新书社1929年5月版,第1—2页。

④ 阎锡山:《乡村建设之理论与方法》,见《阎伯川先生言论辑要》(第7册),太原绥靖公署主任办公处1937年版。

均天评价说："山西省自民元以后，实行地方自治，较他省为早，成绩亦有可言。"①虽然有一定成绩，但民国初期山西的情况仍然是"乡村户籍杂乱、人口不清，政府下达的各项政令、措施很难具体实施"②。基于上述情况，阎锡山首先重在实施"六政三事"，兴办农村事业、铲除农村积弊，具体事项有水利、种树、蚕桑、禁烟、天足、剪发等六政和种棉、造林、畜牧等三事。为了推动和监督运动的开展，阎锡山还在省里设置了诸多机构——"为促进各县政治起见则有六政考核处；至欲得各县政治成绩之精密统计，以为庶政进行之标准，则设统计处；又恐各县政治进行踪迹空谈而无以实察也，则有政治实察所。此外，如省议会议员视察团亦期促进政治机关之一"③。

在对农村事务整顿的同时，为了统治的方便，阎锡山又开始了农村行政管理改制。1917年，"颁布县属村制通行简章"④，"设立编村，村足若干户而地方适中者为主村，其余小村距离远近适宜者为附村。每编村村长一人或村副一人或二人，一十五家为一闾，有闾长一人，五家为邻，设邻长一人"⑤。继而又于1918年"颁布县地方设区暂行条例，盖山西之地方制度，即所建之区村闾制度也"⑥，"区长承县长之命，办理地方公共事业焉"⑦。1927年以后，又进一步"改进村制条例中第三条云：'村内按事务之性质，设下列各部：（一）村民会议；（二）村公所；（三）息讼会；（四）村监察委员会'。村之组织，比以前更为周密"⑧。

1935年8月29日，阎锡山召集晋西沿河21县县长及各文武长官在省开防共联席会议，提出了土地村公有方案，对外宣称方案的目的是为了"要实行孙总理的

① 闻钧天：《中国保甲制度》，上海：商务印书馆1935年版，第368页。
② 刘建生、刘鹏生：《山西近代经济史》，山西经济出版社1995年版，第420页。
③ 陈希周：《山西调查记》（上卷），南京：共和书局据1923年版影印，1936年，第15页。
④ 闻钧天：《中国保甲制度》，上海：商务印书馆1935年版，第368—369页。
⑤ 山西村政处编：《山西村政汇编》，1928年太原版，第10页。
⑥ 黄永伟：《地方自治之理论与实施》，南京：拔提书店1934年版，第109页。
⑦ 闻钧天：《中国保甲制度》，上海：商务印书馆1935年版，第368—369页。
⑧ 黄永伟：《地方自治之理论与实施》，南京：拔提书店1934年版，第112页。

耕者有其田的主张"①。具体办法是，"将土地收归公有，分给农民耕种，农民对于土地只有使用权，不得出租或私相买卖授受，凡地主富农多余的土地，由地方政府发行无利公债收买"②。阎锡山提出这一主张的缘由在于他对农村问题和农民问题的认识。他说："土地是农业经济的基本要素，如果土地问题得不到根本的解决，农民问题也就得不到根本的解决，农民问题得不到根本的解决，中国整个的社会问题也就得不到根本的解决。"③同时，阎锡山日益感受到共产党势力对自己政权的威胁，这也是他提出"土地村公有"的主要原因。他说："年来山西农村经济，整个破产，自耕农沦为半自耕农，半自耕农沦为佃农，以致十村九困，十家九穷，土地集中之趋势，渐次形成。在此种形势之下，不但佃农雇农最易受'共匪'之煽惑，即自耕农、半自耕农，鉴于自己之经济地位，日趋动摇，亦易受'共匪'之煽惑。'共匪'即以土地革命为夺取农民心理之要诀，而农民只知要求土地，并不知何者为共产主义，则'共匪'必乘此空隙，激起农民暴动，扩大赤化范围……此防共不得不解决土地问题，以消灭其造乱之目标者一也。"④因此，阎锡山土地村公有实行的根本原因在于防共……它被认为是"防共釜底抽薪之根本方法"⑤。

2.对"村政"建设的评价

阎锡山"一贯注重自身的经济实力。从烟土专卖到大办军火工业，无不环绕一个目的——增强个人实力"⑥。而且，在"村制"建设中，编村的设置就是阎锡山为了自己统治的方便，为了更有利于他收取农村赋税。因此，"阎锡山对保障山西这方土地的安定，对改变近代山西落后的面貌，确实是下了功夫，也取得了成效"⑦。"阎锡山的村政改革，从1920年到1927年这几年的确部分实现了他的初

---

① 阎锡山：《防共与解决土地问题》，见《土地村公有问题言论集》，第5页，出版地不详，山西省档案馆藏，类号A，编号0190。

② 阎锡山：《防共与解决土地问题》，见《土地村公有问题言论集》，第5页，出版地不详，山西省档案馆藏，类号A，编号0190。

③ 阎锡山：《防共与解决土地问题》，见《土地村公有问题言论集》，第3页，出版地不详，山西省档案馆藏，类号A，编号0190。

④ 见《申报年鉴》(1936年)，上海申报年鉴社1936年版，第898页。

⑤ 叶民：《土地村公有方案的实际意义》，载《中国农村》1936年第1期，第32页。

⑥ 《侯外庐谈阎锡山》，载《山西文史资料》第60集，1988年11月版，第4页。

⑦ 苗挺：《三晋枭雄——阎锡山传》，中国华侨出版社2005年版，第108页。

衷,在这个偏远的小省,他迅速地从农村聚敛了巨大的财富,用于工业建设,其中最主要是军工企业的建设,到20世纪30年代,原本几乎是空白的山西军火工业,已经可以跟全国最大的钢铁军火工业基地武汉三镇相媲美"①。当然,利用山西经济的发展去从事军事战争是属于不当之用途,这是问题的另一方面。

从历史发展的角度来看,由于"近年来,山西凡所设施,有识者已共认为中国改造之先驱"②。所以,早期马克思主义史学家吕振羽说当时的山西村自治"开创了中国下层政治重心之先河","树全国训政之楷模,为人类大同社会之先声也"③,这是对阎锡山"村政"建设的极高评价。也有学者认为,阎锡山在"六政三事"和村制改革中,因地制宜地提出了山西农业发展的途径和方法,试图建成一个自给自足、自成体系的全省经济结构,较洋务运动是一个进步。④因此,改革在"客观上促进了山西社会的稳定和经济的发展"⑤。另外,阎锡山的改革对加强政府与农村社会的关系及促进农村内部团结合作也有一定的作用。吕振羽认为山西在县与各户人民之间,添设村制这一活体组织,一可以使各级政治机关与民众构成严密而灵活的社会,二可以由互助合作的精神,去解决民生经济问题。⑥

由于"村制"的实施和"编村"的组建,农民的团结意识得到开发,农民也具备了团结起来对社会不平进行抗争的组织条件。在当时的临汾有这样一次反抗苛杂的运动,农民在运动中团结起来,提出了自己的口号和宣言,说:"富家只交一成,为什么就要叫我们穷汉交三成呢?为什么有钱的人捐得少,没钱的人反要捐得多呢!?……(阎)督军的公事原是叫财主家捐款的,为什么区长

---

① 张鸣:《乡村社会权力和文化结构的变迁(1903—1953)》,广西人民出版社2001年版,第81页。

② 山西政书编辑处:《山西现行政治纲要》,太原:大国民印刷局1921年版,第4页。

③ 吕振羽:《北方自治考察记》,载《村治月刊》1929年第1期。转引自李德芳:《阎锡山与20世纪20年代山西村制的变革》,见江沛、王先明主编:《近代华北区域社会史研究》,天津古籍出版社2005年版,第198页。

④ 刘一皋:《简论阎锡山的农村改造主张》,见相从智编:《中外学者论张学良、杨虎城和阎锡山》,人民出版社1995年版,第261页。

⑤ 雒春普:《三晋有材——阎锡山幕府》,岳麓书社2001年版,第10页。

⑥ 吕振羽:《北方自治考察记》,载《村治月刊》1929年第1期。转引自李德芳:《阎锡山与20世纪20年代山西村制的变革》,见江沛、王先明主编:《近代华北区域社会史研究》,天津古籍出版社2005年版,第198页。

却偏偏来叫穷汉家分摊呢?先生们(指村长副),这是一件最不公道的事情,你们应该本督军的话同他力争的,为了这个就是革掉了村长副乌纱头衔也不要紧,省得再受麻烦挨骂了。"①这种情况表明,旧时代农民那种只关心自己几亩薄田的分散状况在逐渐地改变着。

还有一点需要指出的是,阎锡山坚定地推行"村本政治",实施"六政三事",在落后的以山区为主的偏僻小省,发展农业,加强农村的社会建设,反映出他具有较高的经营谋略。"天下大乱之时,山西能成为独立王国,除去其独有的地理条件外,确实需要经营有术;他有不少适应时代发展的新举措,还有一些独特的创造。"②例如,编村"这一做法的实质是力求仿效日本军国主义治国方式,以政治上的军国主义、行政上的警察化和经济上农业国家资本主义的三位一体,迅速实现山西的富强"③。在当时中国特殊的情况下,这些策略及行动不能不说是有着一定的道理。

阎锡山的"土地村公有"虽然没有付诸实施,但这一主张的提出却在整个中国社会引起了巨大反响,评论之声如潮而至,有极度的称赞,也有尖锐的批判。近代著名社会学家李景汉评价说:"今阎氏竟能以地方当局之身份,有此革命式的主张(指阎锡山提出的"土地公有"政策),把握住农村的根本问题,其识见之远大,负责之精神,殊足令人钦佩。"④连一向极力鞭挞南京国民政府经济和财政政策的近代经济学家孙晓村也认为,"国民革命就有耕者有其田的原则,经政府承认但没有办到,仅规定在党纲上而已……于是山西阎百川先生'土地村公有'来补充这个办法。我们问:地权集中少数地主之手,有什么办法来解决呢?'土地村公有'就是为这个问题提出来的。固然有许多人批评他,不过我以为"土地村公有"原则是对的……所以对于'土地村公有',我主张:原则保留,办法考虑。"⑤

① 《临汾农民之反对苛捐运动》,载中国国民党山西省执委会农民部印《山西农民》1927年第2期,第16—17页,山西省档案馆藏。

② 苗挺:《三晋枭雄——阎锡山传》,中国华侨出版社2005年版,第102页。

③ 张鸣:《乡村社会权力和文化结构的变迁(1903—1953)》,陕西人民出版社2008年版,第71页。

④ 李景汉:《中国农村土地及农业经营问题》,载《东方杂志》第33卷第1号,1936年1月,第145页。

⑤ 孙晓村:《中国农村经济现状与农民的出路》,载《中国社会》1936年第3卷第1期,第65页。

各种报纸的评论更是铺天盖地。南京的《新民报》社论说:"值此内忧外患,纷至沓来,百孔千疮,拯救乏术之时,各方面或私利以误国,或空言而无补;独阎主任能潜心究讨,提出一种具体救国方案,以期实行,要亦难能可贵!故胜诸放言高论,卖国求荣者万万倍也!"①英国《泰晤士报》社论说:"山西土地公有制,比南京十九年的纸片公事好多了,纸片公事仅仅是整理荒田增加自耕农之数目罢了,他并没有设法解除真正的难点,不过成立一种委员会,来调解地主与佃农之纠纷而已。"②在全国农村社会一片萧条衰败的境况下,阎锡山提出的"土地村公有"以其独特的思路和务实的策略吸引了众多中外记者的目光。更有甚者,近来有学者把阎锡山的这一想法与中国共产党的一些农村政策联系起来,认为"将农村社会和农业生产统制起来的尝试即使在中国也并非共产党人是始作俑者,晋系的'村本政治'和土地村公有制度或多或少是有些类似的影子的"③。

对阎锡山"村政"建设的批评也大有人在。太原乡绅刘大鹏以自己亲身的体验在日记中记述:"吾晋省称模范之省,而群黎百姓十室九空,受政苛虐,迥异寻常,官且与民争利,致使市面银钱奇绌,又不准商家自行纸币,现值年终,商人坐困,民受款项不敷之大影响,家家户户无一不叹,无一不穷也。"④较激进的人士也评论说,山西村政是"在封建制度的本质上,加了一件'村治'的新裳而已"⑤,尤其是"土地村有,在农村改造的课题之下是一副崭新的面目,但是,还是一套旧戏新做"⑥。从当时整个的社会环境来看,"地主阶级为维持其对于农民之剥削起见,在乡村中还有其武装组织、民团、保卫团以及巡丁等,都是地主阶级的武力。所以,土地村有,把土地的分配权属之于村民大会和村

---

① 南京新民报社评:《勇哉阎锡山!》,见《土地村公有问题言论集》,第46页,出版地不详,山西省档案馆藏,类号A,编号0190。

② 《山西与土地问题》,载《泰晤士报》1934年9月20日社论,见《土地村公有问题言论集》,第82页,出版地不详,山西省档案馆藏,类号A,编号0190。

③ 张鸣:《乡村社会权力和文化结构的变迁(1903—1953)》,陕西人民出版社2008年版,后记。

④ 刘大鹏遗著:《退想斋日记》,乔志强标注,山西人民出版社1990年版,第285—286页。

⑤ 悲笳:《动乱前夕的山西政治和农村》,载《中国农村》1936年第6期,第58页。

⑥ 邓达章:《评阎锡山之土地村有论》,载《中国经济》1935年第3卷第12期,第1页。

公所，这无非为握有村政大权的地主阶级多一层政治上的保障而已，耕者真能有其田吗?"①此外，有批评者指出"政府办理村政督促提挈太重，太多防制，太过助长"②，说明阎锡山办理"村政"过程中建立了严密的行政网络并处处监视和牵制人民。仅从阎锡山实施"土地村公有"的主观目的上来看，"实际上他是完全为了他们本身集团利益着想的，他以为保有地权在现时已不是什么有利的事情。与其保有那日渐落价的地权，何胜把它变成钱用呢?放弃地权以后还可以做买卖，放高利贷或做工业资本家，岂不比种地更加有利益吗?况且你们的地权并没有被没收，只不过命由村公所替你们看管起来，将有那般农奴们逐渐叫唤你们，这又有什么损失?同时还可以免除'共祸'，如果共产党到来，你们岂不是一点也没有了吗?"③所以，对阎锡山来说，实行这样的政策更有利于自己对山西的统治。政策实行之后，无地农民将不再骚动，地主富农势力也相应得以削弱，自己便可以逐渐控制整个山西农村社会，并从根源上防止共产党的渗透和革命的发生。

再分析"土地村公有"对于农民田赋负担问题的解决。按照阎锡山自己的说法，"土地村公有"的实施"是以平和的方式，达到平均土地的目的，以快刀斩乱麻而不使农民受任何的牺牲，只增加富人的税收，减少农民的负担"④。有学者举例说，阎锡山在"土地村公有"中规定，凡劳动而有收入者，每年以农田收入的10%所得税交给政府，这一点说明"阎锡山的这种土地政策，某种目的在于更加有效地向富有者阶层增加赋税"。但实际上这种目的"在实施时自然受到极大阻力难以完成"⑤。而且，阎锡山在《土地公有案办法大纲》第九条规定:"(土地村公有)推行之初，耕农对省县地方负担仍照旧征收田赋。"⑥另外，

---

①　邓达章:《评阎锡山之土地村有论》，载《中国经济》1935年第3卷第12期，第2页。

②　志明:《梁漱溟先生与山西》，载《山西文史资料》1997年第1辑，第91页。

③　悲笳:《动乱前夕的山西政治和农村》，载《中国农村》1936年第6期，第60页。

④　阎锡山:《防共与解决土地问题》，见《土地村公有问题言论集》，第5页，出版地不详，山西省档案馆藏，类号A，编号0190。

⑤　赵永强:《民国时期的山西:政治发动与经济剥夺——兼议同期之山西社会发展主线》，载《山西档案》2005年第1期，第55页。

⑥　《土地公有案办法大纲》，载《国闻周报》1935年第38期，第1页。

"按照土地村公有案所规定的办法,地主田地由村公所收买之后,与田地所有权连在一起的田赋等负担也移到农民肩膀上去了。地主们如今少去了这重负担,而且可以逐年收还田价,把它变成高利贷商业资本。"①那么,阎锡山绕来绕去的最终结果是,农民的田赋负担问题并不会得到任何解决。更为严重的是,"土地村公有"的实行不仅没有使农民卸下沉重的税负,而且有让农民失去人身自由之虞,因为"土地因村有而分配权完全掌握在大地主手中。从前土地私有,则有田的农民尚是一国独立自由的公民,而土地村有之后,农民都变成村长们的奴隶或附庸,农民因为要领田,不得不忍气吞声的向大先生们屈服,而大先生们也借此更可以作威作福了"②。

对这一方案的评价,历来就褒贬不一、众说纷纭,而对于土地公有在当时是否能够实行,很多人也存有异议。不过,尽管如此,有一点可以肯定的是,像阎锡山这样能够首先提出土地公有并公诸社会,以努力促其实现是很不容易的。不管提出这一方案是出于何种目的,不管由于何种原因使山西的土地问题没得到彻底解决,也不管阎锡山政府土地问题的最终实施效果如何,在当时的情况下,阎锡山提出这样的想法也是对旧有土地制度的一种冲击。这一方面说明阎锡山对这一问题是有着深刻思索的,另一方面也说明阎锡山对解决土地问题有很大的决心。他在提出这一主张之后也曾对整个方案的实施和推广发表自己的看法,认为"一省不能单独实行解决土地问题",只有在较大范围内实行,这一方案才能最终成功。③这说明阎锡山也有努力在全国改变当时土地状况和农村状况的意图。

不过,随着阎锡山"村制"建设的实施和割据战争的不断进行,尤其是在"中原大战以后,山西民穷财尽,元气大伤,山西村制不仅再也没有什么进步性的变革,反而成了阎锡山反对中国共产党领导的农村革命运动的工具"④。

---

① 叶民:《土地村公有方案的实际意义》,载《中国农村》1936年第2卷第1期,第41页。

② 邓达章:《评阎锡山之土地村有论》,载《中国经济》1935年第3卷第12期,第3页。

③ 阎锡山:《防共与解决土地问题》,见《土地村公有问题言论集》,第5页,出版地不详,山西省档案馆藏,类号A,编号0190。

④ 李德芳:《阎锡山与20世纪20年代山西村制的变革》,见江沛、王先明主编:《近代华北区域社会史研究》,天津古籍出版社2005年,第199页。

因此，山西"村制"建设的合理成分越来越少，人们对它的关注也越来越少，这一政策就渐渐退出了历史的舞台。

二、山西农村社会变迁评估

这一部分通过论证"村政"建设的影响及山西地方政府对农村渗透的特点，评估山西农村社会变迁的程度。由于阎锡山提出的"土地村公有"并未实施，其他大多数的"村政"措施在实施过程中也由于各种原因并没有落到实处，且很多措施只涉及村容村貌、农民的日常举止行为，同时，由于当时的山西农民也同全国各地农民一样，生活也是十分贫穷，不会有多余的资金投入到改善生产中去，因此，"村制"建设并没有给山西农村社会带来明显的变化，山西社会封闭、落后的状况也没有彻底的改变。

以下从几个方面分别进行分析。

1.农村经济与农民生活

对于"村政"建设在农村经济中的影响，有些评价给予了高度赞扬，认为这一改革"试行以来，人民利之，全省人民，各有相当生产，故盗匪绝踪，穷乞罕见，社会秩序为各省所不及。他如狱讼不繁，交通便利，亦为极卓著之成效，此皆人所共见者也"[1]。即使在进入30年代后，这种赞扬仍不绝于耳。有写于1935年的文章曾说："山西自从十九年以后，军政领袖改变方向，由兵工厂的充实转为大规模的经济建设，几年来锲而不舍，成就很多"，"外面所批评于山西各种设施，多与事实不合"。[2]

不过，笔者认为，总体来看，以上的赞扬有些是处在30年代早期以前，有些

---

[1] 《建设村本政治》，载《村治月刊》第1期，1929年出版。转引自肖立辉、孟令梅：《民国早期山西村治的理论与实践》，中国农村研究网。

网址：www.chinaelections.org/PrintNews.asp?NewsID=16338。

[2] 巫宝三：《察绥晋旅行观感》，见《经济问题与经济思想史论文集》，山西经济出版社1995年版，第84页和第86页。

是从某一特定方面来进行评价,并不能完全、真实地反映整个南京国民政府前期的山西历史。实际上,有一点可以肯定的是,阎锡山对农村并没有投入一定规模的资金,而当时的山西农民也没有足够的和多余的资金来投资于农业,"村制"改革的结果可想而知。以晋西北为例,当地农民在20世纪三四十年代"依然使用着十分简陋的生产工具,并躬耕于碎化的土地上,生产技术、经营方式数百年来未曾发生多少改变,农业生产力水平异常低下。绝大多数农民终岁辛劳,却仅可勉强糊口或即便省吃俭用也只能维持最低层次的生活标准"[1]。

还有一个问题是,不管是出于何种原因,阎锡山的建设目标在很多时候往往落空,尤其是改革方案中提到的对乡村下层民众的承诺多未实现。例如,阎锡山曾于1920年10月把自己的改革方案递交给大总统,提出了改革的具体步骤,认为乡村要实现自治必须经过四个阶段。在其中的第二阶段,阎锡山提出的目标是"以编村为抚恤团体单位,救济那些鳏寡孤独疲癃残疾,实在无自觅生活能力,而又无亲属(本人之父母子女、夫妇)可依赖的贫乏之人"[2]。但不幸的是,阎锡山连那些普通农户的基本生活都没有保证,更不用说那些"鳏寡孤独疲癃残疾,实在无自觅生活能力"之人了。广大贫苦农民在日益沉重的税费负担之下生活苦不堪言,太原县乡绅刘大鹏在1927年1月31日的日记中曾记载:"山人见予即言:支应军差,摊派甚巨,即极贫之家亦摊十余元大洋,苦甚矣。"[3]

从当时整个华北社会来看,近代化的程度都是很低的。[4]但是阎锡山的"村政"建设却取得了一定成绩:山西兴修水利,能浇地12万亩,种桑42 000万株;

---

① 张玮:《三四十年代晋西北农民家庭生活实态——兼论"地主阶层"经济与生活水平之变化》,载《晋阳学刊》2005年第1期,第86页。

② 周成:《山西现行政治纲要》,上海:泰东图书局1921年版,第83页。

③ 刘大鹏遗著:《退想斋日记》,乔志强标注,山西人民出版社1990年版,第350页。

④ 陈振江:《近代华北社会变迁与农民群体意识》,见冯尔康、常建华主编:《中国历史上的农民》,台北财团法人馨园文教基金会1998年2月版,第163页。

产蚕130万斤;种树1000万株以上……在当时军阀混战的情况下,阎锡山划境自守,进行社会改良,对改变山西的农作物构成,提高土地的利用,以及对山西人民的生活安定起了一定的作用。[1]不过,"村政"建设"最大的利益获得者却是少数的当局要人……社会民众生活并没有太多改观"[2]。整个山西"以军事工业为主的产业结构,以官僚资本为特征的资本形态,资产阶级群体的弱小","严重影响了山西社会结构转型的良性发展,制约了山西的近代化进程"。[3]而且,阎锡山"用民政治的军国主义性质,强迫主义的做法",又给山西人民带来了很大的损害。[4]

2.基层的财政腐败

20世纪20年代末和30年代初,山西的农村财政曾一度较为腐败,阎锡山实施多年的"村制"建设并未对农村上层人物的腐化形成较大约束,村中公款耗费有增无减。"就'村公所'有形的开支而言,据说有一村单只煤油一宗,每年竟用到八百元之多"[5]。徐沟县庄子村村长阎耀元生性贪财,他在担任村长期间,"凡事只图利己,不顾损人,每年每亩摊派甚巨,恣意挥霍,村人多不敢过问。人民负担无力,愁苦之声,喧溢里巷"[6]。类似这样的腐败现象愈演愈烈,以致山西政府在1933至1935年的清理村财政报告中这样说:"村民于兵役之后,村款糜滥,为数极巨,切肤之痛未除,固不足以言建设而图救济,遂决定先清理村财政。"[7]"二十一年夏,村政处改组成立","结果,自二十二年至二十四年

---

① 张玉勤主编:《山西史》,中国广播电视出版社1992年版,第295页。

② 赵永强:《民国时期的山西:政治发动与经济剥夺——兼议同期之山西社会发展主线》,载《山西档案》2005年第1期,第55页。

③ 李茂盛、杨建中:《试述20世纪二三十年代山西社会转型》,见江沛、王先明主编:《近代华北区域社会史研究》,天津古籍出版社2005年版,第204页。

④ 张玉勤主编:《山西史》,中国广播电视出版社1992年版,第295页。

⑤ 悲笳:《动乱前夕的山西政治和农村》,载《中国农村》1936年第6期,第61页。

⑥ 来丙:《村长任意摊派之可恶》,载《山西日报》1920年1月28日。

⑦ 山西村政处编:《清理村财政报告》(1933年至1935年),无出版地和页码,北京农业大学图书馆藏。

间,全省各村花费减少四百五十八万二千七百余元"。①这在当时政坛上贪腐盛行且有日益恶化的情况下是一个引人注目的反腐成绩,应该给予肯定。

但是,阎锡山的用人制度又在很大程度上对地方官员贪污腐败的行为起着纵容的作用,以致"村政"建设对于统治农村的那些有权有势者的权力并没有起到太大的限制作用,因而,地方官员的腐败现象到后来则越来越多。就用人方面而言,阎锡山曾公开表示"使功不如使过",就是说,阎锡山认为,在一个人犯错甚至犯罪的时候重用他更能使之为我所用。曾任平遥县县长的孙焕仑,有严重的贪污行为被阎锡山掌握。孙焕仑跪倒在地,痛哭流涕,请求赦免死罪。结果,阎锡山不仅免其死,而且大升其官,先授以冀宁道尹肥缺,数年后,又将此大贪污犯擢升为省民政厅厅长。②再例如,山西夏县县长赵良贵曾任绥省萨县县长,因吞款败被民众捆绑,游街数十时,身插白纸旗,上书"我是贪官赵良贵",沿街自叫,笑柄所传,轰动晋绥两省。但就是这样的贪官被重新任用为县长后又不知悔改,再以贪污陷法网。③如此腐败的用人制度直接导致了政府官员贪污行为的盛行,加剧了行政制度的黑暗。地方政府对捐税尤其是田赋征收的非法行为及贪污腐败直接导致了农民负担的日益加重。在晋东南屯留县,连续几届的县长都以贪污被治罪。"民国二十年被告撤职的张县长,刮钱五万余元。民国二十二年,被告丢差的潘县长,刮钱三万余元,而地方绅士的发财,无从计算。"④

此外,虽然阎锡山的"村制"建设第一次真正将国家权力下移到村一级,"保证了农村社会总资源对其军阀政治的有效甚至超负荷的输出,但必然会使官僚机构进入不断膨胀的恶性循环,不可避免地造成政治腐败"⑤。结果,随

---

① 山西村政处编:《清理村财政报告》(1933年至1935年),前言,无出版地,北京农业大学图书馆藏。

② 《侯外庐谈阎锡山》,载《山西文史资料》第60集,1988年11月出版,第8页。

③ 马乘风:《最近中国农村经济诸实相之暴露》,载《中国经济》创刊号,1933年6月,第9页。

④ 高苗:《山西屯留县农村经济实况》,见千家驹:《中国农村经济论文集》,上海:中华书局1936年版,第574页。

⑤ 董江爱:《军阀首脑与村治领袖——论山西省治与村治的关系》,见王先明、郭卫民主编:《乡村社会文化与权力结构的历史变迁》,人民出版社2002年版,第297页。

着阎锡山政府官僚机构的日益庞大，再加上前述阎锡山本人对地方官员任职的随意性，两个因素共同加剧了腐败的发生。因此，"虽然政府在近年来，高唱'廉洁政治'，其实全属空谈"①。

3.山西的民风和社会秩序

南京国民政府前期，尤其在中原大战之前，阎锡山的村制改革对山西农村行政体制的完善起了一定的作用，使农村的生产和生活秩序相对有所好转，对农村的治安环境有一定的改变。从民俗民风上来看，阎锡山"把禁烟、天足、剪发当作一件移风易俗的大事来办，除成立稽查队专门负责禁烟外，还组织中小学生讲演团下乡宣传动员，以便家喻户晓，人人皆知"。因此，"从某种意义上来说阎锡山为促进山西近代社会的现代化做出了一定的贡献"②。从社会秩序上来看，在山西的"村制"建设中，农村基层政权"制订了村禁约、村规范，建立了县、区、村、闾各级保卫团，负责稽查本地窝藏盗匪，捕拿土匪盗贼……故在村制实行始至中原大战止的这一段时间，山西乡村社会秩序井然"③。

有学者对山西与邻省的治安环境做了有意义的比较，认为："民六以降，祸变纷乘，循环栽噬天下无辜因而荡析离居转于沟壑者不知有几。而山西一隅，村村有制，邻邻相安，符蓬绝迹，民无游惰。此在军阀猖獗、人民积弱之当日，有此治绩，亦非一朝一夕之力所可几及也。"④著名社会学家梁溯溟在1929年考察山西时也赞扬说："山西在这方面，无论如何，我们总可以赞美地方政府有一种维持治安的功劳。别的地方如广西、广东、湖南、四川、陕西，哪处不是民不聊生！连我们最底的生命都保不住，还讲什么别的权力！"⑤也有调查者对"村制"建设前后的山西社会做了比较，以凸显这一改革的作用。调查说，近代以来，"晋垣人口稀少，知识尚未发达，幸当道力举新政，教养兼施，人民知识于

---

① 张雨亭：《中国农村破产的实况》，载山西农民自强协会编辑《醒农半月刊》创刊号，1934年4月5日，第16页。

② 刘立敏、徐中林：《阎锡山与山西近代化》，载《晋阳学刊》2003年第6期，第80页。

③ 孟富国：《重构中的乡村政权——二十世纪二三十年代山西村政的转型》，山西大学2003年硕士论文，第30页。

④ 杨天竟：《乡村自治》，北平：曼陀罗馆1931年版，第242页。

⑤ 梁漱溟：《梁漱溟全集》（第5卷），山东人民出版社1991年版，第445页。

是渐开,衣食住尚质而不文,俭朴可风"①。

日本学者内田知行的有关研究颇为有趣,他把各省田赋税在税收中所占的比重看作是政府财政基础及农村社会稳定的重要标志,他说:"30年代前半期的山西省政权与同时代的其他地方政权相比,也是比较稳定的。其根据是,堪称国民政府直辖地区的中南地区各省的地方岁入与山西省的民国23年度相比,田赋比重是非常之低的。当然,山西省作为产业开发比较缓慢的农业省,这个重要因素也是不可忽视的。但这在另一方面也反映出山西省的财政基础比其他省份更为巩固的重要因素。"②所以,更进一步来看,阎锡山对山西农村社会的控制较他省为严,对政府与农村社会的关系从策略上也处理得较他省为好,这是应当承认的。

不过,"村制"建设的正面作用必然是有限的,就连一向极力对之称赞的梁漱溟也说山西村政建设基本是"盛名之下,其实难副"③。这一改革的根本宗旨在于"谋求将国家行政与乡村自治进行整合,以实现国家对乡村的有效管理和乡村社会自身的有序发展"④。因此,对乡村社会的控制是所谓"建设"的根本,而对民生问题的解决是其附带的产品。虽然山西的军火工业发展了,虽然政府的财政收入也大大增加了,但贫苦百姓的生活依旧,所谓的某些政府"建设"对穷人来说也是"祸民"。如以当时对山西的一份调查报告中所提到的保卫团问题为例说明。调查结果显示:"关于人民自己之保卫团,他省余不知,若以过去的山西言,实为空增负担、无裨事实之秕政。盖所谓团丁者,皆点验时临时雇佣之夫,平日多无其人,亦无所谓训练,间有少数长雇之人,亦不过供村长驱使,为村长奔走耳。故每点验一次,村中即多加摊派一次。"⑤所以,从事农村自治活动的梁漱溟便分析说,长此以往,"村民一面对于村政,亦有疲累

---

① 陈希周:《山西调查记》(上卷),南京:共和书局1936年影印本,第8页。

② [日]内田知行:《三十年代阎锡山政权的财政政策》,叶昌纲译,载《山西文史资料》1991年第2辑,第27页。

③ 梁漱溟:《梁漱溟全集》(第4卷),山东人民出版社1991年版,第892页。

④ 祖秋红:《"山西村治":国家行政与乡村自治的整合(1917—1928)》,首都师范大学2007年博士论文,第1页。

⑤ 严慎修:《山西河津县上井村晋祠十三村自治进行之概况》,见乡村工作讨论会编:《乡村建设实验》(第2集),上海:中华书局1934年版,第427页。

厌烦之意……而村中所办唯一的一件事，即那小学校，近看不生利，远亦望不到好处。此外更无什么于他有好处的了"①。即使如刘大鹏那样的生活条件较好的乡绅也在日记中说："阎锡山系晋人，而其把持晋政，无一非祸晋人之政。予向乎阎锡山，人皆恶闻之，今乃皆谓阎祸山西日甚一日，较甚于前矣。"②因此，随着阎锡山改革的推行，农村贫困百姓的负担日重一日，这从各县呈送省府的村财政清理报告中可知一二。据1933年省政府统计，全年全省"各村支出总数为一千一百三十五万六千一百八十七元，按全省总户数二百一十七万七千八百八十六户计，平均每户负担五元二角一分，其中徐沟、榆次、太原等县每户竟负担在十五六元以上，乃至二十四五元，似此情形，民何以堪"③。

因此，从社会整体来看，阎锡山的改制并没有取得成功。阎锡山本人曾说："余……深以为'行政之本在村'，所以村区编制，次第发端。惟创办以来，因时会上种种关系，未能收圆满效果为可惜耳。"④之所以没有取得成功，除以上所述原因外，还有重要的一点就是改制中缺乏大批真正进行具体实施的人，各地官员对改制大都不太热心，而普通百姓大多漠然视之。所以，对于农村经济依然贫困的状况，有学者慨叹："两年以来，本省当局已经向此出路积极进行，特以一切新兴政治之设施，一般人多不了解，且多惯于多年旧习，安于偷闲放任，因之非难阻碍者多，而推动赞助者少。"⑤山西省政府给猗氏县知事的信函曾提出："据查知事对于烟禁以进行为难、肃清不易，遂持消极主义。掾区各员因鉴于知事之消极，均抱冷静态度"，因此，信函以无奈之口吻说："若畏难苟安，因循敷衍，上下相蒙，各适其适，此正从前官僚积弊所在。"⑥又，省政府在

① 梁漱溟：《漱溟卅后文录》，上海：商务印书馆1930年版，第272页。

② 刘大鹏遗著：《退想斋日记》，乔志强标注，山西人民出版社1990年版，第463页。

③ 邢振基：《山西村政纲要》，晋新书社1929年5月版，无页码。

④ 《阎锡山对山西各县知事讲话》，见吴树滋、赵汉俊辑：《县政大全》（第5编），上海：世界书局1930年版，第10页。

⑤ 张之杰：《现今山西社会经济之穷困与出路》，见《太原日报三周年山西书局一周年联合纪念册》1935年版，第26页。

⑥ 《山西省政府致猗氏县知事对于烟禁应努力前进函》，见吴树滋、赵汉俊辑：《县政大全》（第4编），上海：世界书局1930年版，第123页。

给河津县的文件中,指责当地政府"对于村民会议,仅有口头助勉,并不注重实际。不举行者,不加督促;行之不当者,亦不设法指导,致各村村民会议每年开会一次。敷衍了事者有之,竟不举行者有之"①。所以,针对这些官场上的弊端,阎锡山痛心地说:"无论多少办法,多少团体,知事心力不到,俱是假的!"②阎锡山对这个问题的认识还是比较到位的。

---

① 《山西省政府指令河津县村民会议原为发展民权训练民众自治能力之基础文》,见吴树滋、赵汉俊辑:《县政大全》(第4编),上海:世界书局1930年版,第129页。

② 《山西省政府指令介休县办理村政要心力俱到文》,见吴树滋、赵汉俊辑:《县政大全》(第4编),上海:世界书局1930年版,第126页。

第二节　山西田赋征收的独特性

ERSHI SHIJI ZHI ZHONGGUO

阎锡山政府的长年战争耗费并非小数,但在有限的财政收入和巨大军费开支的情况下,阎锡山又扛起了"村制"建设的大旗,于是,"村制"建设与军事割据共同造成了山西政府极大的财政需求,剥夺农民就成了阎锡山政府的主要出路和天经地义的途径。这种特殊的情况再加上阎锡山的某些税收改制就共同形成了山西政府独特的田赋征收行为。

南京国民政府时期,以田赋为主的传统税收项目在征收制度上与前代大体相同。可以说,"税制的基本理据和收取方法在几个世纪、甚或是更长的时间里变化甚微"①。在本节中对阎锡山统治时期的山西田赋征收特征进行分析之前,对抗日战争前全国田赋征收制度的了解是必要的。

一、南京政府前期全国田赋征收的普遍状况

从南京政府时期税收尤其是田赋征收的整体情况来看,混乱的情形是显而易见的。当时的学者有一段评论很好地表现了这一特性:"各省田赋之征收,皆为各行其是,不特赋目及征收方法各不同,即纳赋等则及折价标准,亦

---

① 张静:《基层政权——乡村制度诸问题》,上海人民出版社2007年版,第125页。

各歧异。如同一产收量相同或地价相同之田亩，在甲省或以甲等税则征课，年纳银五分，而在乙省或丙省则以乙等或丙等税则征课，年纳二分或一分，甚至同一省份县与县之间亦异。又其折价标准亦不相同，如地丁一两，湖北折洋一元四角，而江苏则折征一元五角，江西二元二角，山东、河南则又轻重不同。"①由此可见当时田赋征收的一般情形。下面分别从征收方式、征收机构和征收人员、政府对征收的稽查和管理等几个方面作进一步说明。

从征收方式上来看，民国初年，田赋的征收已基本由过去传统时期的以在乡绅士为征收中介人的体制趋向于官征官解，具体方法有自封投柜、义图制、包征制、委征制以及携串游征等，五花八门、凌乱复杂。②自封投柜是指"人民自携税银，亲赴粮柜完纳，随取执照"，一句话，是"人民向征收处完纳"③。义图制是指"县分若干乡，乡有乡董，为收税单位，乡又分若干庄，庄有庄首，依次输充值年……一若县田赋经征处的驻乡办事处。成立之时，合图协议，订立规约以资遵守"④，这同传统时期以绅士为中介的征收方法基本一致。而包征制是指县政府"预计丁粮成数，设有一定比较额，由粮胥认额承领征收，负短征垫缴的责任"⑤。这种方法的征收特点往往是，"在开征之前，绅士入署与县长议价，官卖若干，绅允若干，俨如市侩……至绅士如何征税于民，官不过问，粮差为绅士的爪牙……而此包征绅士，几为世袭"⑥。委征制与包征制不同，是"县府以征收事务委诸征收员或粮胥，不限认额，负尽收尽缴的责任"⑦。因此，可以看出，两者的最大不同是县政府对征收额的预先确定与否，因此，委征制中征收人员的权力比包征制中的征收人员权力更大，并且在征收出现短少的情况下不负赔垫责任。携串游征是指"县府派员携串分赴各乡，挨户征

---

① 张柱：《整理田赋之我见》，载《东方杂志》第31卷第14号，1934年7月，第108页。

② 张柱：《整理田赋之我见》、王元璧：《田赋征收制度的改革》等文及刘世仁：《中国田赋问题》等书。

③ 王元璧：《田赋征收制度的改革》，载《东方杂志》第32卷第7号，1935年4月，第128页。

④ 王振：《县财政建设》，中央政治学校研究部1941年版，第75页。

⑤ 王元璧：《田赋征收制度的改革》，载《东方杂志》第32卷第7号，1935年4月，第128页。

⑥ 刘世仁：《中国田赋问题》，上海：商务印书馆1935年版，第86页。

⑦ 王元璧：《田赋征收制度的改革》，载《东方杂志》第32卷第7号，1935年4月，第128页。

收"①。"串"是指"串票"、"粮串"，是传统上政府征收田赋的缴款凭证，票上开列实征地丁钱粮数目，分为两半，一半留于官府，一半给纳税户。

由于各地情况不同，征收方法往往也大不一样。"各省县或单行其一，或两法并用。省与省不同，县与县亦异。此外，因县官的更迭，而办法互异。"②进入20世纪30年代时，各地鉴于征收上的诸多弊端，大多废除委征制和包征制，由县设立田赋征收处，实行自封投柜。但是，一方面由于"积习相沿，旧弊仍难尽除"③，另一方面也由于"路远费大，小农纳赋往往仍托里书或地保代纳，于是赋虽几分几厘，而非一元二元莫结"④。因此，自封投柜仍不是理想的征收方法。

从征收机构和征收人员上来看，由于"税务工作，必须有健全的税务机构与良好的人事制度，而后政令始得以贯彻，借收指臂之效"⑤。因此，税收机构的设置、征收人员的配置以及人员素质的优劣对于赋税征收有着重要影响。

民国建立之初，"由于各省市县行政管理体制不同，组织法令各异，以及税源、交通等原因"，致使包括田赋在内的地方税征收机构极不统一。⑥"县市税捐征收机构之设置，历年各省各自为政，名称既不相同，隶属亦互有差异，组织庞杂，系统紊乱"⑦。按照行政级别的高低，各省常设的税收机构有财政厅、财政局、财政科等。这一设置在1927—1937年期间也没有大的改动。在地方税中，田赋有着独特而重要的地位，正是因为"田赋为地方收入大宗，各县皆特设经征处于县政府所在地，亦曰钱粮总柜，为便人民完纳计，有于四乡适当地点酌设分柜者"⑧。对于田赋征收的各个环节的主要责任人，1927年中央政府

① 刘世仁：《中国田赋问题》，上海：商务印书馆1935年版，第86页。

② 王振：《县财政建设》，中央政治学校研究部1941年版，第75页。

③ 刘世仁：《中国田赋问题》，上海：商务印书馆1935年版，第86页。

④ 刘世仁：《中国田赋问题》，上海：商务印书馆1935年版，第86页。

⑤ 国家税务总局编：《中华民国工商税收史》（税务管理卷），中国财政经济出版社1998年版，引言。

⑥ 国家税务总局编：《中华民国工商税收史》（税务管理卷），中国财政经济出版社1998年版，第44页。

⑦ 刘世仁：《中国田赋问题》，上海：商务印书馆1935年版，第86页。

⑧ 财政部编：《财政年鉴》（第3编第12篇），财政部财政年鉴编纂处1948年版，无页码。

批准实施的《征收田赋考成条例》总则第2条规定："各省财政厅厅长为督征官，各县县长为经征官，各省民政厅厅长负责催、经征田赋之责。"[1]各省县长以下税务人员为具体承办人。"以县政府而论，田赋的征收，县政府是直接机关，而一般县长，对于田赋内容，大都不甚了了，多数县长到任之后，先行多方罗致所谓内行二科，而以科班出身的钱谷师爷为合格，否则便无从管理这项工作。至于直接征收者，是田赋经征处。"[2]从各县田赋经征处的内部结构来看，中央法令对之并无明确规定，"概言之，不外十数人员：曰经征主任，曰文牍员，曰征比员，曰造串员，曰督造员，曰收税员，曰督征员，曰监串员，曰催征员，曰催征警"[3]。不过，政府虽然设置了大量的田赋征收人员，但由于贪腐盛行和旧有的钱谷师爷对田赋册籍的把持，田赋征收并不尽如人意。

在政府对征收的稽查和管理方面，首先应该注意的问题是税收人员在田赋征收中的作用。"各级田赋征收人员，应该是中央政府和省政府田赋政策的传导者，是中央政府和省政府田赋征收目标的完成者，是政府与农民之间的一种联系纽带。"[4]由于稽征管理制度的落后，田赋征收人员的这种应有的作用在南京政府时期并没有较好地表现，政府与农民之间的这种联系的纽带也往往被扭曲而变形。整个民国时期，虽然现代税制正处于被建立的过程之中，但是旧税制中的很多成分和习惯仍普遍存在，尤其是税收方面的稽征管理制度"极不健全，且执行不力"[5]。及至南京国民政府成立，中央政府和地方政府又都深陷于军阀战争之中，"税收稽征管理多着眼于应急筹款，各地稽征管理更难趋统一规范"[6]。这种情况不仅没有革除旧的征收弊端，而且从长远来看，

① 王元璧：《田赋征收制度的改革》，载《东方杂志》第32卷第7号，1935年4月，第129页。

② 《征收田赋考成条例》，见《中华民国法规大全》（第5册），上海：商务印书馆1936年版，第3065页。

③ 孙晓村：《中国田赋的征收》，载《中国农村》创刊号，1934年，第19页。

④ 王元璧：《田赋征收制度的改革》，载《东方杂志》第32卷第7号，1935年4月，第129页。

⑤ 张泰山：《民国时期田赋征收人员的结构及其素质考察——以1927年—1937年的湖北省为例》，载《民国档案》2006年第2期，第94页。

⑥ 国家税务总局编：《中华民国工商税收史》（税务管理卷），中国财政经济出版社1998年版，第381页。

不良的税务管理成就和怂恿了一大批征收人员贪污中饱、腐化堕落,最终大大影响了田赋征收的顺利进行,对整个国家的税收体系乃至社会各业造成了极坏的影响。

二、山西"村政"建设与军事割据的双重需求

阎锡山常年的军阀战争耗费了巨额的财富,山西人民的生活也越来越贫困。几乎与军阀战争同时进行的是阎锡山提倡的"村政"建设——在民国时期中国唯一的全省范围的农村改制计划。这一计划早在20世纪20年代初已经全面付诸实施,从农村的生产技术到风俗习惯都在改革范围之内。这些改革听上去大多数是合理的,但是,实际情况是,很多计划往往只流于形式。"由于上层用力过重,社会力的启发太少,结果因为上层一二人的无暇顾及而上弱下松,致于失败。"[1]从中可知,政府中缺乏真正为农村穷苦农民考虑的人,"虽然阎锡山本人重视农业,他的各级各地官员对农业问题并没有引起应有的重视,所以,他关于振兴山西农业的宣传声势虽然不小,实际措施却没有能够如实落实下去"[2]。再加上阎锡山虽然提出了这些计划,但并没有真正考虑过为这些计划安排足够到位的改革资金,农民本身也没有力量购买新产品、新技术,所以,资金的限制又大大减少了改革的效果。不仅如此,阎锡山政府却反过来可以利用改革的名声为自己搜括巨额的财富以为战争之用。从事地方自治研究的梁漱溟先生曾讽刺道:"他的村政,亦是向村民要钱的村政。"[3]可以说,"自他开始统治山西之日起,就注意了对山西金融的控制与垄断,直到他最后逃跑,没有一个时期放松过"[4]。而在山西的金融中,为他进行改革和发动战争提供资金的,大多是农民的田赋和其他杂税,因此,可以说,他对农民的剥夺也

---

① 赵如珩:《地方自治之理论与实践》,上海:华通书局1933年版,第350页。

② 张思荣:《略论阎锡山的兴农政策及其措施》,载《晋阳学刊》1998年第5期,第95页。

③ 梁漱溟:《漱溟卅后文录》,上海:商务印书馆1930年版,第267页。

④ 王尊光、张清樾:《阎锡山对山西金融的控制与垄断》,见山西文史资料室编:《山西文史精选——阎锡山垄断经济》,山西高校联合出版社1992年版,第7页。

是没有一个时期放松过。

首先来看阎锡山政府实施"村政"建设的财政需求。

从政策的制定来看，阎锡山的"村制"建设包含了从经济、文化到社会风气甚至言谈举止的整个农村社会，因此需要相当数额的实施经费，以便增设县掾属和区级行政，推行"六政三事"以及办理"村自治"。"这些经费或出于地方财政，或出于向社会人员募集的捐款，或出于向村民摊派的村款。虽然省公署颁布各种章程努力减少和规范各项经费的开支，但地方财政和村财务支出有相当幅度的增加是毋庸置疑的"，"长期来看，当时的村治运动会使农民和地方财政有所增加，但短期的资金缺乏现实是存在的"①。从当时社会的大环境来看，阎锡山的经济建设是"在中国社会更深地陷于半殖民地半封建状态，国家处于贫极弱极的历史背景下进行的"②。同时，阎锡山所进行改制的山西又是北方一个并不富足的贫瘠省份。在如此不利的客观环境下，阎锡山的最终目标却极为宏大，是要"把政府权力下放到村一级，从上到下建立一个严密的行政网，对山西的民力、地力和财力实行严密控制，为其军阀统治提供一个稳定的社会环境，进而把山西建设成为一个政治稳定、经济发达和军事强大的独立王国"③。

从目标来看，这是一个长期的社会工程，即使如"编村虽为最小之自治区域，但其开支款项，亦非少数"④。因此，整个计划的实施需要大量资金作为后盾。而在当时财政困乏但军事支出又日益膨胀的情况下，用于"村政"建设的资金往往成为水中之月，"各项开支、预算多是空头支票，所以一些村政建设的计划只好放弃"⑤。

阎锡山预定的目标并没有实现，山西社会不仅没有成为政治稳定、经济发达和军事强大的独立王国，反而在30年代后期从最初的经济建设如当时媒体

---

① 祖秋红：《"山西村治"：国家行政与乡村自治的整合（1917—1928）》，首都师范大学2007年博士论文，第129页。

② 景占魁：《简论阎锡山在山西的经济建设》，载《晋阳学刊》1994年第3期，第84页。

③ 董江爱：《山西村治与军阀政治》，中国社会出版社2002年版，第88页。

④ 邢振基：《山西村政纲要》，晋新书社1929年版，第16页。

⑤ 成新文：《评阎锡山的村镇建设》，载《晋阳学刊》1995年第1期，第112页。

所炒作的"卓有成效"恶化为"地方收支之不能平衡,本年度地方概算收支不敷一千四百余万元","其结果或仍不免增发晋钞以应"的境况。①《申报》有报道说:"晋省财政,久陷枯竭……在'共匪'未经扰晋以前,公私财政,本均甚拮据,省库支出,每月亏达七十余万,客岁全年移欠之款,几近千万。"②可见财政状况恶化的严重程度。从大的方面来看,造成这种状况的原因不外乎两个因素:第一是建设投入过大,第二是用于军事割据的长期军阀战争,而且军阀战争所耗费的资金是在所有开支中占压倒性的比例。

下面来看阎锡山用于军事割据的经费需求。

阎锡山实行的"村制"建设第一次将国家权力下移到村一级,"保证了农村社会总资源对其军阀政治的输出"③。可以说,阎锡山政权进一步控制了农村地区,更加便利了他攫取农村财富去为他的军事目的服务。具备一定的物质基础后,"阎锡山自1924年开始,连年参加军阀混战,几次扩军,使战祸在三晋大地上不断蔓延。1925年参加'讨冯'战役;1927年6月,阎锡山改悬青天白日旗后,又进攻张作霖;1928年3月,参加'北伐',占据平津;特别是1930年的中原大战失败后,把他的所谓'友军'10余万人引入山西境内"④。这些军事行动不论成败都在耗费着百姓以血汗换来的财富。一些县志对此情况也有明确记载。《黎城财政史》中说:"民国七年(1918年),山西创立区村闾邻之制……按人纳税虽无明文规定,可民国十八、十九年(1929—1930年),军役浩繁,筹款多按闾摊派。"⑤这种情况实际上接近于按人纳税。《高平县志》记载:"民国19年(1930年)阎锡山倒蒋失败后,晋钞贬值。山西省政府下令,从民国20年11月7日起,用晋钞完赋纳税,两元折合一元……再加上国民党孙殿英在高平驻军,部队的一切费用向百姓摊派,更加重了群众负担。"⑥1930年9月,在阎锡山倒蒋失败

① 《整理鲁豫晋三省地方财政》,第93页,中国第二历史档案馆藏,全宗号1,案卷号2423,缩微号16J2362。

② 《剿匪军事期中晋省财政状况》,载《申报》1936年4月22日第8版。

③ 董江爱:《论阎锡山统治下的村治腐败与权力失衡》,载《晋阳学刊》2002年第6期,第82页。

④ 张玉勤主编:《山西史》,中国广播电视出版社1992年版,第336页。

⑤ 刘书友、张志杰:《黎城财政史》,红旗出版社1996年版,第61页。

⑥ 高平县志编委会编:《高平县志》,中国地图出版社1992年版,第247页。

后,十多万军队退到山西境内,摊派勒索,各县负担异常沉重。

进入30年代后,由于军事活动的影响,阎锡山政府财政拮据的状况日益显现。《申报年鉴》在1936年《山西省财政概况》一文中指出:"晋省财政负担军费过巨,陷于困难之境……据闻晋省仅军事一项,除以该省国家性质收入尽量充抵以外,在二十三年度中尚需由省库协济8619920元。晋省全年度地方预算岁出总额,不过一千五百万元左右,而协济军费须在八百余万元,竟占二分之一以上,足见军费负担实为晋省财政之主要威胁力也。"[1]从1932年至1936年,阎锡山政府"支出的军事费用即达九千九百六十六万余元,其中仅有六百三十六万是由伪中央(指南京国民政府)政府补助,其余大部分由山西人民负担"[2]。

对于经济建设与军事行动之间的关系,近代经济学者张一凡评价说:"在这内忧外患中,支出巨额军费,固为势所迫不得已,但毕竟为增重财政恐慌的主要病源之所在,而且,纵然是势非得已,也至多只能作为非常时期中的暂时现象,不能规定在含有永久性质的所谓原则之中。如果根本不能纠正今日这种膨大的军事财政,那么要使财政达到真正的'取之于民用之于民',要达到真正的财政之社会上的目的,使他积极地发挥助产作用、建设功能,那总像缘木求鱼吧?"[3]可见,阎锡山政府庞大的军事财政是阻碍山西社会建设和现代化进程的重要因素之一。

政府调查人员王瑚曾在1929年的山西荒灾之后给国民政府行政院呈文中的一句话深刻总结了阎锡山政府忙于军事而困于财政,最终导致"民穷财尽"、黔驴技穷的可悲结局。呈文中说:"山西一省自军兴以来,民穷财尽,故经此荒灾,不苦于无办法而苦于无财源。"[4]常年的军阀战争吞噬了政府的有限收入和农民的血汗,而阎锡山处心积虑所得的庞大计划最终也付诸东流,成为历史的尘埃。

---

① 《山西省财政概况》,见《申报年鉴》(1936年),上海申报年鉴社1936年版,第455页。

② 中共山西省委党史研究室、山西省档案馆:《太行革命根据地土地问题资料选编》(内部资料),1982年版,第20页。

③ 张一凡:《我的改造财政与整理税制》,载《中国经济》1935年第3卷第3期,第7页。

④ 行政院档案:《王瑚报告晋绥两省灾情给行政院的呈文》(1929年4月),见《中华民国史档案资料汇编》(第5辑第1编第7册),第474页。

三、山西田赋征收的独特性

南京国民政府建立后,蒋介石政权从表面上统一了中国,中央政府开始从各个领域实施全国一致的政策、法规,但是,实际情况是,军阀分裂割据的状况依旧存在。在诸多地方军阀中,尤以阎锡山潜心经营山西,经济和军事等都获得了很大发展。在南京中央政权建立之前,阎锡山在山西的"村政"建设已经实施了10年之久,并积蓄了一定的实力,而且,由于长期独占山西,阎锡山的各项政策已经具有自己的某些特色。因此,"蒋介石虽以南京政权的成立为契机,向中央集权化迈进了一步,但却几乎未能介入阎锡山政权的财政政策",这种情况表现在阎锡山实施的国税扣留政策和各种独立的税务税则等。①

民国时期是一个特殊的历史时期,整个国家处于传统与现代相互交融、影响、渗透的状态。在社会发生变迁的漫长过程中,各方面的变化是存在的,但是,由于传统社会的顽固特质,这种变化在当时中国并没有明显的表现。这样的情况即使在当时进行"村制"建设的山西社会也基本如此。不过,可以断言的是,虽然阎锡山的改革没有大规模地改变山西社会,但他的这一行动至少在充满传统气息的中国社会起到了一个"弃旧从新"的榜样。就田赋等税费征收而言,虽然山西农民的负担也在一直增加,虽然阎锡山的一些做法也不一定合理,但是这些做法至少在理论上有自己的特色,也是值得后来学者进行探究和分析的。

以下从几个方面对当时山西田赋等税费征收进行论述。

1.征收机构与人员

自民国初年以来,山西赋税征收机构与人员设置和全国情况基本相同。"民国元年,山西成立督军府财政司,民国3年改设山西省行政公署财政厅,征收田赋由财政厅主管;县由财政科管理,科下设粮房(也称田赋征收处),主办

---

① [日]内田知行:《三十年代阎锡山政权的财政政策》,叶昌纲译,载《山西文史资料》编辑部编:《山西文史资料》1991年第2辑,第2页。

田赋征收事宜。"①以各地具体情况来说明。"民国元年,安邑县、解县设有第二科主管全县田赋和契税征收,由征收局负责征收各种杂税,由公款局管理全县财政收入和支出。民国二十二年,公款局改称财政局,管理全县财政。"②在蒲县,"民国初年,县设公款局。民国2年,县设主计员一人,管理财政。民国17年,县公款局改为财务局。民国18年,财务局改为财政局。"③从赋税征收的机构名称来看,各地情况基本大同小异,都是在省财政厅的负责下,各县先是设立公款局,后都改名为财政局。中原大战之后,为了进一步加强财政管理,阎锡山在赋税征收的机构上有所改动。"1932年阎锡山设立了晋绥财政整理处,一直行使着晋绥两省财政方面最高机关的职能。该处设有六个科,其中第二科掌管两省的国税收入,第三科掌管晋绥两省的地方税收收入及金融。"④

自清末新政以来,"在山西的基层组织中,里甲和保甲这两个分别以征收赋税和维持地方治安为目的的组织,完全被混同了,编制十分混乱。"⑤进入阎锡山统治时期,整个山西农村在"村政"建设的改制之下,实施村长负责制,号令较前大为统一,责任明确,有利于赋税征收。南京国民政府成立后,中央进行了几次财政改革,但是,由于"中央设置的财政特派员公署,在山西省也不过完全是徒具虚名"⑥,因此,阎锡山的财政制度和税收政策基本不受中央的限制,新办法的推行较为迅速,也易于贯彻。比如,从相关资料中可知,在税收征管方面,虽然山西的赋税征收机构名称与全国其他省份差别不大,但是在赋税征收方面往往"对中央规定多改头换面",实行自己的"土政策",尤其值得一提的是,阎锡山对基层农村的税收事务非常重视,这体现在他对县属的税

① 山西省史志研究院编:《山西通志》(第29卷,财政志),中华书局1999年版,第27页。

② 马秋来主编:《运城市盐湖区财政志》,中央文献出版社2004年版,第7页。

③ 蒲县县志编纂委员会编:《蒲县志》,中国科学技术出版社1992年版,第280页。

④ [日]内田知行:《三十年代阎锡山政权的财政政策》,叶昌纲译,载《山西文史资料》编辑部编:《山西文史资料》1991年第2辑,第4页。

⑤ 孟富国:《重构中的乡村政权——二十世纪二三十年代山西村政的转型》,山西大学2003年硕士论文,第7页。

⑥ [日]松平忠久:《关于山西省的经济状况》(1930年7月),日本外务省纪录。转引自[日]内田知行:《三十年代阎锡山政权的财政政策》,载《山西文史资料》1991年第2辑,第2页。

收征管是"令必行，行必果"①，所以，山西的田赋征收情况在全国最好，也为阎锡山提供了源源不断的财富。以下以史实为例做进一步说明。

当时，由于税收机构设置和运行不当，各省田赋征收普遍存在征解不足的问题。以当时的广东省为例，在南京政府建立前后，广东省每年田赋的征收实额越来越少，已从600万元减少到300万元。截止1938年6月底，广东各县历年所积欠的临时地税已高达1100余万元。②而当时湖北省的田赋实征数也严重不足，及至20世纪30年代初，全省田赋实征额仍然只占额征数的不到五成，有的年份竟然只占到17.4%。③就整个中国而言，"倘按面积人口比例，田赋估计的收入，当在数万万元以上，但按其实际，全国田赋的收入，尚不及一万万元"，因此，各省的田赋收入往往"与原预算相差甚巨"④。当然，这种情况并不是因农民少缴了赋税，而是因为有钱有势的大户偷税漏税和征收田赋的人员贪污中饱。不管怎样，各省一直饱受着田赋征收不足而造成的财政拮据的苦衷。而在阎锡山统治下，基层官员尤其被赋予了税收的重责，因而每一级官员对征收田赋等赋税都非常重视。县政府上直接对阎锡山负责，下直接与村民接触，县知事和小段主任"在督导检查时，也都直接到户"，而且"每月要下乡20天，此来彼往，应接不暇"⑤。所以，"山西自新政推行以后，各县知事事繁责重"⑥。不过，这些县知事频繁出入乡村并不是服务于民，而主要是催粮收税。在这个过程中，县长在田赋征收中的权力也逐渐大了起来，而过去的粮差等人员的权力就越来越小了。有档案记载，在山西各县，"除在附税收入项下，提出数成解省外，其余全部统归县长支配。因县长有自由支配权，于是对于征收田赋，

① 大同市税务志编纂委员会编：《大同市税务志》（内部资料），1991年版，第142页，山西省图书馆藏。

② 张晓辉：《民国时期广东社会经济史》，广东人民出版社2005年版，第317页。

③ 李铁强：《1927—1937年湖北田赋问题述论》，载《经济史》2004年第3期，第72页。

④ 刘世仁：《中国田赋问题》，上海：商务印书馆1935年版，第48页。

⑤ 刘建生、刘鹏生：《山西近代经济史》，山西经济出版社1997年，第423页。

⑥ 郭葆琳：《山西地方制度调查书》，山东公立农业专门学校农业调查会出版，出版年代不详，第3编第1页。

大都不派征收专员,往往利用街村长副,代征解县。即催征诸事,亦多利用街村长副,闾长,里老,粮头,代为分催,不用粮差"①。这种情况在"村制"建设搞得较好的县份得到普遍的推广。

在基层行政机构中,村公所的作用被重新定位,受到了阎锡山政权的重视。

"村公所被认为是为这些事业(维持新学、修筑道路、从事各种公共事业)提供财源,并完成上级、特别是区政府按村摊款的一个重要工具。"②具体到田赋征收方面,村的位置更是十分重要。《安邑县志》中保存的《村粮征收章程》第三条规定:"自改定以村为纲后,督催之责归村长副担任,每届开征时期由村长副催闾长,闾长催花户自封投柜,依限完纳。倘有疲玩之户或富家巨绅恃符抗欠,由村长副查明,报告以凭追究,不得扶同徇隐希图见好,不得挟嫌诬报陷害他人。"③从这个征收章程中可知,阎锡山的田赋征收是"以村为纲",基本把握住了田赋征收的方向,因此对田赋的顺利征收肯定有利,再者,村长副已经代替了原来的粮差、田赋催征人等旧阶层,担负田赋征收的"督催之责",而村长副已成为阎锡山政府机构的正式行政人员,直接接受政府的管理,不再是原来游离于政府行政管理机构之外的类似于农村绅士那样的农村领导阶层。因此,不管怎样,为了能为阎锡山提供更多的财富,"村长的任务也和区长、县长一样,其他的'公事'固然也都很重要,不过首要的任务是'派款'和'治安'这两件事。当上峰起款的时候,只要你能够很快地将款派起,而且很快地送缴上去,那你一定就会成为一个好村长的。"④

---

① 孙群:《整理山西田赋计划书》,晋绥整理赋税研究会发行,晋新书社1932年12月版,第65页,山西省档案馆藏。

② [美]杜赞奇:《文化、权力与国家:1900—1942年的华北农村》,王福明译,江苏人民出版社2006年版,第43页。

③ 《村粮征收章程》,见《安邑县志》(第4卷《田赋税略》),1934年2月编修,山西省运城市盐湖区档案馆藏。

④ 悲笳:《动乱前夕的山西政治和农村》,载《中国农村》第2卷第6期,第60页。

所以，为了达到这样的目的，阎锡山对"村长"一职有"勤勉、公道"的要求，所谓"村长为一村主宰，其执行公务，须具公道、热心、毅力，不为亲戚、爱憎所偏，不为金钱、势力所感动，视公事如己事，有始有终，努力为之"①。

　　我们再从在乡绅士的历史演变轨迹和角度来看阎锡山的农村赋税改制。近代以来，在乡绅士权力的演绎和变迁对阎锡山统治时期山西赋税征收机构和人员的变化有着重要的影响，这种影响又进一步随着阎锡山的"村政"建设而扩展开来，对全国基层税收机构和行政机构的变迁都产生了重要的作用。

　　自清末以来，在乡绅士经历了两次大规模的向国家权力机构的渗透。第一次是在晚清时期，当时，国内动乱迫使清政府把一些地方行政权和治安权委托给团练的组织者——在乡绅士，从此，在乡绅士在晚清社会控制中的角色从控制对象变为控制主体，逐渐拥有了一些地方经济、政治甚至司法方面的权力；②第二次是在进入民国之后，在乡绅士在县自治运动中通过参加县参议员的选举等途径，逐渐掌控地方行政权，并与国家正式任命的行政官员——县长之间产生了矛盾与冲突。③因此，地方自治的主要结果是使绅士等类似的农村名流在他们故乡村社的习惯权力合法化、正式化，这些在乡绅士便逐渐成为当地的村长、区长甚至县长。当然，在乡绅士的这两次基层权力大渗透并不是两个独立而毫无联系的事件，而是有着紧密联系的因果关系。

　　值得注意的是，在乡绅士的权力变化势必导致乡村社会的分化和基层社会的流动，而"一旦国家权力大力下渗和出现乡村社会分化和社会流动，乡村社会原有的组织机制就要改变"④。那么，在乡村社会的这一系列改变中，最主

　　①　冯国桢：《村政常识》，上海：卿云图书公司1929年版，第18页。

　　②　王先明：《中国近代社会文化史论》，人民出版社2000年版；张启耀：《清末商会经济纠纷调理权产生原因探析》，载《历史教学·高校版》2008年第7期，第70页。

　　③　魏光奇：《官制与自治——20世纪上半期的中国县制》，商务印书馆2004年版；王先明：《近代士绅阶层的分化与基层政权的蜕化》，载《浙江社会科学》1998年第4期。

　　④　朱新山：《乡村社会结构变动与组织重构》，上海大学出版社2004年版，第57页。

要的改变之一正是田赋等赋税征收机构的变化，因为当时国家与农村社会最主要的联系就是赋税。

从民国政府早期开始，这种变化就有了存在的社会基础，但在那些军阀战争不断的戎马倥偬的岁月里，很少有人能对农村赋税的改制做出进步的尝试，而统治山西的阎锡山却能体会到农村赋税征收的重要性和因时而变的急切性。他提出了"村制"建设的方案，确立了县长直接领导下的以村长为中心的村庄管理体制。在农村赋税征收机构方面，虽然阎锡山没有提出具体的实施措施，也没有留下专门的农村赋税征收机构的改革法令，但是，经由他的农村改制的实行，农村中的赋税征收人员便逐渐地由民国以前的里书、社书等，向正式的以村长为征税中心的基层行政渠道转变；在征收对象上，政府开始由原来的对农户的单个征收变化为有组织地对村庄整体的纳税、摊派。尽管这种转变多少有着这样和那样的不尽如人意的地方，但它却揭开了中国近代基层赋税征收改革的序幕，在中国近代后期历史发展的轨迹上留下了深深的烙印。当时，在山西"模范省"的榜样作用下，"南京政府通过改革地方收税系统和行政机构，加强了国家政权的力量对乡村的控制，以前依靠保正、地方的统治让位于现代化的官僚如区长、村长来统治，而且区长、村长逐步掌握了地方赋税征收的权力"[①]。所以，从全国范围来看，能出现这样的一个赋税征收的变化，阎锡山"村制"建设的作用是功不可没的。

2.征收稽查与管理

赋税征收是征收者与缴纳者之间复杂的互动关系，其间包含着很多运行中的矛盾和问题。为了有效地把握税收的正确方向，相关领域的稽查和管理是非常必要的。

当时全国各省的田赋征收管理极为混乱，严重影响了政府的田赋征收事务，也大大加重了农民的经济负担。如湖北松滋县全年法定田赋征收额不过22万元，以全县50万民众平均计之，每人每年完粮也只有4角4分，"负担轻微，应无所苦"，但实际的浮收、中饱、勒索达100余万之巨，每人每年平均负担田

---

① 张君卓：《1927—1937年华北田赋征收体制与农民负担》，载《中国经济史研究》2006年第3期，第144页。

赋正附税达2元以上,以致成为农民生产和生活的沉重负担。①湖南安乡县"有一位征收委员据他自己秘密告人,他征收十九、二十、二十一年的陈欠田赋,每两正银,他可以捞到五元以上的腰包"②,湖南其他县份的情况可想而知。河南方城土劣"假借支应兵差……设立非法机关,由本县各区区长白启庭等轮流承办,按月任事,始而积欠委员会,再而善后委员会,三而在现之整理财政委员会,经一次控告,换一次名色,而其实换汤不换药,以擅收粮赋附加为原则"③。如此这样的情形在全国各地已是司空见惯的现象。

再来看当时山西的情况。为了实现对山西地方的长久稳固统治,"阎锡山建立了名目繁多的各种制度,织成了一张张铺天盖地的维持网络"④。农村赋税征收和财务整理是阎锡山政府"村政"建设工作的重心之一,对其进行严格的稽查与管理,是阎锡山在法令上和行动上都十分注意的方面。

对于不归阎锡山直接领导的中小级干部,如某些县长或区长、村长等,政府"定有专门的考试训练归班任用办法,以及定期考核奖惩的具体条例,交由各主管部门按章行事,其运行程序可以说是比较规范的。对于归他直接领导的各部门负责干部,则完全由长官意志决定,阎锡山一个人说了算"⑤。以村长为例,由于村长直接对县长负责,并全面掌管农村赋税征收等重要事务,因此,阎锡山十分注意对村长的教导和管理。他在《修正村长副须知》中说:"本总司令因实行村政,设置街村长副间邻长等职,以专责成,曾经手编村长副须知一书,以为训练各村长副之课程。"⑥当然,这一"训练"是为阎锡山的农村工作,尤其是税收工作服务的。在《村长副支用公费规则》的文件中,阎锡山规

---

① 《呈复遵令查办松滋县王辅世控张继华一案情形,并拟具改进办法饬县遵办由》的附件,1934年8月31日,湖北省档案馆藏,档号LS54367。转引自李铁强:《1927—1937年湖北田赋问题述论》,载《经济史》2004年第3期,第74页。

② 朱其华:《中国农村经济的透视》,上海:中国研究书店1936年版,第243页。

③ 孙晓村:《中国田赋的征收》,载《中国农村》创刊号,1934年10月,第22页。

④ 朱前星:《阎锡山奴化理论剖析》,载《山西大学师范学院学报》2001年第4期,第42页。

⑤ 雒春普:《三晋有才——阎锡山幕府》,岳麓书社2001年版,第33页。

⑥ 《修正村长副须知》,见山西村政处编:《山西村政汇编》,1928年1月校印,绪言,山西省档案馆藏,类号A,编号0195。

定:"1、村长每次赴城办公,十里以内往返支车马费洋二角,路远者递增,但以赴城办公为限;2、自赴城办公之日起,至公毕回村之日止,每日支膳宿费不得超过三角。但因私事耽延,即不能支用公费……5、办公杂费应实支实用,不得浮滥;6、前项公杂各费,应由村民摊任,并按月宣示,以昭公实。"①文件中对村长使用公费一项作了明确的规定,更有效地对村长的公务活动进行了监督和管理。地方志文献中也有对村长副实施管理的记载。《安邑县志》收录的《村粮征收章程》规定"向来花户供应里总甲头工食,每正银一两或三分四分至五分不等",今"各村村长副率同闾长督促花户完纳,不准其代收,且粮在本村,既无跋涉难寻之劳,更无赔垫逃亡之累,与从前里总甲头所担负之责任迥不相同,而村长副办公车马等费又照章由村中摊给,所有旧日工食自应一概裁免,不准再向花户按粮索费,致滋扰累,违者重惩"②。

征收人员薪俸的非正规化往往也导致贪污腐败的现象发生,所以,阎锡山政府对此类人员的薪俸予以明确化和正规化,从理论上有效减少了腐败现象的发生。上述《村粮征收章程》第二十四条规定:"催粮差役向来每正银一两由花户付给工食一分二分不等,又有添索谷麦若干,名曰秋俸。现在改组吏警,按月支给薪饷,所有旧日工食秋俸一概裁免,各承发吏如有再行勒索者准立即扭禀重办。"③

以上所引用的这些规则和章程都是阎锡山试图控制山西农村社会而为其所用的有益尝试,使中国农村社会由原来游离于国家行政管理之外的状态逐渐向政府进行有效管理的状态演进,因而在中国乡村发展史上具有重要的建设意义。

在对征收人员进行严格管理的同时,阎锡山政府又加强了对基层财务的稽查和监管。1918年,山西省政府"以清查本县国家地方岁入岁出,并一切陋规

---

① 《村长副支用公费规则》,见山西村政处编:《山西村政汇编》,1928年1月校印,第38页,山西省档案馆藏,类号A,编号0195。

② 《村粮征收章程》,见景定成主修:《安邑县志》(第4卷《田赋税略》),1934年2月编修,第11页,山西省运城市盐湖区档案馆藏。

③ 《村粮征收章程》,见景定成主修:《安邑县志》(第4卷《田赋税略》),1934年2月编修,第12页,山西省运城市盐湖区档案馆藏。

中饱和盘托出为宗旨",明确规定"每届会计年度告终后,由各县省议会议员,公推本县绅士品学兼优者二人,咨请行政长官委任,清查本县收入支出及一切陋规罚款,呈报省署核办"。通过这一方式,阎锡山政府建立起了县地方财政清查机构,确立了政府对基层财政和税收的有效控制。在具体实施清查工作时,清查手续十分严格。"凡清查收入各款,以收证存根交状为据,如有故意毁匿,致碍清查手续时,可向原纳款者,详为调查,如有侵蚀,须考证明确,列入侵蚀各款表内;凡清查支解各款,一以迴批凭单领状为据,如无确实证据,即认为冒支公款。"①

通过对村长的有效管理和对基层财务的严格检查,阎锡山政府基本确立了对地方赋税征收的控制。在当时其他各省还处在整理田赋的一片喧嚣声中的时候,山西的农村财政管理体制已初步建成,从而限制了贪污腐化现象的发生和蔓延。尽管当时阎锡山政府征收的田赋正税额仍是较高,而且基本上是为阎锡山的战争所服务,但实际上,当时山西的田赋附加额在全国来说还是较低的,这是阎锡山政府实施有效的统一管理的结果,这一点在前文中已有详细的论证,此不赘述。总而言之,不管人们怎样评价这个制度和体系,阎锡山的所作所为总比那些空喊口号而毫无作为的政客还是要相对好一些。

对赋税征收等方面的公务人员进行不良行为限制和监管也是阎锡山政府实施征收管理的有效途径。在1918年3月26日公布的《乡村接待警差规则》中即能看到阎锡山政权对村财政实施监管的努力:"1、警差因奉令传办事件到村时,不得向村中需索钱文,村中亦不得为其支付钱文。2、警差到村所需食物,应自行公平价买,如遇小村购买不便时,即由村长副指定地方代为料理。3、警差到村,如必须住宿时,应由村长副指定地方,惟不得另索宿处。4、警差到村,如有违背前三条各规定者,准由村长副禀明县知事予以惩办。"②仅仅对警差这一阶层的行为,文件已有如此详细的限制和规定,可见阎锡山政府用心之良苦。为了避免田赋征收人员利用钱粮换算时的市场变化来牟取不义之财,

---

① 山西政书编辑处编:《山西现行政治纲要》,山西政书编辑处1921年版,第375—377页。

② 山西村政处编:《山西村政汇编》,1928年1月校印,第39页,山西省档案馆藏,类号A,编号0195。

一些地方政府在决定田赋征收额数时还是比较谨慎的。上述《安邑县志》中保存的《村粮征收章程》第二十七条对有关问题作了规定。章程说:"粮银尾数征收钱式时估高低无定,不肖征收员吏易于巧取小利,兹定为银洋时估由商会公议,每五日报告县署一次,如果无大涨落,即作为五日定价,牌示征粮局门首,俾花户一目了然。"①

对区、村的日常办公、学校经费,阎锡山政府的规定是:"全村经费由全村人民负担之(视各村情形,以贫富、地亩、丁口三种办法,酌量施行,以求得其至平),区公费由县款拨给之,平均每村经费(学校经费在内),大约年在二百元至二百六十元左右(因村执事人员,均为绝对义务。办理尽职者,由政府奖以荣誉而已,省县下乡人员,即饭食亦严禁招待)。"②

从文件上来看,阎锡山的这些政策与规定还是较为严格和合理的,但问题是,由于各种各样的因素,在基层赋税征收的实践中,这些政策与规定往往达不到制定的预期目的。再者,阎锡山的长年战争也决定了其对农民赋税征收额的高度,所谓的"村制"改革并没有遏制住田赋征收数额的持续增长,广大的贫苦百姓依旧负担着高额的田赋赋税。

3.征收的方式

阎锡山为了保证军阀战争和政府运转的税收需要,曾采取了把很多税捐包给商人或绅士征收的办法,但承包商都是以营利为目的,结果他们的剥削与勒索比官吏还要厉害。如在武乡县,"县专门设立了管理财政和税务的稽征局等机构,滥用税务人员,采用转手包干的办法,层层向群众加码,公开进行勒索③;盂县"实行层层包税制度,县城大绅士大包,区村小绅士小包,层层盘剥,人民叫苦不迭"④。针对这一问题,"阎锡山一度曾把百姓应交税额公布示众,鼓励百姓与商人抗争。此后,商人的征收任务就没有完成过,阎锡山只好

① 《村粮征收章程》,见景定成主修:《安邑县志》(第4卷《田赋税略》),1934年2月编修,山西省运城市盐湖区档案馆藏。

② 闻钧天:《中国保甲制度》,上海:商务印书馆1935年版,第371页。

③ 张志文、韩炳祥:《武乡财政志》,山西经济出版社1996年版,第35—36页,山西省图书馆藏。

④ 盂县史志编委会编:《盂县志》,方志出版社1995年版,第324页,山西省图书馆藏。

恢复了以前的税收政策"①。

实际上,阎锡山统治下的山西各地的田赋征收方式也是随着"村制"建设的实施效果不同而有所变化。从阎锡山自身的长远打算来看,他是"欲藉村制整顿,以村长制取代里甲制,实行新的催粮纳税制度。这一革新在有些县份实行得较好,在某些县份却遭到保守势力的抵制,总体来看,改革还是取得了一些成效"②。在许多地方,过去那些勒索成性的田赋催促人、钱谷师爷、里老单头等阶层在逐渐地消失。不过,在村长制下,虽然在田赋的征收上,村长副负主要责任,但是,由于"村制"建设实施程度的不同,各地在征收方法上又不尽相同,很多地方"用里甲制度"③。这样,在山西全省的范围内,赋税征收的方式又变得十分混乱复杂,这似乎又是阎锡山赋税征收改制上所没有解决好的一个问题。例如,在晋东南的屯留县,"满清时代及民国二十一年以前,所有田赋都是由各花户将自己应纳的田赋径交当地县政府,里老及单头不过负一种催交的责任罢了,权限并不很大;现在变更旧制,农民自己应交的田赋,不得径交官厅。各花户应当把自己应交的田赋款项交给单头,单头再交给里老,然后再由里老交给官厅。如此一来,名义上是每两银子以二元九角八分折算,但实际上就远在三元以上了"④。因此,当时在屯留县,"一方面保存着旧日的制度,上面说过的里老单头之类,一方面又新设了一批村长副及闾长。其结果,只给农民增加了许多负担,增加基层盘剥。如上说的里老单头都有薪金,由各村公摊。村长年薪三十元,副村长十五元,此外还有村警费及其他公杂费,不易计算"⑤。1932年的《整理山西田赋计划书》对当时山西赋税征收中所出现的这一

① 董江爱:《论阎锡山统治下的村治腐败与权力失衡》,载《晋阳学刊》2002年第6期,第83页。

② 李德芳:《阎锡山与民初山西乡村制度的变革》,载《河北大学学报》(哲社科版),2000年第3期,第111页。

③ 《一年来之财政工作状况》,见《太原日报三周年山西书局一周年联合纪念册》1935年版,第41页。

④ 高苗:《山西屯留县农村经济实况》,见千家驹:《中国农村经济论文集》,上海:中华书局1936年版,第579页。

⑤ 高苗:《山西屯留县农村经济实况》,见千家驹:《中国农村经济论文集》,上海:中华书局1936年版,第581页。

现象做了真实的记录："今查山西各县税收田赋,有县设粮柜,人民直接赴县完纳者;有乡村长副,代征解县者;有推举粮头里长,合作解县者;有委托商号钱行,代为收税者;有专派粮差里催,使分赴各村催征者;有村长、里长、街长,自去催征,令其赴县完纳者;有户头催甲头,甲头催股头,股头催粮户,为分级催征者。"[①]以下以部分县份为例做进一步说明。

表4.1　山西各县征收田赋方法比较表

县名	征收方法
阳曲	县设粮柜八处听人民自由完纳
太原	由村长副催征人民赴县完纳
榆次	每年上忙开征前由各街乡长副造村粮总簿送县盖印另开完粮凭条归粮户赴县完纳
交城	县分二十五坊都每坊都分十甲各里分正副户头户头催甲头甲头催股头股头催粮户赴县征粮处完纳
平遥	由各街村长副在各公庙内向人民征收
长治	由县派村长向人民直接征收汇款解县
屯留	县分二十二里每里设里老一人里分十甲甲设单头一人单头催粮户向县粮柜完纳
武乡	县设粮柜簿册派员征收人民按期完纳
大同	由县财政科附设钱粮股由人民自行直接完纳现拟改村长副经征代缴
神池	县分五十五联合村每村村长查照县分红簿向人民征收解县缺粮归村公所缴
洪洞	县设征粮处由人民直接完纳现拟改办村粮由村长征收
浦县	由县派警赴各村分催完纳
永济	地丁分里征收米豆分屯征收里举粮长甲举甲首人民交税于甲首由甲首交与粮长粮长解县
临晋	县立粮庄千二百余各举粮头收税解县征粮处每庄给串票一纸近年款急催乡长副代征
万泉	离县近者自纳离县远者由甲代纳
解县	县分十六里每里派粮差一名转催里夫收粮完纳
安邑	由村长按照扎簿开条给人民令自行赴县征粮局完纳
垣曲	人民向县政府指定商号交款掣取收条送县征粮处掣取串票

资料来源:孙群《整理山西田赋计划书》,晋绥整理赋税研究会发行,晋新书社1932年出版,山西省档案馆藏,类号M,编号0043,第51—62页。

---

① 孙群:《整理山西田赋计划书》,晋绥整理赋税研究会发行,晋新书社1932年版,第49页,山西省档案馆藏,类号M,编号0043。

因此，从中可见，虽然阎锡山实施了严密的行政控制网络，但他却没有顾及田赋征收的方式。赋税体制上的这种混乱，肯定为阎锡山的赋税征收带来很大的消极影响，这是当时山西田赋征收方面的一个很大缺陷，也是阎锡山改革赋税征收体制的一个并不成功的方面。

第三节　山西田赋征收的实质分析

ERSHI SHIJI ZHI ZHONGGUO

阎锡山政府在田赋征收中具备行政上的网络性、隐蔽性甚至一定程度的策略性。首先,有一点可以肯定,阎锡山常年战争和基层建设的巨额花费决定了政府对农村田赋征收高度的剥削程度；其次,由于阎锡山政权在基层社会构筑了严密的行政统治网,因此,以田赋为中心的农村赋税征收体现出明显的网络性；同时也要看到,阎锡山政府对农村的剥削具备多面性,这不仅表现在田赋征收上,而且也表现在"兵差"、劳役、公差等无形的剥削上,因而具有很强的隐蔽性；最后,由于阎锡山的精于算计,其征收田赋又具备一定的组织性和策略性。

一、田赋征收的高度

20世纪前半世纪,乡村政治纷繁复杂,但"始终摆脱不了军事化的色彩,人们的现代化效仿,更容易集中在近代日本的军国主义乡村建设这种目标上"[1],山西的"村本政治"及"村制建设"即是这种性质的体现。阎锡山的田赋征收就是在这样的时代背景下进行的。

1930年,中原大战即将结束时,蒋介石以国民党中央宣传部名义,公布了《国民政府拿办阎逆锡山令》、《讨伐阎锡山宣传大纲》等,历数阎锡山的罪恶有11条之多,其中在第三条中说阎锡山"假名村治搜括民财"[2]。蒋介石的这一说法并非空穴来风,只是在双方矛盾激化的时候把这一现象予以"揭露",以期造成人心向背有利于自己的局面。实际上,早在南京政府成立之前,阎锡山对田赋的征收就一直抓得非常紧。乡绅刘大鹏在1926年3月17的日记中写道,政府"催完钱粮十分紧迫,各村日日鸣锣告众,若不及时完纳,逾限必受官庭之责,哀我晋民何堪此虐耶。当此农事初兴之时用款耕作,而乃移作完课之款,其有不受窘迫者寥寥无几,吁!可慨也已"[3]。政府如此做法,再好的改革计划也不会振兴农村经济。下面,通过历史资料,我们再现阎锡山政权对山西农村社会的剥削程度。

先来看以下表格。

表4.2 山西与华北其他各省田赋对地价百分比之比较(一个年份之地价为100)

省份	年代	水田田赋	平原旱地田赋	山坡旱地田赋	报告县数
山西	1912 年	1.70	2.75	3.24	73
	1931 年	2.30	2.88	2.97	
	1932 年	2.60	3.09	3.46	
	1933 年	2.66	3.35	3.86	
山东	1912 年	1.79	1.62	1.38	87
	1931 年	1.71	1.67	1.76	
	1932 年	1.67	1.77	1.84	
	1933 年	1.59	1.66	1.66	

① 张鸣:《乡村社会权力和文化结构的变迁(1903—1953)》,陕西人民出版社2008年版,前言。

② 苗挺:《三晋枭雄——阎锡山传》,中国华侨出版社2005年版,第89页。

③ 刘大鹏遗著:《退想斋日记》,乔志强标注,山西人民出版社1990年版,第317页。

省份	年代	水田田赋	平原旱地田赋	山坡旱地田赋	报告县数
河北	1912 年	1.19	1.42	1.46	107
	1931 年	1.21	1.49	1.93	
	1932 年	1.39	1.42	2.19	
	1933 年	1.33	1.37	2.21	
河南	1912 年	1.63	1.56	1.99	
	1931 年	2.48	2.15	2.71	
	1932 年	2.26	1.72	2.75	
	1933 年	3.23	1.99	2.38	

说明：上表根据国民政府中央农业试验所农业经济科的调查《冀鲁晋陕地价与赋税之比率》和孙晓村《各省田赋对地价之分率》改制。各年份赋税占地价之百分率，系根据各该年之地价与赋税之实数计算而得。赋税为正税与附税之总额。

资料来源：中央农业试验所农业经济科调查《冀鲁晋陕四省赋税调查》，《地政月刊》第1卷第10期，正中书局1933年10月版，第1338页；孙晓村编《苛捐杂税报告》，行政院农村复兴委员会印行《农村复兴委员会会报》第12号，1934年5月版，第7页。

从1912年和1931—1933年的情况可看出，民国初年，包括山西在内的各省田赋占地价的比率大都在2%以下，但到30年代，各省田赋占地价的比率都有所升高，尤其值得注意的是，山西的田赋征收额明显高于华北其他各省。1931—1933年，山西田赋对地价百分比平均在3%以上，最高达到了3.86%，而同一时期其他三省的比率基本在1%至2%之间，在3%以上的情况很少，只出现在1933年的河南省。

至抗日战争前几年，阎锡山政府对农村的剥夺程度丝毫没有减小。据《闻喜县志》记载，政府在田赋征收上，"民国25年达162 548元，较民国23年增加56 318元"[1]。

---

[1] 闻喜县志编委会编：《闻喜县志》，中国地图出版社1993年版，第217页，山西省图书馆藏。

再从另一个角度进一步说明。

表4.3　抗战前部分省份每一人口之省税县税负担额比较(单位:元)

省别 项别	山西	山东	河北	湖北	陕西	甘肃	福建	贵州	广东
省税	1.14	0.57	0.50	0.23	0.79	0.87	0.65	0.40	0.45
县税	0.34	0.32	0.34	0.47	0.24	0.12	0.24	0.21	0.34

资料来源:朱博能《县财政问题》,南京正中书局1943年版,第9页。有改动。

从表中可看出,山西省每一人所缴纳的省税大大高于所缴纳的县税,虽然县税同其他很多省份相比也已经不少。同时,山西省每一人所缴纳的省税也大大高于其他各省每人所缴纳的省税,是山东、河北、广东等省的二倍,是贵州省的近三倍,甚至是湖北省的五倍,这一情况说明统治山西的阎锡山政府不论在绝对数量上还是在相对数量上都搜刮了巨大的省税收入,也说明阎锡山政府在财政和行政上具有很高的集权程度,这当然直接归因于阎锡山政权对农村的极力剥夺和严密的行政网络。另外,阎锡山高唱地方自治和拯救农村,但他却把赋税收入的绝大多数用于省支出,而用于县支出的费用则微不足道,农村复兴从何谈起。因此,山西农村不仅没有复兴,农民的生活反而更加贫困,以至于当时山西农村流行着这样的口号——"有田不卖终久是害";农民辛苦一年,"结果除去牛丁籽粒田赋摊派各项花费外,尚需亏赔老本,似有此田,何胜无地"[1]。

阎锡山政府对农民残酷剥削的本性到抗战时期更表现得淋漓尽致,这一点从抗战期间阎锡山实行的"兵农合一"的政策中可以更清楚地看到。1943年,偏安晋西南的阎锡山为解决粮食和兵源问题,在其统治区内推行"兵农合一"政策。具体做法是,"把18—45岁的人,三人编成一个组,一个叫'常备兵',入营服兵役,两个叫'国民兵',在乡种份地,其他老幼妇孺分编在各个小组为辅

---

[1]　冯和法编:《中国农民土地资本概观》,载《农村》第1卷第6期,1934年,第5页。

助劳力……田赋实行征购制，以粮银的'两'为计算单位。征购以数字规定，一般的是'征一、购二、附加五、马料四'，其他的差款、各级行政费用和一切杂项费用还得另外交纳。当时流传着一首民谣：兵农合一好，满地长的草，吃死有钱的，穷人遭了殃，常备兵开小差，国民兵逃跑了。鸡不鸣狗狂叫，村里只剩下老和少！……这一时期，在征粮方面实施'在地估量，在场登记，快割、快打、快交、快藏'办法，田禾长在地里就掌握了预产量，田禾登场就掌握了实产量，碾打之后，马上采用掠夺方法拿走粮食。大部分粮食拿走了，拿完了，人民'快藏'什么呢？"[1]从中可看出，这种"兵农合一"及其田赋征收制度，实际上是对山西人民赤裸裸的剥夺。

二、行政和赋税征收的网络性

历代统治阶级都在努力把政权延伸到社会基层，以便更好地对其实施控制，并从中获得更多的财富和支持，不过，这一目的"到了山西阎锡山手里，得到了真正的实现，也只有在他的手里，才真正实现了国家政权对个体农民的超常榨取"[2]。而阎锡山实现这一目标的最重要基础就是通过编定"村制"，"建立自己上下贯通指挥自如的行政网"[3]，然后利用这一行政网络进一步建立自己的赋税征收网络，以便更好地推行自己的各种政令，更多更快地攫取农村的财富。

在近代的政客中，阎锡山最早对乡村社会组织进行了改革。"没有任何一个军阀甚至包括蒋介石对其治下的地方进行那么多的社会政治整顿，在阎锡山的山西，一个警察化、军事化的网络从1917年他站稳了脚跟时就开始编制了"[4]。对于行政网络的建立，阎锡山自己就毫不掩饰地说："大凡世界各国，其

---

① 赵一白：《"兵农合一"制度：阎锡山的治民电鞭》，见文思主编：《我所知道的阎锡山》，中国文史出版社2003年版，第155—156页。

② 张鸣：《乡村社会权力和文化结构的变迁(1903—1953)》，陕西人民出版社2008年版，第75页。

③ 刘建生、刘鹏生：《山西近代经济史》，山西经济出版社1997年版，第423页。

④ 张鸣：《乡村社会权力和文化结构的变迁(1903—1953)》，陕西人民出版社2008年版，第71页。

行政网愈密者，其政治愈良好、愈进步"，"鄙人现在亟亟于编村制，意欲由行政网不漏一村入手，一村不能漏然后再做到不漏一家而一人，网能密到此处，方有政治可言"①。因此，阎锡山在各种场合大力宣传和推进"村制"建设，以期有利于自己的统治。在对山西各县知事的讲话中，阎锡山就强调"行政之本在村"，"知事欲求政治办好，必须编成有机体的村制，则进行方有把握"②。

由此可知，在阎锡山看来，行政网络的建立首先在于"村制"的编定和"村制"的顺利实施。为建立更为有效和成功的行政网络，阎锡山政府下大力气整顿农村，仅在一个编村之内便设置村长、村副、闾长、邻长。通过实施编村，阎锡山对自然村进行分化、组合，打破了山西乡村社会原有的社会结构体系，有利于把整个社会中最基层的村一级组织纳入国家正式管理系统，使得农村中每户、每人的财产、行动等都能由政府掌握和控制，如此这样，才能"使政令之施行，节节互相统制，臂指相连，自上而下，求施政的便利"③。到了这样的阶段，也就实现在他"统治下的山西土地、人民、军队三位一体，从下到上军事力量立体控制与教育化"④，在整体上"为其军阀统治提供一个稳定的社会环境，进而把山西建设成为一个政治稳定、经济发达和军事强大的独立王国"⑤。

"编村"的实施和行政网络的建立对阎锡山统治山西并从农村中攫取大量财富起到了重要的作用。"30年代曾在山西进行过访问的一些外国人说，阎锡山的警察力量非常之大，组织也严密，好像能把每个人都置于他的控制之下。"⑥

能达到这样的网络效果，其直接原因即在于，一方面，政府中管理农村事务的机构比比皆是。那些直接管理和控制农民的官僚机构就有村政处、考核

---

① 山西村政处编：《山西村政汇编》，1928年校印，序，第1页，山西省档案馆藏，类号A，编号0195。

② 《阎锡山对山西各县知事讲话》，见吴树滋、赵汉俊辑：《县政大全》，上海：世界书局1930年版，第11—12页。

③ 赵如珩：《地方自治之理论与实践》，上海：华通书局1933年版，第350页。

④ 朱前星：《阎锡山奴化理论剖析》，载《山西大学师范学院学报》2001年第4期，第41页。

⑤ 董江爱：《山西村治与军阀政治》，中国社会出版社2002年版，第88页。

⑥ [美]唐纳德·G.季林：《阎锡山研究》，黑龙江教育出版社1990年版，第139页。

股、区主任、小段主任、县知事等。他们在督导检查时,也都直接到户。县知事和小段主任,每月要下乡20天,此来彼往,应接不暇。正如民谚所云"头上顶的九层天,千查万问永没完"[1]。除了这些之外,从上到下,能管得上农村的行政机构那就更是数不胜数。另一方面,阎锡山政府针对农民的政策和制度是十分严厉的,这也是行政网络效果明显的原因。编村制度的实质在于行政网络的建设。为了达到有效控制农村的目的,阎锡山强调各级基层组织要把每一个人的财产、事业、举止看得住,并且拿得起。老百姓从吃喝拉撒到婚丧嫁娶,从种地打柴到婆媳吵架统统有人监视着。对于贩毒、吸毒、窝娼、聚赌、偷盗等"十种人",如果感化不成,则分别采取监视、取保、警戒和管教措施,所谓屡教不改的,就列为莠民,最后都送到"新民工厂"去强制劳动,这种工厂每县都有,实际上等于变相监狱。[2]通过村政改革及阎锡山的一步步推进,"山西的行政网络成了一张一张警察网络、税收网络和道德教化网络,通过这些网络,阎锡山最终把触角伸到了每一个山西人头上"[3]。

再从当时全国各地实行的农村公安与保卫方面来看。民国以来,很多省份为了维持农村的稳定,纷纷建立了农村公安与保卫组织,这样,在地方财政开支中,"公安经费及保卫团经费占最高百分比"。可是,"保卫公安的目的,原在使人民能安居乐业,但这样从农民身上不断地提取巨大的保卫、公安经费的结果,农民不但不能安居乐业,而且因为不堪苛重负担之故,反而增多铤而走险的分子"[4]。所以,各省不仅花费巨大,且造成了农村的更加动荡不安。在此方面,阎锡山政府却有着与其他省不同的特点。阎锡山往往不重视以高昂的花费去组建在农村并不起很大作用的公安团体和保卫团体,而通常以延伸到基层农村的严密的行政网络来管理农民,而在这个行政网络中,阎锡山以其独特的用人策略,又

---

① 刘建生、刘鹏生:《山西近代经济史》,山西经济出版社1997年版,第422—423页。

② 张鸣:《乡村社会权力和文化结构的变迁(1903—1953)》,陕西人民出版社2008年版,第73页。

③ 朱前星:《阎锡山奴化理论剖析》,载《山西大学师范学院学报》2001年第4期,第42页。

④ 孙晓村:《苛捐杂税报告》,见行政院农村复兴委员会印行:《农村复兴委员会会报》第12号,1934年5月,第9页。

使这一网络牢牢掌握在自己的手心。这样的话，阎锡山便能以较小的花费取得较好的基层社会管理效果。在阎锡山的行政网络中，还体现出一个很大的优势是，"在村政实施过程中，不断的他人教化、自我反省，自然少不了没完没了的检举揭发，高等级的人自觉地看着等级低的人，等级低的人想办法将等级高的人拉下来，大家互相监视着，比派上多少个奸细还有效得多"①。

就拿后来没有实行的"土地村公有"来说，这一制度实际上也包含着对农民的控制效果。如土地村公有实施之后，村公所就要发行无利公债，而这个无利公债是要全村农民共同来负担偿付之责的。换句话说，"如果村内多一个农民，便是多一个担负者，而每个农民所担负的债款也就减轻了一部分；反之，某一个村如果少了一个农民，也就是少了一个负担者，而每个农民所担负的债款也就增加了一部分。因此，农民们势必互相监视着，谁也不准离开原有的村落。地主富农们更可以把这个作为借口而监视中农、贫农、雇农的一切行动"②。因此，"土地村公有"也是阎锡山钩织庞大行政网络的继续，目的在于实现更加全面而严密的农村网络统治。

三、隐蔽性和策略性

阎锡山精于算计，即使是自己的政治行为，阎锡山也会把它看作是"一场有更大风险也更有利可图的买卖来做……为达到自己的目的不惜采用一切手段"③。但阎锡山又与其他军阀明显不同，他对农业和农民问题有着独到的认识，意识到对农民的过于明显的、表面化的剥削和压榨是会引起社会动荡以致革命运动的。他曾说："就最近农村破产的情形来看，自耕农降为半自耕农，半自耕农降为佃农雇农，土地确是在集中的过程，如此趋势，必激起土地所有者与土地使用者间的矛盾，不但使社会秩序不安定，并且使土地所有者不劳而获，坐享其成；土地使用者终岁勤劳，不得一饱，这在改革农业，增加农业生

---

① 张鸣：《乡村社会权力和文化结构的变迁（1903—1953）》，陕西人民出版社2008年版，第80页。

② 叶民：《土地村公有方案的实际意义》，载《中国农村》1936年第2卷第1期，第41页。

③ 苗挺：《三晋枭雄——阎锡山传》，中国华侨出版社2005年版，第1页。

产上是绝大的障碍。"①因此,对阎锡山来说,如何能够既达到充分剥削的目的,又不至于引来民众潮水般的反抗和暴动呢?

当时,从全国情况来看,山西政府的田赋和其他赋税征收办得较好。研究农村自治的学者梁溯溟先生在称赞山西村政之得力时说:"山西近几年参加几次战争,一切征发人夫、马车、粮草、筹饷、募债,得力于村政府者非常之大。一个命令立时可办,这几乎是山西政府中人交口赞叹的。"②当然,这里所说的人夫、马车、粮草、筹饷等等无一不是出自农民的血汗,可是,有一个现象却是,"晋省向称瘠苦之区,近来虽军务迭兴,差徭繁重,而于田赋一项,仍不贸然增加。总计各县附加之数,少则附加七角,多者八九角,至多不过一元之谱,核诸正赋,仅及其半,亦有不及半数者,此皆在前清时已加,或在民国时十七年所加者也"③。从这个资料中可看出,在山西,对于田赋一项政府并不贸然增加。那么,阎锡山要打仗,钱从何来?可见其中必有蹊跷。通过对史料的研究和分析,可以发现,正是阎锡山在田赋征收上的欺骗性和策略性,使人们忽略了他剥削农民的残酷性。他把一部分田赋负担转移到其他形式的负担上,通过这种手段,一步步化解了本来十分沉重的农村负担,掩盖了他残酷剥削农村的本性。这些被阎锡山用来分解田赋负担的手段通常有苦役、差徭、军需与"兵差"等等。

借用"村制"的幌子和"编村"在组织上的优势,阎锡山经常以劳役负担的形式变相剥夺山西农民,这其中以修建山西同蒲铁路最为典型。在修筑同蒲铁路中,阎锡山"采用了种种手段、对山西广大民众进行了剥削和强压"④。

以下从同蒲铁路建设中对劳力的使用和物资的使用两个方面揭示阎锡山政府剥夺农民的真实面目。

首先,从劳力的使用上来看。阎锡山在1928年制定了修筑同蒲铁路的计

---

① 阎锡山:《防共与解决土地问题》,见《土地村公有问题言论集》,第3页,山西省档案馆藏,类号A,编号0190。

② 梁漱溟:《北游所见记略》,见《梁漱溟全集》,山东人民出版社1991年版,第895页。

③ 张一凡、潘文安主编:《财政金融大辞典》,上海:世界书局1937年版,第81页。

④ 景占魁:《阎锡山与同蒲铁路》,山西人民出版社2003年版,前言。

划，整个费用约计7400余万元，靠南京铁道部投资没有可能。在这样的情况下，阎锡山确定了"以兵工修筑为主，招工包修为辅，路基修筑尽量用民工"的工程计划，①这就势必要使用大量的徭役。当时，"接近路线的庄村，须按闾抽丁，不管农忙与否必得应征；较远县村，须应雇车辆搬运材料"②。所以，各县政府都设有徭役局，每日派差。人力、马车，都要出动。各村各户叫苦不迭，又不敢违令。老百姓编了民谣发牢骚，说同蒲铁路是"穷苦铁路"③。对于劳役的征集和物资的筹集，阎锡山政府往往实行严厉的军事管理，"限于若干小时内要人或要车若干，必得如数交到，否则依军法从事……时值雨潦时期，山水时涨，毁车丧人或人畜并被山水冲去之事，时有所闻"④。

除了几乎所有的路基建设都要靠雇用农民来进行之外，随着铁路修筑的进展，各方面劳力的需求也越来越大。1934年同蒲铁路总指挥部发布的《民国二十三年晋绥兵工筑路年报》中记述："本部本年因路基之修筑以及南北段之铺轨日益展长，太介段、介霍段先后通车，员工人数增加不少"，"兹就本部本年委任及去年原有之员司统计之共为1134人，雇用工役共为2230人"。可见同蒲铁路的修筑中仅一两年内从事劳役人数之多。那么，从指挥部随后发布的"晋绥兵工筑路总指挥部所属各机关现有各项工役人数统计表"中可知，当时工役的具体工种主要有：库守，传事，司炉匠，装车匠，锅炉匠，检车匠，抽水机匠，黑油机匠，浇油匠，木匠，铁匠，飞班大工头，道班大工头，瓦匠，信号夫，测夫，差役，材料夫，马夫，行李夫，更夫，抬煤夫，看火夫，扫车夫，搬运夫，伙夫，闸夫，杂役，拉火夫，擦车等等。⑤实际上，每一个工种都浸透着农民的斑斑血汗！所以，考察山西的学者说："我们没有看见过山西农民有自愿帮助筑路的情绪……他们苦于绥靖公署的任意派工和派差。名义叫作雇用，实际比拉差还

---

① 侯伍杰主编：《山西历代纪事本末》，商务印书馆1999年版，第890-891页。

② 悲笳：《动乱前夕的山西政治和农村》，载《中国农村》第2卷第6期，1936年6月，第67页。

③ 张健民：《阎锡山与同蒲路的资源配置》，载《沧桑》2002年第4期，第49页。

④ 悲笳：《动乱前夕的山西政治和农村》，载《中国农村》第2卷第6期，1936年6月，第67页。

⑤ 晋绥兵工筑路总指挥部印：《民国二十三年晋绥兵工筑路年报》，第87页，山西省档案馆藏，类号O，编号0019。

要凶些……因为由于绥靖公署主办的关系,完全充满了军事色彩。"[1]

其次,从物资的使用上来看。阎锡山修筑同浦铁路,除一些物资必须购买以外,"筑路需用的诸如木桩、石料、砖瓦、铁料以及泥沙等材料,则均由沿线各县摇役局派差出车拉运到施工地点",尤其在修筑同蒲南段时更是如此[2]。就农民所耗费的财物而言,当时"平均以每天每辆7元车价计算,那么农民每往返一次即得净贴车价大洋46元之多……山西某县应雇的车辆共计60辆,前后费时有四个多月之久,共贴车价大洋2万7千余元"[3]。贫苦农民衣食尚难保证,哪里有多余的钱财为阎锡山去修这个要命的铁路!

另外,从铁路修建的成本来考虑,购买修路所用土地也是一笔不小的开支。但在这一方面,阎锡山基本没有花费什么,因为从农民那里购买用于修筑铁路的土地,不但地价被压得很低,而且不给现款,只发期票。当局把征用到的土地分为甲、乙、丙三等,每亩只分别补给30元、20元和10元,青苗费另外加2元。按当时山西农村土地的买卖行情,土质好可浇灌的水地,头等地每亩至少得花150元。即以100元一亩甲等地算,每亩就要少给农民70元。[4]仅此一项,农民已是损失惨重,很多人由此失去了赖以生存的宝贵土地。

"兵差"及其他差务是阎锡山转移农民负担的另一种方式。

民国以来,由于军阀战争,中央军与各地的地方军频繁出动、调遣,战争连年。与此同时,各地的土匪也趁机出动、趁火打劫,不断祸害百姓。如此一来,兵也害民,匪也是害民,兵匪混杂,兵亦是匪,匪亦是兵,祸害百姓的到底是谁,乡民们也分不清楚。这就是说,农民要发泄心中的愤怒,可该向谁发泄呢?是中央军还是地方军?是兵痞还是土匪?是县长还是阎锡山?农民们无所适从。不过,农民的无奈却正好给了阎锡山政府搜括民财的机会,也顺便掩盖了阎锡山政府剥削农民的军阀本质。利用"兵差"及其他差务的形式,阎锡山又一次减少了农民对他的反抗情绪。

---

① 悲笳:《动乱前夕的山西政治和农村》,载《中国农村》第2卷第6期,第67页。

② 王晓华、李占才:《艰难延伸的民国铁路》,河南人民出版社1993年版,第93页。

③ 悲笳:《动乱前夕的山西政治和农村》,载《中国农村》第2卷第6期,第67页。

④ 景占魁:《阎锡山与同蒲铁路》,山西人民出版社2003年版,第34页。

对于山西的"兵差"，上文已多有叙述，现予以简要介绍。

在阎锡山的统治下，无论中央政府还是地方政府的军费，最终都会落在农民的头上。到30年代初期，山西的105个县，县县有"兵差"负担，而且所负担的种类繁多，"除骡大、挑夫、兵丁、钱币外，派征的实物近百种，甚至连化妆品、海洛因、女人也要地方人民供给……19年10月至20年3月初的5个月当中，闻喜、襄垣、屯留、沁县等县，平均每县的兵差费为67万元，为地丁正税的22倍。19年10月至22年6月底，屯留县农民，除正常捐税外还要额外负担军饷和粮秣，共摊派面粉2 033 105斤，小米2 306 520斤，玉米面1 130 910斤，麸子55 875斤，谷草共计4 852 930斤，还有大洋36 356元"①。

山西境内的其他差务也较繁重。有记载称，"本省差务，向分兵差、兵流差、流差三种，所需车骡，均由经过县份支备，由各县财政局代办，而支应办法，参差不一，流弊滋甚，为县地方最大漏卮"②。从这一记载可看出，政府外出办事所需车马装备等物盖由各村农户直接承担。在当时阎锡山政府机构臃肿、公务人员众多的情况下，农户的负担可想而知了。

这样，一方面，混乱复杂的局面掩盖了阎锡山政府的剥削本质，另一方面，剥削形式的多样化也直接减轻了农民在粮食和金钱方面的最严重的生存压力。

阎锡山政府利用这一方式暂时稳住了自己的统治。

隐蔽性是阎锡山田赋征收的一个方面，而策略性也是他征收的重要特点。

首先，为了尽量避免在田赋征收过程中官员的贪污行为，阎锡山采取了一些相应的举措。例如，为了铲除旧日官僚贪污腐化的恶习，阎锡山抓住地方官员最容易犯罪的地方收支方面，规定地方一切收支不仅要向上级交代，而且至少在程序规定上也要向村民交代。阎锡山这样做的目的，就是尽可能减少官吏的中间盘剥，使农村社会中包括以田赋为主的各种资源都直接置于军阀政府的控制之下。③

---

① 山西省史志研究院编：《山西通志》（第7卷，土地志），中华书局1999年版，第484页。

② 《一年来之财政工作状况》，见《太原日报三周年山西书局一周年联合纪念册》，1935年版，第42页。

③ 董江爱：《军阀首脑与村治领袖——论山西省治与村治的关系》，见王先明、郭卫民主编：《乡村社会文化与权力结构的历史变迁》，人民出版社2002年版，第289页。

　　阎锡山历来重视县地方官员自身的公正廉洁，在全省范围内采取了严格的县回避制，规定县知事（后来被称作县长）不能在本县任职，又规定承政员、承审员均回避原籍400里，主计员回避原籍200里，县视学、宣讲员、收发员均回避本县。①一般情况下，山西全省的县知事、县长基本上是本省人，各县佐治人员也几乎完全为山西人。但如果县知事、县长由外省人担任时则由本省籍的佐治人员加以监视，佐治员将外籍县长的举动定期向阎锡山汇报。②这样，阎锡山任用的县长基本都是自己能够控制得住的省内人士，同时，县长与佐治人员之间互为牵制的局面也限制了双方各自的公务腐败，基本保证了农村田赋等税费及时、足额到达阎锡山政府的金库。

　　在任用干部征收田赋上，阎锡山也有自己的一套做法。阎的选用干部是他数十年的得力经验之一，他常说"有干部即有政权"。他的一套做法是不选尖子，认为尖子不好驾驭，不能乖乖听话；也不用奴才式的人物，认为奴才听话有余而办不了事。他曾自鸣得意地说过这样的话，我治理山西多少年始终掌握这么一条原则，要把山西三个"道"（旧日的山西行政区域规划分冀宁、雁门、河东三道）的能跟我共事的人才都用上。所谓"能跟我共事的人才"就是指的既非尖子式的又非奴才式的人物而言。③在各行业选拔领导人物时阎锡山都贯彻这样的用人原则，包括选拔农村负责征收田赋的村干部也是如此，这样便达到了既能顺利征到赋税，又尽量不会有阴谋诡计和贪污受贿的事情发生。

　　其次，阎锡山在田赋征收上的一些做法也有利于田赋工作的进行。抗战时期，中国共产党在田赋征收上提出的"合理负担"曾在农村社会产生了重要的作用，对中国共产党领导抗日革命斗争并最终取得胜利具有不可忽视的意义。但有一点需要提到的是，实际上，"合理负担"这一赋税征收的说法最早是

---

　　①　方扬：《地方自治新论》，福州：教育图书出版社1947年版，第143—148页。

　　②　王奇生：《民国时期县长的群体构成与人事嬗递——以1927年至1949年长江流域省份为中心》，载《历史研究》1999年第2期，第104页。

　　③　徐崇寿：《在阎锡山身边工作的见闻》，载山西省政协文史资料研究委员会编：《山西文史资料》第47辑，1986年9月版，第24页。

由阎锡山提出的。抗战初期，为了筹集战争费用，阎锡山想到了一个临时向农村摊派款项的办法——合理负担，具体内容是："有钱出钱，大家出力，赚钱多的应该多负担，财产多的应该多多负担，得利钱的应重重负担。"其摊派的办法，是按财产把村分为十一等，户分为十九等分配；特等户按财产情况直接由县分配。阎提出这个办法本来只是为了宣传，并不准备实行的。但中国共产党认为这个办法比过去按田赋、按地亩摊派的办法好多了，而且和我党历来主张的统一累进税的原则，基本是相符的，因而采用了这个办法，在各个根据地推行开了。①当然，不管阎锡山最终实行与否，"合理负担"的提出在当时已属不易，至少也表现了阎锡山在田赋征收上的策略性和灵活性，这是值得借鉴的地方。

另外，相比其他省份而言，阎锡山政府更倾向于采用鼓励的手段而不是以法律严惩的手段让地方官员做好政府事务。阎锡山本人"深信专用严法，是不能成功的"，"法律的功效，只能禁人为非，不能使人为善，只能使人恐惧，不能使人乐从"②。因此，在阎锡山统治下的各县政府往往采取加大对征收人员奖励的办法来促进田赋的征收。虽然在南京政府制定的田赋征收考成条例中规定了对于在田赋征收上有成绩的官员予以奖励，但条例中并没有规定具体的奖励力度，各地奖励标准也不一致。山西省政府注重奖励，各地县政府纷纷出台力度较大的奖励措施促进田赋征收，如安邑县在《村粮征收章程》第二十一条中规定："村长副督催钱粮应由县署择其竭力奉公扫数最早者从优奖励以示鼓舞。前经呈准在征收费内每年提存大一百二十元专作奖励村长副之需，嗣后无论何人来宰斯邑不得私自裁减。"③

由以上可知，阎锡山政府以严密的行政网络为赋税征收的社会基础，辅之

① 戎子和：《晋冀鲁豫边区财政工作回顾》，见《山西革命回忆录》（第4辑），山西人民出版社1986年版，第73页。

② 《阎锡山对山西各知县讲话》，见吴树滋、赵汉俊辑：《县政大全》（第5编），上海：世界书局1930年版，第5页。

③ 《村粮征收章程》，见景定成主修：《安邑县志》（第4卷《田赋税略》），1934年2月编修，山西省运城市盐湖区档案馆藏。

以一定的征收策略，采取了多样化的方式对农村进行全方位的剥夺，从而掩盖了自己大量攫取农村财富的事实，这一点正是阎锡山田赋征收的实质。

小　结

地方政府是中央政府在形式、职能等方面的延展，它的经济和政治行为直接影响和决定着政府与农村社会的关系。研究阎锡山政府时期的山西田赋征收，分析当时特定环境下的地方政府处境与行为，对于更好地理解这一时期政府与农村社会的关系有重要的意义。

阎锡山掌握山西政权之后，在落后的内陆省份——山西实施了以"六政三事"和建立"编村"为主的"村政"建设，但是，大多数的"村政"措施在实施过程中由于各种原因并没有落到实处，且很多措施只涉及村容村貌、农民的日常举止行为，同时，由于当时的山西农民也同全国各地农民一样，生活也是十分贫穷，不会有多余的资金投入到改善生产中去，因此，"村制"建设并没有给山西农村社会带来根本的变化，山西社会封闭、落后的状况也没有根本的改变。

不过，"村政"建设虽然没有取得预期的效果，但在阎锡山进行农村改制的过程中，田赋征收方面的某些新变化是一个值得注意的所在。尽管山西农民的负担也在一直增加，并且阎锡山的一些做法也不一定合理，但是这些做法至少在理论上还是有自己的特色。当时，阎锡山政府在税收征管方面"对中央规定多改头换面，对县属则令必行，行必果，管理严紧"，确立了县长直接领导下的以村长为中心的村庄管理体制和"以村为纲"的田赋征收体制，把握住了田赋征收的方向。此外，阎锡山加强对基层财务的稽查和监管，在很大程度上减少了贪腐行为的发生，这也是值得借鉴的地方。

当然，在研究阎锡山政府田赋征收的时候，对阎锡山及其政府的剥削本性也要有清醒的认识。田赋征收中所体现出的行政网络和隐蔽性是研究中应重点关注的问题，与此同时，本章对阎锡山在赋税征收中所体现出的某些策略也予以一定的关注，比如说，为了尽量避免在田赋征收过程中官员的贪污行为，阎锡山采取了一些相应的举措；阎锡山提出的"合理负担"的田赋征收方式对于农村赋税的顺利征收是比较有利的；另外，相比其他省份而言，阎锡山政府更倾向于采用鼓励的手段而不是以法律严惩的手段让地方官员做好政府事务,这种做法也利于农村赋税的征收。

第五章 CHAPTER FIVE

农民角色：一个贫困阶层的
纳税心理及行为

　　社会学认为："每一种社会地位为其占有者在社会生活中定义了一个角色。这个角色便是人们行动的蓝图或模板，它们指定在社会地位中所承担的权利和义务。"①这就是说，社会地位为生活中的每一阶层确定了自身的角色、行动甚至权利和义务。譬如拿农民来说，只有当这些种田人"受制于他们之外的社会阶层的权势者的需要和制裁的时候，我们才能够恰当地说他们是农民"②。

　　在中国以及整个世界，农村是研究国家与社会关系的重要单位，其中，农民又是这一研究领域中最重要的因素之一。而在国家与农民的连接纽带中，税收正是最主要的形式。至少在近代，"农民家庭账目中一个重要的

　　① ［英］杰西·洛佩兹、约翰·斯科特：《社会结构》，允春喜译，吉林人民出版社2007年版，第43页。

　　② ［英］弗兰克·艾利思：《农民经济学——农民家庭农业和农业发展》，胡景北译，上海人民出版社2006年版，第5页。

组成部分是政府税收"①。农民是乡村种田人，通过税收的形式，"他们的剩余被转移到统治者集团"②。

---

① [美]米格代尔：《农民、政治与革命：第三世界政治与社会变革的压力》，李玉琪、袁宁译，中央编译出版社1996年版，第86页。

② [英]弗兰克·艾利思：《农民经济学——农民家庭农业和农业发展》，胡景北译，上海人民出版社2006年版，第7页。

第一节　农民的生存状况

ERSHI SHIJI ZHI ZHONGGUO

一、各地农民的普遍生存状况

在考虑特定时期农民田赋交纳的行为及心理之前，对这一时期农民的普遍生活水平的分析和论证是十分必要的，这不仅是因为"农民收支平衡与否以及农民衣食住行的生活标准，是农村社会经济发展程度的最终体现"[1]，直接决定着赋税交纳的数量和进程，而且，在很多情况下，赋税的征收往往又反过来在很大程度上影响着农民的生活，甚至，"在一个内向型农村中，假定农民的技术水平是固定的，资源也已充分利用，但只能勉强维持生存的话，那么任何一种税收增加都将导致农民陷入绝境。[2]

影响20世纪二三十年代农村经济和农民生活的因素错综复杂。从宏观上来看，时代环境的影响占有很大的成分。有关研究表明，"在1840年—1949年期间……从财政方面看，一方面政府腐败所造成的开支浩大和赔款都使支出大为增加，另一方面工业的不发展又使政府的财政收入仍然主要来自农业，农

---

①　李金铮：《近代中国乡村社会经济探微》，人民出版社2004年版，第203页。

②　[美]米格代尔：《农民、政治与革命：第三世界政治与社会变革的压力》，李玉琪、袁宁译，中央编译出版社1996年版，第86页。

业赋税不断加重……遂使农村经济在1840年以后不仅没有享受到工业文明因素进入中国所应带来的帮助,而且呈现出衰退和萎缩。①此外,还有一个客观原因是,20世纪二三十年代,我国各地自然灾害频发,北方往往连年旱灾,而南方则经常洪涝不断,农村经济受到直接的破坏。

同时,还有几个具体因素应当被考虑。首先,在当时,大大小小的军阀为了夺取地盘和财富,长期兵戎相见,战火遍布华夏大地,战争的肆虐和蔓延疯狂地侵吞着农村的财富。在连年战争的同时,匪患又充斥着各地农村。在军阀烧杀抢掠后的贫瘠土地上,土匪与强盗再一次进行蹂躏和掳掠,农民们连生命的存在都已是很不容易的事情,何谈生存状况?其次,地主豪绅的奢侈生活和不断加剧的压榨剥削直接影响着农民的生活。在当时物质文明还不很发达的时代,"地主豪绅的生活也日渐奢侈,同时又因捐税的加重,地主豪绅乃加紧向农民榨取,以满足他们的私欲,榨取愈厉害,农民愈穷困,农村经济也崩得愈快"②。

另外,世界经济的发展状况也对中国农村和农民生活有严重的影响。20世纪二三十年代,世界经济受到西方资本主义周期性经济危机的影响,整体上处于大萧条时期,中国经济也未能避身于外,"农村首先受到冲击,农业品和原料比工业品跌价迅速……1931年—1934年中国农村经济大大衰落,农产品从1931年—1934年下跌了47%"③。

毛泽东说:"国家的赋税加重,地主的租息加重和战祸的日广一日,造成了普遍于全国的灾荒和匪祸,使广大人民和城市贫民走上求生不得的道路。"④这是对影响当时农民生活的一个精辟阐释。

对于近代农民的生存状况,学界已多有讨论。不过,从整个近代来看,"我

①　武力:《试论1950年代大陆土地改革中的政府作用》,见朱荫贵、戴鞍钢主编:《近代中国:经济与社会研究》,复旦大学出版社2006年版,第228页。

②　归廷铨:《农村经济没落之原因及其救济方案》,载《东方杂志》1935年第1期,第1页。

③　[美]帕克斯·M.小科布尔:《江浙财阀与国民政府(1927—1937年)》,蔡静仪译,南开大学出版社1987年版,第99页。

④　毛泽东:《星星之火,可以燎原》,见《毛泽东选集》(第1卷),人民出版社1991年版,第101页。

国农民收入很低,而各种负担却非常沉重,因此农民生活极端贫困"[1],这一点应该是没有疑问的。

除了生产力不发达之外,决定农民生活水平的最重要因素是土地的缺乏。当然,土地的缺乏"一方面是由于耕地的不足,但另一方面最主要的是由于耕地的分配不均……一九二七年国民党土地委员会的报告,称土地分配的情形为三十亩以下之贫农与中农占总人数69%,而所有地仅占耕地面积19%。三十亩至五十亩之富农占总人数16%,而所有地占17%,五十亩以上之小中地主与大地主合计仅为总人数15%,而占有地则为62%之多,土地分配之不均特甚"[2]。而且,更为糟糕的是,这种土地分配不均的状况仍然在继续恶化。看下表:

表5.1   22省农民无地化趋势(%)

时期	合计	自耕农	半自耕农	佃农
1912	100	49	23	28
1931	100	46	23	31
1936	100	46	24	30
1947	100	42	25	33

资料来源:严中平等《中国近代经济史统计资料选辑》,科学出版社1955年版,第276页。

表中显示,民国元年,我国各地的自耕农还占农户总数的49%,佃农仅占28%,而到1931年自耕农总数则降为46%,佃户则上升为31%。到统计结束时的1947年,自耕农人数又明显减少,而无地的佃农人数却占到了农村人口的1/3。没有土地的农民只有被地主富农剥削,他们的生存状况可想而知。

不过,就拥有土地的一般农户来说,其境况也好不了多少。土地收入非常有限,而税捐等各种支出纷至沓来,压得农民缓不过气来。这一点从下面两个表格中可以看出。

---

① 章有义:《抗日战争前我国农民租税负担的估计》,载《中国经济史研究》1991年第4期,第27页。

② 李景汉:《中国农村土地及农业经营问题》,载《东方杂志》第33卷第1号,1936年第1期,第147页。

二十世纪之中国——乡村与城市社会的历史变迁

表5.2 1933年全国农业收入和农民负担(不包括台湾;单位:千元)

农业收入		16 066 737		农民负担占农业收入%
农民负担	6 658 380	田赋及附加	1 613 534	10.04
		其他税捐	1 037 272	6.46
		临时摊派	550 000	3.42
		地租	3 457 574	21.52

资料来源:农业收入即总产值的数字采用当时巫宝三先生应国家统计局之约所作的修正估计;田赋及附加和临时摊派的数字来自《中国近代农业史资料》第三辑初稿;其他捐税的数字来自《最近各省市县地方预算分类统计》和《二十五年度各省市县地方预算分类统计》;地租的数字出自《中国近代经济史统计资料选辑》。转引自章有义《抗日战争前我国农民租税负担的估计》,《中国经济史研究》1991年第4期,第27页。

在农民全年的收入中,要交纳的赋税与地租即占到40%以上,再加上从事农业生产所消耗的成本为20%,那么,农民用于生活的支出还不到总收入的40%,由此可见农民生活的贫困程度。

表5.3 1934年部分省份农家收入相抵与否户数百分率表

省份	调查总户数	收支有余(%)	收支相等(%)	收支不敷(%)	调查不明(%)
山西	7076	23.39	25.64	47.84	3.14
陕西	65 064	25.10	41.25	33.32	0.33
山东	255 692	25.09	48.75	25.36	0.80
河北	176 339	33.01	28.38	38.41	0.20
河南	156 226	32.69	36.62	30.09	0.60
江苏	252 232	19.10	45.30	34.86	0.74
湖北	113 547	26.94	35.86	36.34	0.86

资料来源:《中华民国史档案资料汇编》(第5辑第1编第7册),第36页。

从表中反映的全国情况来看,各省农户中收支不敷的大多占到了农村总户数的30%以上,更有甚者,山西省有近一半的农户入不敷出,这大概是对阎锡山"村制"建设的莫大讽刺吧!

在整个20世纪30年代前半期,农村经济衰败的趋势加剧,土地集中程度更为严重,农民生活状况更加恶化。1934年,在全国,地主占总户数4%,占地50%(东北除外);富农占总户数6%,占地18%;中农占户数20%,占地15%;贫雇农占户数70%,占地17%。[1]同时,"水灾、旱灾、土劣、警吏所交织的天罗地网,把农民束缚得不能动弹了。他们终年的劳作,还不能求得一饱"[2]。以河南为例,"近年来天灾人祸(水灾旱灾以及土匪兵乱)交相降临,促使河南农村中贫困的程度日益加深,富农变为中农,中农变为贫农,贫农沦为无产者的事实,已似狂涛一般地不可遏制"[3]。对此,国民党大员孙科无奈地说:"鉴于我国农村经济崩溃,在于农民不能自给,而农民不能自给之原因,又在无土地以资耕种,无良好真技术以资应用,无相当资力以资周转。"[4]

为了真实了解全国农民的生存状况,30年代中期,驰名中外的华洋义赈会在江苏、浙江、安徽和河北四省对当地农民的年收入做了详细调查,结果如下:

表5.4 农民每户每年平均收入调查表(单位:元)

家庭分类区域	有三亩以下土地的家庭	有三亩至五亩土地的家庭	有六亩至十亩土地的家庭	有十一亩至二十五亩土地的家庭	有二十六亩至五十亩土地的家庭	有五十亩以上土地的家庭
江苏	40	81	141	341	539	1535
浙江	96	110	151	210	383	924
安徽	60	73	90	131	160	800
河北	14	24	38	71	185	832
合计平均	52	72	105	163	314	1022

资料来源:华洋义赈会曾根据四省(江苏、浙江、安徽、河北)九县(仪征、吴江、江阴、鄞县、宿县、遵化、邯郸、冀县、唐县)六千三百零六家农户的每年收入数字,统计出四省农民收入。见张柏香《整理田赋应规定农民生活最低限度》,《东方杂志》第32卷第1号(农),1935年,第57页。

---

[1] 章有义:《中国近代农业史资料选辑》(第3集),三联书店1957年版,第746—747页。

[2] 余庆棠:《农村生活丛谈——无锡北夏农民生活漫谈》,《申报》1935年11月13日第7版。

[3] 行政院农村复兴委员会编:《河南省农村调查》,上海:商务印书馆1934年8月版,第18页。

[4] 《申报》15日中央社电《农民资力问题》,载《申报》1936年4月16日第6版。

上表显示,不管在南方还是在北方,少地(或无地)农民与地主间的年收入差距已十分巨大,反映出当时全国普遍的贫富悬殊。尤其在北方地区,即使拥有三四十亩土地的普通农家,年收入也仅有一百多元,如安徽的宿县与河北的遵化、邯郸等县,遑论少地或无地农家。

二、20世纪二三十年代山西农民生活水平分析[①]

近代农村社会经济一直是史学界的热门研究话题,相关成果已有不少,其中,对华北农村社会经济的探究尤其显示了蓬勃的学术生机,这让史学研究者感到十分振奋。但是,欣喜之余,笔者仍感觉其中有些问题还需要进一步探讨,尤其是在近代山西农村社会研究领域,目前仍有一些不尽如人意的地方。这种状况促使笔者决定以探究南京政府时期山西农民的生活水平为出发点,对当时农村赋税征收中山西农民的心理和行为进行深入研究,以期获得理想中的学术成果。

1.20世纪二三十年代的山西农村经济

山西省深处内陆,由于四周群山大河环绕的特殊自然环境和历来形成的独立封闭、安于统治的民众心理,因此近代社会、经济发展相对来说较为迟缓,体现出典型内陆省份的特点。时人有评论说:"山西的一切,所谓娘子关内的事情,自来对于国人就是一个大谜。"[②]所以,以现代人的眼光来研究和考察20世纪二三十年代山西农民的生活水平,对于了解当时山西甚至全国的社会经济情况是很有必要的。

总体来看,近代中国农村社会处于贫困和动荡不安的状态。"辛亥革命后,由于政治混乱,战争频仍,以及以日本为代表的帝国主义列强对山西的经济掠夺,还有阎锡山军政府的竭泽而渔的财政榨取,再加上自然灾害,山西经济在清末衰败的基础上进一步恶化……广大人民群众在苛捐重赋下生活进一步

---

① 张启耀:《南京政府前期山西农民生活水平分析》,载《中国经济史研究》2009年第1期,第119—125页。

② 悲笛:《动乱前夕的山西政治和农村》,载《中国农村》1936年第6期,第59页。

恶化。"①因此,农村经济自近代以来所呈现的基本轨迹是无可避免地走向崩溃和破产。进入20世纪后,这种趋势表现得似乎更加明显。就二三十年代而言,内战几乎没有停止过,大半个中国直接处在战火硝烟之中。不久,严重的世界经济危机又波及和冲击中国,农村地价与粮价双双大跌,农户谋生无着,再加上频繁的自然灾害,致使"人民穷困,几至不可存活"。②以抗战前的1933年为例,当时,"农村破产,日益剧烈,农民痛苦,日益深刻,各乡村普遍了一种兀臬不安的现象"③。因此,有学者讥讽说:"一九三三年是各方高唱农村复兴的年头,同时也就是农村崩溃最急遽的时候。"④

这一时期,山西农村同样呈现一派衰败的景象。但是,在此需要指出的是,在阎锡山统治的早期,山西地区有一些周围其他省份所没有的特殊之处。由于"晋民性俗……民国以来,又夙擅有模范省之誉,教育颇发达,受教育的颇多;人知自好,鲜蹈法犯刑之事。人民质朴勤勉"⑤。而且,在近代后期,整个山西地区基本上一直处于阎锡山的管辖之下,军阀势力单一,统治权相对集中,再加上阎锡山在统治初期曾踌躇满志,致力于"村制"改革,因此,整个山西的社会秩序相对较为稳定,在全国农村社会不断衰败的过程中,山西的农村和农业曾出现过一定程度的短暂复兴,取得了一些发展,农村生产及生活状况也有一定的改善。有学者认为,"从1932年到1937年的这五年……全省的农业经济有很大发展"⑥。从历史的记载来看,当时山西农村社会短暂的繁荣也可以寻出一些蛛丝马迹,如《太谷县志》中记述:"民国七年秋,余来守太谷,入其境,见村落缜密,有民物殷阜之象……及于此邦人士接洽,兼讨求其掌故,知人才辈出……洵风淳俗厚,泱泱乎犹有陶唐氏之遗。"⑦

①　武静清、陈兴国:《十九世纪末二十世纪初叶山西财政与经济》,中国财政经济出版社1994年版,第101页。

②　王毓霖:《经济统计提要》,1935年版,出版社不详,序言。

③　董汝舟:《中国农民离村问题之检讨》,载《新中华杂志》1933年第9期,第36页。

④　何冰:《今年国内外经济之展望》,载《申报》1934年1月1日第38版。

⑤　周宋康:《山西》(分省地志),上海:中华书局1939年版,第77页。

⑥　山西省史志研究院编:《山西通史》(第7卷下编),山西人民出版社2001年版,第464页。

⑦　刘玉玑、仇曾祜修、胡万凝纂:《太谷县志》(第1册),成文出版有限公司据1931年铅印本影印,序言。

不过，阎锡山的"村制"改革并非治本之策，它重在于对农民进行军事化管理以为其所充分利用，而并非真心为农民疾苦着想，而且"土地村有，在农村改造的课题之下是一副崭新的面目，但是，还是一套旧戏新做"①。即使有些措施在农村有一定使用价值，但它们往往强调和重视的又只是一些经营农业的小技巧，所以所谓的改革实际上作用并不大，再加上阎锡山穷兵黩武的军阀本质以及出于保护自身地位而把自己仅有的一点改革成果用于支付持续不断的军阀战争的费用，致使"山西一省自军兴以来，民穷财尽"②。如果稍遇到自然灾害，农村经济便彻底崩溃。南京政府行政院文件中曾记载了20年代末晋南灾荒的情况："全省之灾以河东为重，河东又以西南两方面为极重……十七年大旱夏秋两季均颗粒无收……亲见妇孺遍野掘草根剥树皮以为食，若今春再旱，则全年又成凶荒。"③更为惨痛的是，在进入30年代后，全省地价大跌，"山西上等水田每亩平均为42.92元，比全国的平均水平76.4元低33.48元。上等旱地在全国平均为每亩42.3元，山西为最低，每亩仅15.94元"④。极度贫困的农村经济引起了农村社会的日益动荡，原来那种"风淳俗厚"和"民物殷阜"的农村社会已经看不到了。虽然山西具有如国民政府所极力标榜的"模范省"形象和地方政府极力推崇的"讲究村范"，但是统治阶级仍然在慨叹"乡村之安宁尚觉有逊于曩昔……吾人甚希望有地方自治责任者力谋改善区村之现状以树之风声也"⑤。如果到山西中部看看，"那么一片一片的废墟荒丘，便会呈现在你的视野中"。如在上文提到的太谷县，"北堡村在六十年前，村中有一千三百户人家，三十六家大小商号，房屋有一小部分是瓦房，其余多是楼房……而今呢！只有去从废墟中找人家。共计残存的人家，只有六十户，商店连一家也没

---

① 邓达章：《评阎锡山之土地村有论》，载《中国经济》1935年第12期，第1页。

② 1929年4月行政院档案《王瑚报告晋绥两省灾情给行政院的呈文》，见《中华民国史档案资料汇编》第5辑第1编第7册，江苏古籍出版社1991年版，第474页。

③ 1929年4月行政院档案《王瑚报告晋绥两省灾情给行政院的呈文》，见《中华民国史档案资料汇编》第5辑第1编第7册，江苏古籍出版社1991版，第473页。

④ 《农情报告》1935年12月第3卷第12期，中国第二历史档案馆藏，全宗号36-2，案卷号165。

⑤ 《区村考》，见景定成主修：《安邑县志》（卷1），1934年2月编修，第8—9页，山西省运城市盐湖区档案馆藏。

有了……据事实:这些人家,绝少迁移,大部分都是死亡了"①。这些都是当时学者站在客观公正立场上对山西农村社会的真实写照。

2.山西农民的生活水平

很多学者认为中国近代社会经济的发展卓有成效,但农村的整体贫困化是毋庸置疑的,山西农村也不例外。就连统治山西的阎锡山本人也说:"年来(指1935年以来)山西农村经济整个破产,自耕农沦为半自耕农,半自耕农沦为佃农雇农,以至十村九困,十家九穷。"②

具体就南京政府前期山西农民的生活水平而言,从以下三个方面以真实的史料对之进行详细论证与分析。

(1)农户的收支状况

家庭的收入和支出状况是衡量生活水平的重要尺度。由于土地又是农户收入的唯一或者说最主要的来源,因此下面先来通过观察20世纪30年代初期至中期山西农户的耕地占有量来进一步了解他们的年收入状况。

由前述可知,就全国范围来看,山西省在1931年时虽然每农户平均占地亩数较高,达到每户32亩,仅次于黑龙江、吉林、绥远、察哈尔、热河、新疆等省,远高于全国平均的每户21亩的数额,但是,山西的土地贫瘠、干旱,再加上土地集中程度在进入30年代后又比较高,土地大多掌握在地主富农手中,因此,普通农户的生活还是非常艰难的。结合下面表格来进一步分析。

表5.5　山西省主要作物每亩收获量表(单位:斤)

作物	籼稻	糯稻	玉米	高粱	小米	大麦	小麦	大豆	棉花
收量	246	243	147	127	114	113	104	67	26

资料来源:毕任庸《山西农业经济及其崩溃过程》,见《中国农村》第1卷第7期,1935年4月,第57页。

上表显示了20世纪30年代前半期山西主要农作物的普遍亩产量。可以看

---

① 荫萱:《山西中路农村经济底现阶段》,载《中国农村》1936年第11期,第73页。

② 见《申报年鉴》(1936年),上海申报年鉴社1936年版,第898页。

出,山西农民赖以生存的最主要的农作物玉米、高粱、小米、小麦、大麦等的亩产量都在150斤以下,如果土地数量不多的话,农民是很难生存的。

再来看山西农户的土地占有量。通过表1.3"抗日战争前山西农村土地占有状况"可以看出,在涉及几乎整个山西省的范围内,占调查总数约6.76%的地主和富农占据着整个耕地的26.13%,而占调查总数约52.54%的贫雇农却只占有整个耕地的16.91%。而且,相对于地主来说,中农和贫农的收入基本靠土地,来源往往很单一,因此生活不堪重负。尤其是占农村人口大多数的贫雇农和赤贫阶层,其户均土地占有量为5.9亩,更是不到地主的1/15。以如此少量的土地和当时极低的亩产量来维持一家的生活,其艰难程度是可想而知的。

以当时晋北的大同、阳高、天镇3县为例,伴随着阎锡山军阀战争的继续和地主阶层对农民剥夺的加剧,进入30年代,这三地的土地集中程度日益严重。到1936年为止,在农户中,佃农、雇农已占农村人口的31%,没有土地的农户则占到43%。即使有土地的农户也只占土地的8.5%,且有41%是贫农,而占人口29%的地主富农,却占有76%的土地。①

对于无土地或土地很少而不够使用的农户,则大多给别人打短工。20世纪20年代末、30年代初,晋南区的麦棉区和晋中平川区在小麦收割季节里,流行着"人市"制度,许多外地来的农民在"人市"上等待别人雇佣。武乡等地流行这样一首歌谣:过了二月三,赶集闹盘川。离家上了路,两眼泪不干。出了子洪口,上了交城山。开荒掏瞎眼,想吃兔儿肝。籽则刚落地,东家把账算。下了交城山,到了太谷川。帮秋又收夏,破庙把身安。②

再看农户收支状况。1934年,全国土地委员会对华北四省55县60万农户进行调查,结果显示,"收支有余者占28%,相抵者占34%,不敷者占38%"③。

从这一档案资料中可看出,全年入不敷出的农户占到农户总数的1/3还

---

① 范郁文:《山西雁北农村租佃关系的研究》,载《益世报》(天津),1936年5月30日第12版。

② 中共山西省委党史研究室、山西省档案馆编:《太行革命根据地土地问题资料选编》(内部资料),1982年版,第7页。

③ 中国第二历史档案馆编:《中华民国史档案资料汇编》(第5辑第1编第7册),江苏古籍出版社1991年版,第37页。

多。当时一些学者对农家的收入进行过实地考察和报道，认为"中国农家有百分之三四或三分之一的周年收入是在七六.五元左右了"[①]。山西的情况与此基本相似，这一点可以通过下面的表格得到印证。

表5.6   1934年山西省农家收入多寡各组户数百分率表

调查户总数	49.9元以下(%)	50-99.9元(%)	100-149.9元(%)	150-199.9元(%)	200-299.9元(%)	300-499.9元(%)	500元以上(%)
7076	35.59	29.07	13.52	6.91	6.88	3	1.74

资料来源：中国第一历史档案馆编《中华民国史档案资料汇编》第5辑第1编第7册，江苏古籍出版社1991年版，第34—35页。

如上表所示，在调查的7076个农户中，65%的家庭年收入都在99.9元以下，而能达到200元以上的仅占农户总数的11%左右。

实际上，早在20年代末，山西农民收支不平衡的状况就已经很严重了。中国国民党山西执行委员会农民部在其主办的刊物《山西农民》中对此有翔实的资料记载。

表5.7   农民收入支出比较表

户别	人口	种地	收入五谷	本年应吃的谷	剩余估洋	家庭费用	公差支出	收支相差数
以中等户为例	七-八人	六十亩	二百三十斗	二百三十斗	四十元	三十元	三十六元左右	二十六元

资料来源：广全《农民痛苦之由来及其解决痛苦之方法》，中国国民党山西省执行委员会农民部印《山西农民》1927年第2期，第4页，山西省档案馆藏。

从上表所载资料来看，即使是当时拥有六十亩耕地的普通中等农户，按每年全家消费30元、缴纳田赋及苛杂等36元计算，其年收入与支出之间也有26元

[①] 古楳：《中国农村经济问题》，上海：中华书局1930年版，第159页。

二十世纪之中国——乡村与城市社会的历史变迁

206

左右的亏空,其余贫困农户的生活可想而知。

进入30年代,山西农民的收入状况更是每况愈下。

1933年,山西著名社会学者张稼夫先生在今太原南部的一个小村进行了调查,通过较详细的计算,得出的调查结果是,在山西中部,种有15亩地的农家,各种农作物每亩可获得1.65元,15亩合计收24.75元,另外,在外做工以及从事家庭副业也有一些不多的收入,但在外做工的机会并不多,因为城里面工人找不到工作的还很多。农家的主要支出包括三大项,一是生产方面,种子、肥料、人工等的投资费用非常高;二是田赋及其他苛捐杂税负担沉重,两大项合计46.35元;第三项支出是生活费用,每人口粮2.5石,值五元,衣服、油盐、菜等每人4元,合计全家5口人共45元。以上三项开支总计91.35元,收入与支出相比较,如果不计算在外做工及家庭副业的收入,农户每年亏空66.6元。[①]这些调查数据虽然只是对一个村庄经济生活状况进行的微观分析结果,但这些数据却对研究整个山西农村经济生活具有比较广泛的意义。虽然"一个中国村庄的经济生活状况是对一个样本进行微观分析的结果,在这一有限范围内观察的现象无疑是属于局部性质的。但他们也有比较广泛的意义,因为这个村庄同中国绝大多数的其他村子一样,具有共同的过程"[②]。

为了能更直观、更贴切地感受到当时普通农户的收入状况,我们不妨把当时的货币换算为现在的人民币,以便做进一步比较。以当时晋中在乡绅士刘大鹏日记里所述物价为例说明。他在1932年7月13日记述:"雇工两人担粪上谷……每人工资每日大洋五角,又有三餐,每人必须大洋七角,农家亦苦矣"。又,他在1937年3月31日记述:"午前……赴赛会,……百物皆贵,一口小猪价至三元五角之多。"[③]以现在物价来看,当前农村雇工一人每日工资大约20元至25元,一口小猪每公斤约需12元,以10公斤计算,也价值120元。从上两例

---

① 张稼夫:《山西中部一般的农家生活——替破产中的农家清算的一笔账》,见千家驹编:《中国农村经济论文集》,上海:中华书局1936年版,第46页。

② 费孝通:《江村经济》,见谢立中编:《中国社会学经典读本》,北京大学出版社2007年版,第193页。

③ 刘大鹏遗著:《退想斋日记》,乔志强标注,山西人民出版社1990年版,第451页、第505页。

可知,按照物品的价值,当时的货币一元相当于现在的三十元,也就是说,当时大部分农户的年收入大致为七八百元,而贫困农户如按每家有地6亩计算,收入则为三四百元人民币。绝大多数的农户并无积蓄,普通家庭年支出也多在人民币2000—3000元之间。

(2)农户的生活状况

近代学者朱其华曾对全国人口进行过大致的经济状况的统计与划分,他认为中国人口如以经济状况来分析,大致可分为五类。

表5.8　全国人口经济状况划分表(1936年)

类　　别	人口数	百分比
特殊线	5 000 000	1.3
水平线	20 000 000	5.0
贫穷线	75 000 000	18.7
饥饿线	250 000 000	62.5
死亡线	50 000 000	12.5

资料来源:朱其华《中国农村经济的透视》,上海中国研究书店1936年版,第3页。

从上表可以看出,全国五类人口中,只有两类能衣食无忧,仅占人口的6%,而其余三类都处于贫困线以下,大致占人口的94%。这里需要进一步说明的是,在这94%中,绝大多数又是农户,且很多农户是处于生活水平中最低的两线,即饥饿线和死亡线。在华北地区,虽然大地主较多,但自耕农也占优势。"不过这些自耕农的生活并不如一般人所想象的那样优裕。就他们的经济状况说,是近于贫瘠层的"①。这种情况是符合上文朱其华对全国人口经济状况划分的标准。

国际上常常用恩格尔系数来衡量一个国家和地区人民生活水平的状况。一个家庭收入越少,家庭支出中用来购买食物所占的比例就越大。根据联合国粮农组织提出的标准,恩格尔系数在59%以上为贫困,50%~59%为温饱,40%~50%为小康,30%~40%为富裕,低于30%为最富裕。实际上,在阎锡山统治

① 彭家礼:《中国土地问题与农村生产关系的检讨》,载《中国社会》1935年第2期,第43页。

的早期，山西农民的生活水平要比后来好一些，这从农户的消费结构上可明显看出。1922年至1925年期间，时任金陵大学教授的美国学者卜凯曾对包括山西武乡在内的我国6个省13个点的2370个农家进行了调查，结果显示，这些地方的共同之处在于食品消费在家庭所有开支项目中所占比例最高，均达一半以上，平均为63.3%，其中开封是76.7%，为最高，山西武乡是50.0%，为最低。[①]但是，后来，阎锡山政权在各地征派摊款，如在武乡县境交通要道的"权店、南关及洪水、蟠龙等地增设差徭局和差务处，迫使人民支应战事"[②]。随着阎锡山政府重在发展军工事业并热衷于旷日持久的军阀战争，到南京政府前期，山西农民的生活水平已急剧下降。中共山西省委调研室曾对省内的99个农业社的典型农户进行了调查，结果显示，抗战前夕，农民人均的年消费额为28.44元，其中食品占消费总额的近70%，衣服的消费超过10%，燃料占到8%还多一些，日用杂品占5%以上，医药费占近10%，其他消费占1%多一点，而文化与生活服务仅占不到2%。[③]可以看到，每年农民的收入中，食品消费就已经占据了总消费额的近70%，农民每日只是为填饱肚子而劳作和奔波，哪有多余的钱去享受文化与生活的服务？

有一首民歌流传在20年代末的山西：农民苦，农民愁，农民痛苦同马牛。收得少，吃不饱，老天一旱饿死了，饿死了不相干，转死沟壑谁可怜，官家相见不相救，遣来廂役还索租，没有钱，不能成，带上铁索进城中，老爷开口要大洋，没有大洋难回乡。老爷怒了无他法，拷打一番下监押。[④]就拿晋东南地区的屯留县来说，"他们（指屯留农民）种的麦子虽然要占耕地的三分之一到三分之二，但他们绝不肯食用麦面。中农贫农，每年只在中秋节与旧历年时食麦面一两次。他们捡坏的东西吃，捡好的东西卖，为的是纳粮，为的是缴捐，而今粮食更不值钱了，不但好的东西不敢吃，就是次一点的小米玉蜀黍也不敢吃

---

① [美]卜凯：《中国农家经济》，上海：商务印书馆1936年版，第386页。

② 张志文、韩炳祥：《武乡财政志》，山西经济出版社1996年版，第35—36页。

③ 中共山西省委调查研究室：《山西农村经济调查》（第一辑），山西人民出版社1958年版，第13—14页。

④ 苇庭：《农民歌》，载《山西农民》1927年第2期，第24页，山西省档案馆藏。

饱了"①。时太原在乡绅士刘大鹏曾在1933年9月18日的日记中展现了当时山西农民的生存状况,他说"'农家破产'四个字是现在之新名词,谓农家颓败不得保守其产也。当此之时,民穷财尽达于极点,农业不振,生路将绝,即欲破产而无人购产,农困可谓甚也"②。也有学者记载了今晋中一带农户在二三十年代的悲酸生活,说"1929年以后,农民们主要靠吃高粱、玉米面之类的谷物过活,即使这样的粗粮也只能一天吃一顿,而且是给上地干重活的人吃的"③。

再往后几年,"断炊之家,大批地在农村里面出现了。据说有隔几天才吃一顿饭的,有每天仅喝稀饭一顿的"④。原来较为富足的晋南地区自20年代中期以来农民的状况也与之大体相同。以当时的解县为例,农户"丰年略可自饱,仍不能事父母,蓄妻子,一遇荒歉,死亡殆尽"⑤。就连农业一向较为发达的永济县农民也是境况悲惨,一些档案中保存有30年代初政府官员考察这一地区的结果,其悲痛与无奈之情不免流于笔端:"窃查永济西陲,地邻陕境……今年雨水愆期,秋禾未收,宿麦未种,旱已成灾,哀鸿遍野,穷黎失业,民间困苦情状不堪言喻。见者心伤,闻者鼻酸。"⑥从以上资料中,农户急剧下降的生活水平是清晰可见的。

（3）农户的负债户数与负债数额

自清末以来,中国的经济与财政就陷入了持久贫穷和崩溃的深渊。在承担那些大大小小的赔款和负担的过程中,中国的农村和农民便首当其冲,以贫瘠之地而身负巨额赔款和遭受长期战争的山西农村更是如入水深火热之中。

---

① 高苗:《山西屯留县农村经济实况》,见冯和法:《中国农村经济资料续编》,上海:黎明书局1935年版,第273页。

② 刘大鹏遗著:《退想斋日记》,乔志强标注,山西人民出版社1990年版,第477页。

③ 张桥福:《晋中农民之生活状况》,载《中国农业》1938年版,第199—201页。

④ 荫萱:《山西中路农村经济底现阶段》,载《中国农村》1936年第11期,第75页。

⑤ 《丁役略》,见曲乃锐纂,徐嘉清修:《解县志》(卷3),据1920年石印本重修,1934年版,第5页,山西省运城市盐湖区档案馆藏。

⑥ 《晋陕甘三省苛征捐税情形》,第1391页,中国第二历史档案馆藏,全宗号1,案卷号2711,缩微号16J2384。

及至20年代，山西农村的贫困状况已显而易见。据当时的《中国经济公报》载，进入20年代后半期，山西有80%的农民过着仅能糊口的生活，大部分靠吃土豆和谷子生存，绝大多数农民都处于难以偿清的债务之中。[①]

那么，为什么说绝大多数的农民都要靠借债度日呢？看下面的事例。

20世纪30年代初，有调查者对位于晋南地区的夏县农民生活进行了详细分析。"譬如五口之家的贫农，租地二十亩，以丰收年计算，每年秋夏可得麦二十石、高粱玉蜀黍谷子共十石，按三七计算租子，除过给地主底十四石麦子、七石高粱等共余九石……而莫名其妙的捐税，至少限度须四元，添补农具亦须六元，油、盐、酱、醋、盆、罐、碗、锅等亦得四元共十四元。在我们夏县底市镇上每石麦子二元五角钱，六石麦子价值十五元，除过十四元必须的花费，剩一元钱三石高粱……（但是）五口之家每年需粮食十八石，仅以三石粮食过活，怎能不发生恐慌，怎能避免借债？"[②]

下面通过几个表格和数据对山西农民的债务状况做进一步说明。

首先来看1932年山西及周围几省负债农户所占比例及负债数额。

表5.9　1932年部分省份农户负债状况表

	调查县数	负债户数占总农户的比例（%）	每户平均负债额（元）
山西	2	49.11	93.213
河北	23	43.59	118.195
山东	18	27.88	107.670
河南	12	39.16	60.715
陕西	12	48.65	92.965
绥远	2	41.99	94.716
总计	69	41.73	94.579

资料来源：彭明主编《中国现代史资料选集》第4册，中国人民大学出版社1987年版，第113页。

从表中可看出，与周围其他各省相比较，山西省负债户数最多，达到农户

[①] 武静清、陈兴国：《十九世纪末二十世纪初叶山西财政与经济》，中国财政经济出版社1994年版，第57页。

[②] 庄稼汉：《农村通讯——自夏县寄》，载《醒农半月刊》创刊号，1934年4月，第32页，无出版社。

总数的49.11%,远高于平均的41.73%,但山西农户中每户的负债数额为93.213元,低于平均的94.579元,说明迟至30年代初期和中期,山西的农户已有一半处于借债度日的困境,陷入了普遍的贫穷,但相对于周围其他几省来说,山西农户极度贫困的状况要稍轻一些,也可能说明山西农村的阶级对立状况没有周围其他几省那样尖锐。同时这一情况也解释了为什么近代后期山西农村社会相比其他很多省份来说较为稳定的历史现象。

但是,从历史资料来看,山西农民遭受高利贷盘剥是非常严重的,这可能也是山西农民致贫的重要因素之一。中央农业试验所曾对全国各省农户借债利率进行了统计,现取其华北四省资料以作进一步说明。

表5.10　华北四省农户借债利率比较表

省名	报告县数	各种借款利率所占之百分比			
		一分至二分	二分至三分	三分至五分	五分以上
山西	75	2.6	17.0	68.2	12.2
河北	105	6.6	46.7	46.3	0.4
山东	83	5.4	35.7	57.0	1.9
河南	63	1.2	10.8	72.0	16.0

资料来源:《中国二十二省借款利率表》,经济部中央农业试验所编印《农情报告》,1934年11月印行。

从各省来看,河北、山东农民的借债中,一分至三分的低利率较多,三分至五分以上的高利率占47.1%和60.8%,而山西和河南的低利率只占19.6%和12%,高利率则占到80.4%和88%,远高于河北、山东二省。山西农民衣食无着,哪里有钱偿还高额利率的借债呢?因此,高利贷重压之下,农户纷纷破产和流亡。

有研究表明,抗战爆发前后,"涉县4个村农民的负债率为60%,磁县为80%,武乡县东部某村为87%,长治县南庄村为60%,武安县沙洛村为95%,平顺县为70%左右,临城县管等村高达100%。只有襄垣县较少,为20%"。总体来看,"农民负债率较高,借贷为农家生活流程中不可或缺的重要组成部分,或者说，负债已成为农家经济的沉重负担"[1]。定襄县是军阀阎锡山的家乡，位于山西省北中部、忻定盆地东部，境内四水贯流，是山西省较富裕的地区。近代以来，阎锡山进行了所谓的"村制"改革，尤其关注对自己家乡的农村改制，并吹嘘自己的"丰功伟绩"。但实际情况怎样呢？近代学者梁农经曾对这一地区农户的负债情况做了细致的统计，统计的对象是定襄的五个村庄，包括东力村、智村、南王村、史家岗和神山村。调查结果显示，即使在这个阎锡山尤为"关注"的地区，五个村庄中仍然有低至65.77%（南王村），高至87.79%（智村）的农户处于债务负担之下。负债比例如此之高，这一地区农民的日常生活状况由此可见一斑。[2]

通过以上对山西农户收支状况、生活状况和负债状况三个方面的详细论证，可以看到，近代以来，特别是抗战前十年期间，山西农民的生活水平并不像现代有些学者所说的那样高。实际上，普通的农民是普遍生活在贫困线以下的，也就是说，大量的农民挣扎在死亡线上。对当时的统治阶级来说，这样的状况并不是他们所看不到的，但是他们不愿以牺牲自身的利益来换得农民生活状况的改善，也不愿真心为这些农民所费心劳神，因此，虽然他们进行了大大小小的所谓的"改革"，但终究是换汤不换药，对农村社会的贫穷状况没有起到根本的转变作用。

---

① 李金铮：《近代太行山地区的高利贷——二十世纪二三十年代为中心》，见王先明、郭卫民主编：《乡村社会文化与权力结构的历史变迁》，人民出版社2002年版，第156、169页。

② 毕任庸：《山西农业经济及其崩溃过程》，载《中国农村》1935年第7期，第63页。

第二节　田赋交纳：压榨与应对

ERSHI SHIJI ZHI ZHONGGUO

一、转型期的农民及其与国家的关系

1.转型期农民的重要作用

晚清和民国时期是我国社会发展的一个特殊阶段，封建社会正在逐渐向资本主义社会过渡，时代的洪流裹挟着传统与闭塞开始向现代社会转型。但是，由于传统社会的漫长性，晚清和民国时期仅仅只是这一转型的开端，工商业的兴盛，也仅是少数的通都大邑，全国的大部分经济仍以农业为本。尤其在南京国民政府前期，我国正处于传统社会向现代社会转型的重要过渡阶段，包括社会结构、组织机构、行为观念等社会构成因素都处于新旧社会交替的混杂局面之中。就农村而言，农民整体上"面临现代工业文明的紧迫压力，现代制度的渗入改变了乡村原有的政治结构、文化规则和社会联系。乡村内各个阶层、不同团体以及每个个体又以不同姿态应对这一新的历史进程"[1]。在这种社会转型的重要时期，社会结构从总体来看是非常脆弱的，因为它"难免

---

① 汪萍:《历史与文化视域下的中国乡村社会研究》，载《苏州大学学报》(哲社版)2008年第1期，第34页。

出现警戒点或可能的断裂带，这直接关系到社会结构的格局和强度、社会和谐与稳定的基本现状"①。所以，在这样的特殊时期，和谐与稳定应是时代的主题，一个阶层对另一个阶层过重压迫的做法是极端错误的，"如果有人认为可以长期剥削农民而不用为此付出代价的话，那他就大错特错了，承受其后果的不仅仅是农民，而是我们所有人"②。

而这一时期的实际情况是，贫穷的农民"本来依赖传统制度所提供的保护和服务"，但在"少数富有者将土地兼并并将经济集中之后……这些贫穷的农民被抛在一边，既没有了资源，也没有了社区或地主的保护，过去农村中决定再分配的制度与习俗已不复存在"③。而且，更为不幸的是，南京国民政府时期，统治者中很少有人能认识到转型期农村和农民的重要作用，对农民的压榨与剥削早已是习以为常。农民的悲惨状况正如孙中山在讲演中所说的："中国农民所过的生活，是牛马的生活，是牛马不如的生活：土匪为什么这样的不怕死，仅管你杀，越杀越多；娼妓为什么这样不要廉耻，仅管你唾骂，越唾骂越多；黑暗的工厂生活，为什么大群男女老幼，甘之如饴，仅管你加倍的虐待，攀援求进的总是越来越多，咳！这就是农民生计压迫的结晶，农民死里逃生的表现，强者铤而走险，终身过兵匪的生涯，弱者卖妻鬻女，飞蛾投火似的寻找啖饭地，可怜的农民，原来是出于不得已哪！"④就拿农村沉重的赋税征收来说，"甚至资产阶级也认为是纯粹为了增加国库收入的有害税收，广大农民群众遭到破产……投入了革命政党的怀抱，宣告信奉社会主义，虽然他们信奉的社会主义当时还很幼稚，还带有资产阶级性质"⑤。

---

① 杨敏：《社会行动的意义效应——社会转型加速期现代性特征研究》，中国人民大学出版社2005年版，第17页。

② [美]D.盖尔·约翰逊：《经济发展中的农业、农村、农民问题》，林毅夫、赵耀辉编译，商务印书馆2004年版，第372页。

③ [美]米格代尔：《农民、政治与革命：第三世界政治与社会变革的压力》，李玉琪、袁宁译，中央编译出版社1996年版，第12页。

④ 董成勋：《中国农村复兴问题》，上海：世界书局1935年版，第2页。

⑤ 马克思、恩格斯：《国际述评》（一），见《马克思恩格斯全集》（第7卷），人民出版社1965年版，第260页。

实际上,这种危险性早就有人警告过。法国19世纪著名历史学家和社会学家托克维尔尖锐地指出:"国家的祸害越大,国民的憎恶之情越强烈,对原来国家抵触和摧毁得越厉害。"①这一情况在社会转型期表现得更为明显,其结果极易造成贫苦农民的反抗心理,极为不利于国家统治的稳固。1949年南京国民政府失去大陆的原因很多,但失去农民应是主因。同年4月,著名银行家陈光甫在日记中写道:"共产党的政策是穷人翻身,土地改革,努力生产,清算少数分子……所以有号召,所以有今天的成就。反观国民党执政二十多年,没有替农民做一点事,也无裨于工商业。"②陈光甫不属于"左派"人士,其认识应具有较客观的立场。

在民国时期的统治者中,很少有人对农民问题的重要性有较为清醒的认识,但阎锡山除外。他认为:"土地是农业经济的基本要素,如果土地问题得不到根本的解决,农民问题也就得不到根本的解决,农民问题得不到根本的解决,中国整个的社会问题也就得不到根本的解决。"③面对民国以来日益加剧的社会危机,阎锡山提出了一系列的改革主张,并从1917年开始着手在山西省进行"村政"建设,谋划"土地村公有"改制。但是由于其军阀本性以及他所处的政治环境,阎锡山并没有真正地关心农民,他所有的计划大多数最终都没有兑现,农民的生存状况并没有改观。

在这个重要的历史时期,共产党政权应运而生。在动荡不安的转型时代,这一政权清醒地认识到了农民的重要作用并真正地付诸行动,最终获得了农民的支持。即使是在粉碎国民党五次"围剿"和抗日战争的财政最艰难时期,共产党政权对农民赋税的征收都是极为慎重的。在革命根据地建立时期,"党基本上放弃了对土地税的征收,财政主要由打土豪来维持,是各地割据的共

---

① [法]托克维尔:《旧制度与大革命》,商务印书馆1992年版,第91—107页。

② 《陈光甫日记》,美国哥伦比亚大学珍本和手稿图书馆藏。转引自杨天石:《国民党人与前期中华民国》,中国人民大学出版社2007年版,第592页。

③ 阎锡山:《防共与解决土地问题》,见《土地村公有问题言论集》,第3页,出版地不详,山西省档案馆藏,类号A,编号0190。

同现象。在湘鄂西割据区域内，一切税收都没有了"①。井冈山割据时，"工农兵政府当时不收税，宁冈收了一点税，也不多，政府的财政来源不是靠收税，主要靠打土豪筹款"②。抗日战争时期，延安政权极力消除农村社会的不平等现象，大力提高贫苦农民的生活水平和社会地位。对当时离延安不远的一个村庄进行调查的结果显示，"大多数家庭达到或接近中农地位的倾向……所有阶级的天平转向中间，消除极富和极贫以及明显的剥削形式"③。共产党的这种公平合理的社会政策与国民党的相关政策形成了鲜明对比，这正是共产党政权能获得广大农民支持的一个重要原因。

2.转型期农民与国家关系的变化

在中国的传统社会，国家力求取得对农村更严格的控制，而国家控制乡村社会的最主要手段就是依靠建构在农村自组织及其精英基础之上的制度网络。具体来说，这个网络就是统治者创设的以行政借助于民间组织，并通过编织民间社会从而得以建立和运作的乡里制度。④不过，这种乡里制度是基于家族关系之上而确立起来的，并没有明确的组织机构和严格的行政管理，因此，整个农村社会结构松散。甚至到清朝统治时期，农村的情况是，"政府不准农民有团结，如果结成团体，便有抄家灭族的危险，所以农民间向来没有联络，像一片散沙一样"⑤。从统治者和人民之间的关系方面来看，任何一届政府都是"止求安民，不求用民，其善者以无事不扰为主，其不善者，则与民为敌，愚之柔之"⑥。这样的状况表明了国家与农村社会联系的有限性和双方互动关系的

---

① 《万涛给中央的报告》（1929年8月11日），见《湘鄂西苏区革命历史文件汇集（1928—1932年）》（内部资料），中央档案馆、湖北省档案馆、湖南省档案馆1987年编印，第145页。

② 陈正人：《创立湘赣边界"工农武装割据"的斗争》，见江西省档案馆：《井冈山革命根据地》（下册），中共党史资料出版社1987年版，第35页。

③ [美]马克·赛尔登：《革命中的中国：延安道路》，魏晓明等译，社会科学文献出版社2002年版，第85页。

④ 刘娅：《解体与重构：现代化进程中的"国家—乡村社会"》，中国社会科学出版社2004年版，第1—28页。

⑤ 成凤彩：《中国田赋之积弊及其整理办法》（续），载《中国经济》第2卷第7期，1934年7月，第6页。

⑥ 山西政书编辑处编：《山西现行政治纲要》，太原：大国民印刷局1921年版，第15页。

极其缺乏性。例如,在华北地区,国家权力对农村社会的影响仅限于征税。①具体的征收情形一般是这样的:村政府派定各家村户应摊的额数后,便立刻通知各家。通知的方法各地不同,有的逐家发一纸条;有的使地保沿街打锣,有人问询,便口头告知;有的在村中小学堂、庙子、三岔路口、大树荫旁、人们耕田之余常去歇息闲谈的地方,贴一纸条,村民看了,识字的告诉不识字的,一人传俩,俩人传三,不几分钟便传遍全村。②即使在现代社会,很多落后的农村地区里,"中央政府与农村的正规关系主要有两种,一是通过税收的经济剥削;一是通过法律和命令来保证农业生产的正常进行"③。其中,国家对农民的税收剥削是双方关系的最主要形式。所以说,"农民与国家间的这种狭窄关系是不友好的。国家从农民那里获取的东西远远超过了它给农民的回报"④。

长此以往,国家的这种强制性的不友好行为导致了农民情感的变化。那些"无知乡愚,每以见官为戒惧,柜书册辈等辈,因其弱点,威吓诱挟,无所不用其极"⑤。农民们在心里也都有一个共同的想法:"我们不相信外面的世界,它们也不相信我们。各种邪恶充满了我们的生活。我们害怕收租人,害怕警察,害怕任何看来能对我们施加权威的人。"⑥

南京国民政府时期,中国社会正处于转型阶段,农民与国家的关系在这一时期有了新的变化。不过,从历史资料来看,笔者认为,当时双方关系的变化并非是一种历史的进步和提升,而是一种历史的倒退,具体表现在国家对农

---

① 张佩国:《土地资源与权力网络——民国时期的华北村庄》,载《齐鲁学刊》1998年第2期,第99页。

② 周之章:《中国农村中的兵差》,见太平洋书店编:《中国农村问题——佃农问题·农民负担》,太平洋书店1933年版,第65页。

③ [美]米格代尔:《农民、政治与革命:第三世界政治与社会变革的压力》,李玉琪、袁宁译,中央编译出版社1996年版,第39页。

④ [美]米格代尔:《农民、政治与革命:第三世界政治与社会变革的压力》,李玉琪、袁宁译,中央编译出版社1996年版,第39页。

⑤ 《整理田赋附加办法草案》(1933年2月11日会议修正),见《全国经济委员会派员参加整理田赋附加会议》,第4页,中国第二历史档案馆藏,全宗号44,案卷号518。

⑥ [美]威廉·维瑟·H·夏洛蒂·维埃尔:《泥墙背后:1930—1960》,伯克利:加利福尼亚大学出版社1964年版,第122页。

村的畸形渗透和田赋等税费的恶意增长。之所以说这一时期的国家渗透是畸形的,是因为,一方面,国家在农村的渗透目的可以说是不怀好意的,几乎是为了更多更快地攫取农村财富,以便为奢侈的统治阶级生活提供物质条件,为常年的军阀战争提供资金支持;另一方面,国家向整个基层社会渗透的方式或手段缺乏深谋远虑,基本上是以盲目扩充地方行政机构来进行的。"由于国民党人竭力把他们的控制扩展到乡村,县级或区级的机关规模增大。任命了更多的行政人员及税务员"①,其结果造成了正如美国学者杜赞奇所说的"国家政权内卷化"现象,也就是说,随着行政机构的不断扩充和行政人员的日益增加,国家的行政效率不是越来越高而是越来越低。

农村税费的恶意增长在杜赞奇的著作中也多有论述,他说:"20世纪前期,在华北,国家政权扩张的一个重要方面——深入基层和吸收下层的财源——在这整个时期基本上没有中断。所有的中央和地区政权,都企图将国家权力深入到社会基层"。当然,这样做的结果是,"国家开始不断地向农村摊款,先是支付巨额赔偿,后来用来支持无休止的混战。所有这些摊款很快便超出田赋的数倍"②。在这里,值得一提的是,摊款从根本上不同于田赋和过去的其他捐税,它不是按丁口和私人财产分配,而是按村庄为单位分摊。这种征收方式是按户交纳,对土地甚或财产相对较少的农户来说是一种致命的打击——因为它表面上的似乎是公平的做法实际包藏着巨大的不公,贫苦农民因此而多有破产。为了避免对农民过于施以重负而造成社会的不稳定,中央政府在农村社会的特殊时期也于法令上对农民的赋税缴纳做了一定程度的减免,如有关规定申明"各地方遇有灾歉时,附加应随同正税减免"③。举例来说,政府公报中记载:"二十六年一月二十一日第一七八号呈一件,为据内政、财政两部呈,以山西省政府拟请将临晋县高运等村二十二年被水冲毁田地,暨东张家

---

① 李友梅:《费孝通与20世纪中国社会变迁》,上海大学出版社2005年版,第7页。

② [美]杜赞奇:《文化、权力与国家:1900—1942年的华北农村》,王福明译,江苏人民出版社2006年版,第2页。

③ 《整理田赋附加办法草案》(1933年2月11日会议修正),见《全国经济委员会派员参加整理田赋附加会议》,第4页,中国第二历史档案馆藏,全宗号44,案卷号518。

营等村二十四年被水冲毁田地,在二十五年内仍系不能复垦,蠲免田赋一年一案,核与土地赋税减免规程尚无不合,请准如所请办理,祈核转等情,应准照办。"①但这种减免的期限有限、程度往往很小,对纾缓民间疾苦并无根本影响。因此,在国民党政府越来越多地卷入到经济活动中的时候,"由于主权和政权危机的频繁出现,社会的分化与分裂的持续扩大,国民党政府无法动员农民参与到各种相关的土地政策之中"②。

就在这个发生社会转折的重要时期,共产党人采取了一系列的行动,如实施吸引广大农民阶层的新税制——"田赋交纳累进制"及后来的"合理负担",在农村大力实行消灭剥削阶级和剥削现象的措施等,由此团结了大多数的农民,产生了历史性的作用。"对于那些在政治上把不同农民组织起来的人来讲,他们的潜在利益是很多的。新的参与者能够通过制度化很高的政治群体施加持久压力,因此谁能把这些大量的新参与者带入国家政治行动当中,政治斗争就会有利于谁。"③

二、田赋交纳中的农民心理与行为

1.田赋征收下的农民处境

在中国的历史上,由于大多数农民"未受教育,零星地居住在交通运输设施和通讯网络都十分落后的广大偏僻地区",同时,他们的"组织化程度非常低……不构成对现行统治的直接威胁"④。所以,"农民总是处在社会的从属地位。在农民之上的无论是地主,还是集权国家的官员,都控制着农民生活的基

---

① 《国民政府公报》,成文出版社有限公司发行,第120册,1937年2月1日。

② 李友梅:《费孝通与20世纪中国社会变迁》,上海大学出版社2005年版,第7页。

③ [美]米格代尔:《农民、政治与革命:第三世界政治与社会变革的压力》,李玉琪、袁宁译,中央编译出版社1996年版,第177页。

④ 周批改:《中国农村税费制度的演变和改革——社会分层角度的研究》,中国经济出版社2006年版,第31页。

本资源。"①而且,地主或官员控制农民生活资源的方式五花八门,如田赋、地租、劳役等等,从政府的角度来看,田赋则是最主要、最传统的控制方式。

下面来观察南京政府前期农民在田赋交纳中的心理活动。

从全国情况来看,到抗战爆发前,政府对农民的剥夺已经达到一个新的高度。"全国县地方的财政积累总在一万万五千万元以上……省市县政府以捐税的名义向社会财富的分配中所提取的,每年可说至少在五万万元以上,这在中国社会财富分配中无疑地是极大的一份……在这里,我们不得不沉重地指出,这巨大的地方的财政积累,大部分甚至可以说全部分是农民血汗的结晶","所以将中国地方财政的积累,分析到最后的来源时,我们只看到一幅农民血泪的图画"②。之所以说农民处于被剥夺的地位,这首先从田赋占整个农民收入的比例上可看出来。整个南京政府时期,"苛繁的田赋占去了农民收入的相当份额,赋税占土地纯收入一般均在20%以上"③。这不仅违反了国家关于田赋征收的有关规定,而且其征收数额还大大超过了国家《所得税法》对所得税应交比例的限定。政府颁布的《所得税法》第二章规定,所得合资本实额百分之十未满百分之十五者课税百分之四;所得合资本实额百分之十五未满百分之二十者课税百分之六……以此类推,百分之七十以上者一律课税百分之二十。④从条文中可知,只有当所获收入超过资本额的70%时,才征收20%的税。但农民从土地上的收益往往连投入的本钱都难以收回(在劳动力还不计算在内的情况下),仍然要交纳土地纯收入的20%以上,这一数额大致占整个地价的百分之四左右。其次,从广大的贫苦农民的角度考虑,这一时期的田赋征收也是剥夺性的。征收"在名义上是累进的,而实际是反累进的。许多有势力的在外地主,从不纳税,而这种负担大都加在当地的贫农的身上"⑤,"贫农负

---

① [美]米格代尔:《农民、政治与革命:第三世界政治与社会变革的压力》,李玉琪、袁宁译,中央编译出版社1996年版,第9页。

② 孙晓村:《地方财政对于农村经济的影响》,载《中国农村》第2卷第9期,1936年4月,第36—38页。

③ 牛淑萍:《1927—1937年南京国民政府田赋整理述评》,载《民国档案》1999年第3期,第97页。

④ 财政部直接税处编印:《各类税法汇编》,重庆:京华印书馆1943年印行,中国第二历史档案馆藏,全宗号10,案卷号1275。

⑤ 陈翰笙:《现在中国的土地问题》,见中国社会科学院科研局组织编选:《陈翰笙集》,中国社会科学出版社2002年版,第48页。

担奇重,而豪绅田连阡陌,转不照额交纳,甚至身为官吏,所种地亩,亦多不交粮赋,县长则每多优予宽容,不肯认真催缴"①。而且,就算是"捐税的平均摊派,这好像是很公平的一种办法,但实际上因为农民的贫富悬殊,在这种平均的字面下寓着极大的不平等。这差不多把捐税的全部完全压到贫农的肩上去了"②。

无地的农民照样需要负担赋税。自古以来,在农村,地主绅士们并不和劳动农民一样负担繁重的赋税,他们极力把自己应当负担的那部分赋税以各种方式转嫁到广大农民身上,他们对佃农所征收的地租就是最主要的转嫁形式之一。也就是说,"自耕农要直接向国家纳税,无地的农民则无此义务,他们生产的剩余,是通过地租形式交给地主的,然后由后者来承担国家的税额"③。因此,"佃农固大部分不纳田赋,但地主可从增加租额等等方式之下,将田赋负担转嫁于佃农之身"④。另外,在很多地方,佃农租用地主土地的前提条件就是要保证同时向国家交纳田赋。例如,太行山流行的"带粮银"就是这样的形式,其实质就是佃户租地以承担粮银为条件。"山货出产区有所谓'请粮地',表面上租额很轻,然田租及各种负担均由佃户出,又要保证树木不得荒芜……有的地区,地主只出田赋正税,其他附加捐税,即所谓'地亩钱'和差务,一律按亩摊派,谁种地谁出。"⑤

在收入微薄的情况下,沉重的赋税剥削带给农民的是悲惨的处境。"农民必须用他们少的可怜的收入来满足维持生存的食物需要,提供参与声望经济的费用,交付经常大的惊人的租金、利息、赋税。"⑥20年代末至30年代初,以田赋为主的赋税征收成为农民日常生活的主要负担。《申报》上的一则报道在论述这一问题时说,"(北平)自预征二十年后忙银,每粮银一两,加征二元三角

①　作周:《最近中国农民负担的田赋》,载《地政月刊》第1卷第10期,1933年,第1395页。

②　赵梅生:《山西平顺县农村经济概况》,见千家驹:《中国农村经济论文集》,上海:中华书局1936年版,第572页。

③　[美]黄宗智:《华北的小农经济与社会变迁》,中华书局1986年版,第303页。

④　作周:《最近中国农民负担的田赋》,载《地政月刊》第1卷第10期,1933年,第1395页。

⑤　《抗日时期晋察冀边区财政经济史资料选编》(第2集),中国财经出版社1990年版,第1363页。

⑥　[美]米格代尔:《农民、政治与革命:第三世界政治与社会变革的压力》,李玉琪、袁宁译,中央编译出版社1996年版,第74页。

外,附加自治费七角,军需摊款二元,计每两粮银,需纳五元。民不堪命,怨声沸腾。"①即使是时任国民政府财政部长的孔祥熙也认识到:"裁厘(在1931年)之后,各地方当局增加附捐,以至农民负担愈重,不但凶岁不免于死亡,即丰收之年亦因捐重不克安身。"②再加上当时世界经济危机的影响,农产品价格由此大降,地价也跌落惨重。如"山西离石县1931年每亩良田值现洋百元,到了1933年仅值10—20元"③。在一两年的时间里地价跌落如此之惨,实为空前,可见对整个农业打击的严重程度。这种情况"使自耕农阶层趋于贫困化,甚至其中一定数量的农户破产",导致大批农民流离失所、家破人亡。这种"因田赋即土地税超常沉重而促使趋于贫困破产的自耕农增多的因素应该说属于'非常态'范围"④。

但是,基本与此同时,农村社会开始涌动着一股巨大的潜流,并蕴藏着农民改变命运的新希望。毛泽东在当时说:"在农民群众方面,几千年来都是个体经济,一家一户就是一个生产单位,这种分散的个体生产,就是封建统治的经济基础,而使农民自己陷于永远的穷苦。克服这种状况的唯一办法,就是将农民群众组织起来。"⑤觉醒过来的农民终于认识到,团结起来是对付苛捐杂税的唯一方法。虽然"纳税是我们的义务,但是无论谁,要在法律以外捐我们一个铜子,我们不答应……但是一个人说不答应,他们还不怕,全村团结起来,一起都说不答应,他们便怕了"⑥。广大农民反对征收繁重的田赋赋税和其他苛捐杂税的有效团结正是毛泽东所倡导的农民群众组织起来的早期形式。农民的这种新型行为预示着自身在与政府的关系处理上逐渐醒悟和不断进步的新的历史时期的到来。

---

① 《北方预征田赋》,载《申报》1930年5月16日第8版。

② 孔祥熙报告:《救济经济要策》,载《申报》1934年1月29日第6版。

③ 毕任庸:《山西农业经济及其崩溃过程》,载《中国农村》第1卷第7期,1935年,第62页。

④ 苑书义、董丛林:《近代中国小农经济的变迁》,人民出版社2001年版,第48页。

⑤ 毛泽东:《组织起来》,见《毛泽东选集》(第3卷),人民出版社1991年版,第931页。

⑥ 松年:《我们为什么怕调查》,载中华平民教育促进会定县实验区编:《农民周刊》第7卷第6期,1930年10月,第2页。

2.对田赋征收的态度及行为

南京国民政府前期,繁重的苛捐杂税加上农业经济的衰败,使农民广泛处于家破人亡的处境。对于统治阶级日益增加的田赋等税收,农民普遍有着痛苦、忧虑、恐惧等心态,但又由于农民世世代代对土地的深厚感情,使得农民在赋税的交纳上有着复杂的心理活动。

社会学家费孝通说:"对人们的期望来说,土地具有其捉摸不定的特性,恐惧、期待、安慰以及爱护等感情,使人们和土地间的关系复杂起来了。"[1]之所以如此,那是因为,土地以它源源不竭的资源养育了一代又一代的包括人类在内的万物生灵。但是,有时候,它却迫使世世代代在上面耕种的农民即使流离失所、背井离乡也要抛弃它。

民国建立以来沉重的田赋征收额到南京政府前期时更为变本加厉,有些农民往往倾其家产也难以交清赋税。正在这个农民阶层苦苦挣扎的时候,世界经济危机又席卷而来。危机的恐慌"加重了中国农村经济的崩溃,于是农产物价的低落……赋税的繁重,高利贷的压迫,一切一切均使资本不能流通,土地价格跌落……向云视为投资安全物的土地遂一变而为'没有人要'的了"[2]。即使是被称为"模范省"的山西在当时也流行着一句话——"有田不卖终久是害","盖因有地虽有收获,但因谷价低落,辛苦一年,结果除去牛丁、籽粒、田赋、摊派各项花费外,尚需亏赔老本,似有此田,何胜无地。"[3]所以,"华北一带,因为摊派的漫无限制,农民为了避税,把田契贴在门上,带着儿女全家出走的,不知有多少!"[4]南方也多有此事发生。1931年春季,湖北东部的罗田县北乡民众因催税吏追逼过急,不敢抗延,竟有二三村四五十人相率呈缴田产契约于区公所,请转呈县府将他们的田产充公而免于纳赋。[5]如此的结果是,"在世界上人地关系最为严峻的国家,出现了一方面是土地资源高度稀缺,一

---

① 《费孝通文集》(第2卷),群言出版社1999年版,第19页。

② 冯和法:《中国农民土地资本概观》,载《农村》1934年第6期,第4页。

③ 冯和法:《中国农民土地资本概观》,载《农村》1934年第6期,第5页。

④ 孙晓村:《地方财政对于农业经济的影响》,载《中国农村》1934年第9期,第38页。

⑤ 张柱:《整理田赋之我见》,载《东方杂志》第31卷第14号,1934年7月,第110页。

方面是土地经营粗放和撂荒的奇特现象"①。这就是20世纪二三十年代中国农民和土地的关系,不可思议的事实之中又蕴含着合情合理的起因与缘由。

所以,对于普通农户交纳田赋等税负的心态便可想而知了。一般的情况是,"村政府派定各家村户应摊的数额后,便立刻通知各家……一般村民听了,始则目瞪口呆,继则唉声叹气。然事在目前,刻不容缓,不得不着力摒挡缴纳。"②

很多时候,交纳沉重的赋税即是对农民的生死考验。当每次"'村公所'起派官款和村费的时候,一般农人都是忧形于色,正像做着生与死的斗争似的。然而人们都总是愿意活着,就是在那生死关头,仍不能不做着生的迷梦"③。有时,即使农户勉强交纳,年复一年的压迫与剥削最终造成农民与政府之间的情绪对立,农民对于政府的一切工作均不抱好感,也没有什么兴趣,反正都是迫害农民的东西。不管怎样,农民认定了政府派来的人就是来祸害农村的。所以,农民与政府人员打交道不是恐惧便是抵触。如农民们说自己,"一听见调查员到了,我们的大腿就发抖。我们是一向被欺负惯了的……我们怕壮丁的数目被人知道了,难免会被拉去当兵。地亩的数目被人知道了,难免会被非法捐钱……甚至我们怕人知道我们识字,因为识字也许是有钱的证据,难免会被没收财产"④。1933年,南京国民政府成立了"农村复兴委员会",从事农村调查工作,主要调查负责人是中国近现代经济学家陈翰笙和羊冀成等。在浙江崇德县许桥乡桑园村调查过程中,他们明显感受到来自农民的抵触和不信任的情绪。下面是调查者和农民接触的一段记录:"每至一家,辄有妇人漏其惊愕之色",有一妇人看到调查者来到后便说:"我家儿子死了,孙子死了,只有一把老骨头,你们还来做什么?"乡长急忙说:"政府为你们穷,故来调查,要救你们。"妇人却说:"你只别再同了警察来吓我们就得了,我也不想好处,有好

① 张红宇:《中国农村的土地制度变迁》,中国农业出版社2002年版,第130页。

② 周之章:《中国农村中的兵差》,见太平洋书店编:《中国农村问题——佃农问题·农民负担》,太平洋书店1933年版,第65页。

③ 张稼夫:《山西中部一般的农家生活——替破产中的农家清算的一笔账》,见千家驹:《中国农村经济论文集》,上海:中华书局1936年版,第382页。

④ 松年:《我们为什么怕调查》,载中华平民教育促进会定县实验区编:《农民周刊》第7卷第6期,1930年10月,第1页。

处我也不要。"①虽然这段话表露出农民的麻木和迟钝,但更重要的是,在记忆中,村民是从来没有从政府那里得到些许好处的,而只是被所谓政府的人敲诈勒索。当然,反复的敲诈勒索结果只能导致农民的不信任和强烈抵触情绪,表明了政府统治的社会基础出现了危机。在这个重要时刻,共产党人因势利导,利用农民的抵触心理和急迫需要,带领他们走上了一条争取生存权的光明大道。

当共产党领导农民反抗政治压迫和经济剥削的时候,一些人往往造谣生事,散布流言说共产党蛊惑民众以达到自己的丑恶政治目的。对这些流言的最好反驳是,威廉·韩丁在《翻身》一书中表明,"即使在最革命的农民当中,除了希望提高个人社会地位和获得地主土地目标而外,人们看不到任何其他社会和政治的革命动机。农民最具政治性的要求就是通过消除当地暴君而实现解放。"②再比如,"太行革命根据地进行了一系列的改革,使地处贫瘠的、封闭的、落后的太行山中的这片土地,经过一次又一次大刀阔斧的政治、经济改革……奇迹般地把分散的、贫穷的、几乎没有文化的山区农民组织起来。"③也就是说,谁真正能够为贫苦大众带来土地和地位,谁真正能够驱除当地暴君,谁就是农民的领导者,而不在于农民受到了谁的蛊惑。

（1）南京政府时期的农民抗税行动及成因

从表面上看,田赋问题只是一般性的经济和财政问题,但如果政府对之处理不当,那它的负面影响就会远远超出经济和财政范畴,引起日益严重的社会问题,造成农村社会甚至整个国家内部不稳定因素的增加。从历史上来看,农民的武力反抗行为主要集中于造反、暴动以及革命行为等方面,他们很少介入政治,要么承受着一切现实;要么在迫不得已的情况下起来造反或参加

① 羊冀成:《到农村里去的一段日子》,见行政院农村复兴委员会编:《浙江农村调查》,上海:商务印书馆1934年版,第224页。

② [美]米格代尔:《农民、政治与革命:第三世界政治与社会变革的压力》,李玉琪、袁宁译,中央编译出版社1996年版,第211页。

③ [澳]大卫·古德曼:《中国革命的太行山抗日根据地社会变迁》,田酉如等译,中央文献出版社2003年版,前言。

革命。"当饥饿超过枪杀的恐惧时,农民起义便发生了"①。

南京政府时期,农村社会的贫穷和动荡迫使农民大批地入伍从军或占山为王,因此,"像历史上多数的乱世一样,从事武装活动的人数成了农村社会规模最大的群体之一。"②这种情况又加剧了农村社会的贫穷和动荡,进一步动摇和瓦解了政府在基层社会的统治。之所以如此,是因为"不发达和落后的农村又为农民革命准备好了战场","在共产党人没有进入农村之前,那里已经发生了农民自发地抵抗'政府军'的普遍骚动,而且还相当成功"③。例如,据1932年10月24日《新夜报》报道:"二十三日晨(扬州)乡民鸣锣竟聚有万余人,手执农具……随乘舟渡河与军警对抗,抢兵刺刀,军警旋开枪,当场击毙徐学清等七人……乡民至是稍退。"后县党部"征询乡民意见,乡民要求点:(一)将所拘捕之二百五十人,一律释放;(二)以后不再清查田亩",县党部表示接受,此事告一段落。④1933年11月21日,在江苏省扬中县,"民众议决抗税,三、四、五区的民众……烧打县党部、县政府以及各机关主要人物的住宅,而且在这个地方,已经是在第八回上了"⑤。

不过,总体来看,尽管这一时期有一些农民的抗税斗争,但同清代相比,这些斗争事件又相对要少得多。"清代的田赋,包括地丁钱粮,并不很重……反而减赋抗粮的农民骚动,充满了清代末年的历史,一直到辛亥革命"⑥。黄宗智、杜赞奇、裴宜理等的研究表明,民初一直到抗战爆发前夕,"长江下游地区农民集体行动最惊人的方面之一,表现为耕种者抗粮事件数量的绝对下降"⑦,"集体

① 费孝通:《江村经济》,见谢立中编:《中国社会学经典读本》,北京大学出版社2007年版,第194页。

② 张鸣:《乡村社会权力和文化结构的变迁(1903—1953)》,广西人民出版社2001年版,第4页。

③ 张鸣:《乡村社会权力和文化结构的变迁(1903—1953)》,广西人民出版社2001年版,第5页。

④ 冯和法编:《中国农村经济资料》,上海:黎明书局1933年6月,第534页。

⑤ [日]天野元之助:《中国田赋之考察》,邓伯强译,原载《满铁调查月报》第14卷第2号,《地政月刊》第2卷第12期,1934年12月,第2434页。

⑥ 王毓铨:《清代田赋与农民》,见陶希圣主编:《食货》1936年第5期,第43页。

⑦ [美]白凯:《长江下游地区的地租、赋税与农民的反抗斗争:1840—1950》,林枫译,上海书店出版社2005年版,第295页。

抗粮行动的发生率仍然明显低于清代"①。这一现象在北方地区也有明显表现,甚至民国时期北方地区的暴力抗粮事件比南方各省还要少。

这里有一个问题是,为何民国时期田赋等赋税如此沉重,而农民的抗税抗捐斗争却相对要少得多?

笔者认为,有以下两个原因需要在此提出以供学界参考。

第一,相比南京国民政府时期,清代赋税等的征收有以下几个特点:①田赋和其他苛捐杂税等的征收机构和征收法规相对统一和简单——征收机构直属于中央政府,而征收法规则只由中央颁布,即使是当时的附加税——耗羡和平余的征收也是由中央下令的(耗羡是清代官府征收钱粮时以弥补损耗为名,在正额之外加征的部分;平余则是清代地方政府上缴正项钱粮时另给户部的部分)。再者,征收人员所属身份明确——都是中央政府授权派来征收的人员。这样,农民在重压之下,反对苛捐杂税的斗争目标会直指中央政府。②赋税的最终流向较为单一,即都揣到了中央政府的钱袋子和统治阶级的腰包里。再加上当时对于广大的汉人来说,清代的最高统治者是外族人,即使不是非常重的赋税,汉族人也会觉得有受到外族人压迫的感觉,这就更可能形成抗粮抗税的暴力活动。总之,这些特点决定了农民开展抗税抗捐斗争具有较强的针对性——目标就是当时的统治阶级,这样就在农民的心目中树立了一个"敌人"的明确形象和"反抗"的直接目的,暴力斗争也因而更容易发生。但是在南京政府时期,由于时代的复杂性和全国各地政权的割据性,向农民派粮征款的人很多,农民心目中的"敌人"也就很多,除了中央政府和地方政府以外,还有兵痞的蹂躏以及土匪的祸害等等,矛盾和问题扑朔迷离、错综复杂,因此,农民往往发现不了真正的"敌人",从而在最初也就失去了斗争的目标性和方向性,暴力斗争也就不容易发生。

第二,物质因素也可以给政治活动的参与者施加约束条件或者提供有利的机会。清代时期,政府的武装力量还基本属于"冷兵器",这与民间力量"反叛"时所拥有的武器没有太大的区别,因此,农民在反抗斗争中能取胜的概率

---

① [美]白凯:《长江下游地区的地租、赋税与农民的反抗斗争:1840—1950》,林枫译,上海书店出版社2005年版,第329页。

还不小，因而就会更加钟情于武力斗争的方式。而到了南京政府时期，法统上的国家力量已变得异常强大，远远超出了任何农民组织的力量，这与从前政府与农民起义力量大致处于同一等级的情况大不相同。同时，有关研究显示，到民国时期，尤其是到南京政府时期，"全国铁路网的建立可使发生大规模起义的可能性大为减少，因为它使得政府能迅速有效地对地方暴乱做出反应"①。因此，农民们也不敢贸然行动，这就大大减少了这一时期的武力反抗斗争。

不过，从表面上来看，这一时期的农民抗税抗捐斗争虽然较以前为少，但沉默的农村社会正在酝酿着史无前例的大反抗和大暴动，只是这种爆发的时机还没有正式到来，广大的农民也还没有完全觉醒过来，时代正在呼唤着能真正组织和领导农民的力量出现。此后，共产党人应时而生，以农村为自己的根据地进行广泛的宣传和动员，并带领广大的农民投身到反抗苛捐杂税和争取自由解放的洪流中去。只有在这个时候，农民伟大的反抗精神和巨大的革命能量才真正地迸发出来。所以，从这个角度来考虑，我们只能说民国时期农民的抗粮斗争在数量上要少于清代，但是，在强度上却又远远超过了清代。虽然"中国农民向以忍苦挨饿著名"，但是，到了20世纪30年代中期，"或迫于饥寒，或逼于虐政，都普遍地骚动起来"②。因此，当农民看到了斗争的方向后，他们就会爆发出更加强大的反抗力量，为赢得自己的自由和幸福坚定地走下去。

（2）山西农民抗税斗争的特色及成因

通过历史事实可以看出，在很多省份，"在共产党人没有进入农村之前，那里已经发生了农民自发地抵抗'政府军'的普遍骚动"③。但是，有一个现象是，在南京国民政府执政时期，从地域上来看，长江中下游地区农民抗税抗捐斗争相对较多，而在北方各省尤其是在山西却很少，而且斗争的主要方式是请愿或上书，暴力斗争的方式几乎没有。

---

① ［美］李丹：《理解农民中国——社会科学哲学的案例研究》，张天虹等译，江苏人民出版社2008年版，第202页。

② 马乘风：《最近中国农村经济诸实相之暴露》，载《中国经济》1933年创刊号，第2页。

③ 张鸣：《乡村社会权力和文化结构的变迁（1903—1953）》，陕西人民出版社2008年版，前言。

为什么会出现这样的现象？难道是历史的偶然吗？这是一个新的重要的问题，值得进一步的探讨。

从史料记载中可以看到，在清末民初，山西农村曾发生过一些暴力反抗斗争。1901年和1903年，山西高平县和永济县先后发生了乡民反抗苛捐杂税的斗争，且都迫使政府免征部分捐税。民国初年，盂县、和顺等地也先后爆发了民众反捐税斗争。不过，总体来看，相对于其他省而言，山西农民斗争的规模一般都很小。此后，自1917年，山西省一直处于阎锡山的统治之下。但是，从1917年直到1937年共20年间，整个山西基本没有发生较大的抗税抗捐斗争。大多数农民虽然过着衣不蔽体、食不果腹的生活，但都能默默地交纳田赋。如笔者在采访永济市开张镇石桥村108岁农民徐兴顺的记录中能看出这一点。[1]

问：抗战前当地农民生活怎么样？

答：吃不上，不行的话还得卖破房子。

问：当时村里有人敢抗税吗？

答：没有人。

问：欠税的人多不多？

答：不多。见人家害怕，硬着头皮交。

如果对赋税交纳不满的话，农民的反抗行为大多都是请愿、上书、谈判。如当时南京政府内政部档案记载，1929年，山西省永济县公民代表王培成曾上书国民政府请求豁免田赋。档案中说："具呈山西省永济公民代表王培成等为陈明地方困苦情形，恳请遵照前颁《免征民间欠纳田赋杂税苛捐通令》。"[2]国民政府文官处文书局信函中也有这样的记述：1936年，山西省夏县城关百姓王永禄、仪子学、薛续有等十一家联合向国民政府呈函请愿，"为本县税务征收局滥税浮收"，"恳饬澈究，以除苛政"，"降平安之幸福，布雨露之均沾，自有公道各方之明裁"[3]。另据太原乡绅刘大鹏1934年11月3日日记记载，晋中"花塔村

---

① 《采访记录》，采访人：张启耀，受访人：山西省永济市开张镇石桥村108岁村民徐兴顺。

② 国民政府文官处文书局第179件笺函：《晋陕甘三省苛征捐税情形》，第1391—1392页，中国第二历史档案馆藏，全宗号1，案卷号2711，缩微号16J2384。

③ 国民政府文官处文书局第179件笺函：《晋陕甘三省苛征捐税情形》，第1422—1424页，中国第二历史档案馆藏，全宗号1，案卷号2711，缩微号16J2384。

民众呈控该村之村长张克敏借公营私,尚县长不惟不究张克敏之咎,且仍令其充任。张克敏因之心高气傲,大发狂言,欺压村民,于是激怒花塔村底之人,纠结数十人于昨日偕往县政府请愿,尚县长允许今日亲到花塔村开村民会议"①。

有时,农民们为了反对沉重的田赋赋税,经常联合起来到区公所或县署谈判、理论。1927年,临汾农民曾为了反对捐税的不公而展开了这样的行动,他们在行动中高喊:"混蛋的区长可杀!⋯⋯最近更下去了什么命令,要叫富户捐钱,富户们舍不得出包,复异想天开的弄个妙法,毒害穷汉,联合去见区长,交涉富户十成捐一成,其余由村中穷汉家公摊。而该县混蛋的第五区区长某,竟为要溜甜有钱的人们,允许了他们的片面要求,叫财富家十成交一成,穷汉家十成捐交三成。"这种不公的情形逼迫得该县穷苦的农民,纷纷群起,于1927年1月,各村农民召集开会,一方面印发传单,鼓励大家联合,一方面督促村长副等,赴区署谈判,同时报告本县农民协会和本党平阳市党部、临汾县党部,协力援助,"一致反抗希图最后之胜利"②。乡绅刘大鹏1934年8月20日日记记述:"三孙婿来言:其村之村长只是勒逼村民起款,则四五年派摊之村款未清算一次。在村请其清算,并是不理。今日村民数十人到区公所攻闹郭区长益香,乃应承择期到区算账,村民始散。"③

当然,有些农民的行为往往稍微激进一些,或者在暗地里搞一些动作。他们"常常在夜间将'大粪'刷在村长门首的金字牌匾上,也有在大年除夕的夜间暗中将'白头纸'贴在村长先生的大门扇上,更有甚者,也常有放火和暗杀的事件发生"④;"去年(指1931年——引者注)太原县东堡村,有村民刺杀村长的事⋯⋯据说这村民刺杀村长的事,以前平陆县、寿阳县亦曾发生过,这似乎不是偶然了!"⑤此外,也有一些村庄的农民依靠农民协会直接与把持村政的

---

① 刘大鹏遗著:《退想斋日记》,乔志强标注,山西人民出版社1990年版,第488页。

② 《临汾农民之反对苛捐运动》,载中国国民党山西省执行委员会农民部印《山西农民》1927年第2期,第14页,山西省档案馆藏。

③ 刘大鹏遗著:《退想斋日记》,乔志强标注,山西人民出版社1990年版,第485页。

④ 悲笳:《动乱前夕的山西政治和农村》,载《中国农村》第2卷第6期,1936年6月,第62页。

⑤ 梁漱溟:《北游所见记略》,见《梁漱溟全集》,山东人民出版社1991年版,第892页。

地主恶霸进行斗争。以祁县的贾令镇农协与恶霸李钟璠的斗争为例。李钟璠是个土豪恶霸,把持贾令镇村政18年,向农民派的款,要的粮,从来没有公布过账目。他甚至利用农民交纳户、地产税,贪污了税款;把农民的房地契约积压下来,不还给农民。对他稍有违抗,即遭非刑吊打。因此,农民对他恨之入骨……农民协会组织人员查账,问题越查越多,没有一笔能说清楚的……李钟璠勾结县上反动势力,派了四五十名警察来村企图镇压。但农协早已得到消息,做了周密部署,严阵以待。警察不敢轻举妄动,悄悄溜走……在农民协会的巨大压力下,县政府被迫答应了农民协会的要求,改选了村长,斗争取得了胜利。①

从整个山西农民的抗捐抗税活动来看,武力斗争甚至暴动起义的事例相对要少得多。即使在其他省的共产党活动已经非常频繁、武装斗争已经十分激烈的情况下,山西社会还是基本没有大的波动,这是一个非常耐人寻味的特例。就其发生的真正原因,笔者感觉有以下几点需要提出来:

第一,由于环境的因素,山西民风淳朴,农村社会秩序一直较为稳定,自古即是如此。

从地域与民俗关系的角度来看,"作为一种背景,一种人们活动的舞台,地理环境无疑是一个民族、一个地区风俗习惯形成某种类型的前提因素"。自然环境使得山西形成了一种相对孤立的状态,造成了"山西人封闭与保守的心理"②。在山西农村地区,农民普遍比较敦厚朴实,有文化者少,对于国家政治关注者就更少了。"多数乡民无知识,性极老诚"③,农民们认为"大人们卖国管咱们什么事,况且咱哪儿有力量去挡得住?""人家卖国是权力,自己受罪是应该。中国人普遍性是如此,尤其是我们的山西人。'人马东西走,苦死太原人',虽是一句俗话,确实是如此的"④。

在封建社会,穷人的脱贫之道一是"造反",二是经商。山西民风淳朴,没

①　张玉勤主编:《山西史》,中国广播电视出版社1992年,第331页。

②　乔润令:《山西民俗与山西人》,http://www.tydao.com(2000-06-10)。

③　张济周:《榆社县社会概况调查》,载山西农民自强协会编辑:《醒农半月刊》第1卷第2期,1934年4月,第40页。

④　庄稼汉:《农村通讯——自夏县寄》,载《醒农半月刊》创刊号,1934年4月,第34页。

有造反的传统。历史上,没有一次农民起义发生在山西,也没有一个农民起义的领袖或重要将领是山西人。太平军北伐时,所到各省,当地居民无不揭竿而起,应者甚众,而在山西则是另外一种景象。北伐军从陕西渡黄河入山西,横穿山西后又经太行山入河北,山西人对此响应者寥寥①。所以,似此情形,近代不少学者都说:"晋省民风敦厚,乡约社规,延传已久。"②而"人知自好,鲜蹈法犯刑之事。人民质朴勤勉"③。由此可见,环境的特殊性造就了山西社会的普遍性格,也养成了敦厚质朴的民风和稳定平静的秩序。有关农民起义的理论研究表明,"本土的农民运动与政治传统而非外来的政治领导或政治组织的出现或缺失才是起义和革命的主要因素"④。山西本土正是缺乏这种暴力的农民运动和政治传统的因素,因此,外来的共产党力量作为精英领导在山西的作用并不大。

第二,阎锡山的政策和某些思想对稳定山西民心、阻挡共产党力量的进入有很大的作用。

从1917年至1937年,阎锡山进行了持续的村制改革,虽然改革并没有取得预期的效果,但它却对山西农村行政体制的完善和防御体系的建立起了一定的作用,使农村的生产和生活秩序相对有所好转,对农村的治安环境有一定的改变,当然对农民的暴力反抗斗争也起了很大的抑制作用。因此,虽然"民六以降,祸变纷乘,循环栽噬天下无辜因而荡析离居转于沟壑者不知有几。而山西一隅,村村有制,邻邻相安,符蓬绝迹,民无游惰。此在军阀猖獗、人民积弱之当日,有此治绩,亦非一朝一夕之力所可几及也"⑤。梁漱溟在1929年考察晋省时就说到:"山西在这方面,无论如何,我们总可以赞美地方政府有一种维持治安的功劳。"⑥就以保卫团为例说明,"保卫团之组织,以一编村为一村团,

① 乔润令:《山西民俗与山西人》,http://www.tydao.com(2000−06−10)。

② 邢振基:《山西村政纲要》,晋新书社1929年5月版,第7页。

③ 周宋康:《山西》(分省地志),上海:中华书局1939年版,第77页。

④ [美]李丹:《理解农民中国——社会科学哲学的案例研究》,张天虹等译,江苏人民出版社2008年版,第177页。

⑤ 杨天竟:《乡村自治》,北平:曼陀罗馆1931年版,第242页。

⑥ 梁漱溟:《梁漱溟全集》第5卷,山东人民出版社1991年版,第445页。

以县为一总团,凡村中十八岁以上,三十五岁以下,品行端正之男子,均选编为团丁,其主旨,在教育上,使团结为好人,在保卫上,使驱除败类。平时服务,由团丁中分班轮流,巡逻会哨,稽查联防"①。为防止共产党势力渗透山西,阎锡山政府于30年代初、中期不断加强省境防务,"增厚地方警卫力量……由厅令饬各县,对于入境难民,严行取缔,并饬认真查拿'反动分子',切实查看嫌疑人,以免沟通外'匪',滋生事端"②。基于此,梁漱溟认为:"据我看由村政产生的好处,亦有几种:第一是治安好。山西盗匪素少,现在实为全国最安静太平的地方。此其原因甚多,而得力于村政的亦不小。因为有村的编制,称查甚易,匪患直无从发生。"③"此外并有整理村范一项,由省而县而区而村,层层推递,以感化为主,以法律为辅,为祛恶育良之政策。"④所以,以上这些政策的实行,使得"在其他各地活跃异常、发动土地革命民主革命的共产党势力,在山西省内一直遭到严重破坏。至于民间秩序更是牢牢把握在阎锡山的代理者下"⑤。

同时,配合村制改革的政策,阎锡山在统治山西的过程中,还不断实施新的策略,使用灵活甚至欺骗的手腕使山西的民心暂时安稳下来,有利于整个山西社会的稳定。虽然"在阎锡山手里……真正实现了国家政权对个体农民的超常榨取,将农村分散的人力,财力,物力,通过行政警察网络,汇聚到了军事和工业现代化上面来"⑥。但是,在山西,阎锡山政权对农村采取的是综合性的剥削,不仅仅在财力,还有人力等方面。可以说,阎锡山政权对农民的榨取方式是多样性的,不像其他很多省那样单纯对田赋的超常榨取,故山西农民虽辛劳,但

---

① 闻钧天:《中国保甲制度》,上海:商务印书馆1935年4月版,第371页。

② 《去年整顿警卫及补充实力之胪述》,见《太原日报三周年山西书局一周年联合纪念册》,1935年版,第40页。

③ 梁漱溟:《漱溟卅后文录》,上海:商务印书馆1930年版,第255—256页。

④ 闻钧天:《中国保甲制度》,上海:商务印书馆1935年版,第371页。

⑤ 赵永强:《民国时期的山西:政治发动与经济剥夺——兼议同期之山西社会发展主线》,载《山西档案》2005年第1期,第54页。

⑥ 张鸣:《乡村社会权力和文化结构的变迁(1903—1953)》,广西人民出版社2001年版,第82页。

在物质上还不至于匮乏到极限,还不至于贫穷饥饿到去拿自己的生命去冒暴力斗争风险的程度。这一方面的具体情况在前文已有详细介绍,此不赘述。

还有一个重要的原因是,阎锡山建立了严密的行政网络,对每一个村庄甚至每一位农民都实施严密的监视,使人民不敢轻易有所反抗。阎锡山自己就毫不掩饰地说:"行政上之极致,在能看得住百姓","何谓看得住?国家要人民上学,则人人均来上学;要征兵,则人人均来入伍;禁烟,即无一人能吃烟;禁赌,即无一人能赌博;如此方算看得住"①。因此,"鄙人现在亟亟于编村制,意欲由行政网不漏一村入手, 一村不能漏然后再做到不漏一家而一人, 网能密到此处,方有政治可言"②。由此可见,"山西的行政网络成了一张一张警察网络、税收网络和道德教化网络,通过这些网络,阎锡山最终把触角伸到了每一个山西人头上"③。这种严密的行政网络很可能阻断了山西农民去进行协调的集体政治行动。尤其是,"起义是一种深思熟虑的集体行动"④,由于阎锡山政府的压制和监视,整个山西社会没有形成这样的起义或暴动条件。例如,在农村,由于村长是上面机关的代言人和整个村庄的掌管者, 不要说是暴动和起义,即使是"有人敢说村长的不是,村长只要写个'二指条儿'(农村俗语,指村长不须费事,只写一个两个指头宽的纸条就可办你)就要你的命了。县政府对于各村村长送来的人犯是不必询问的,当然无条件地收押起来"⑤。

同时,阎锡山的某些思想对山西民众也有奴化教育的作用,农民大都成为阎锡山统治下的顺民。阎锡山深知"为政当从人心上下手"。于是,他发明了一整套的"洗心术",对山西人民"洗心革面",以去掉私心,树立"民德","留好样于社会"……造就出"用民政治"的顺民,达到维护和巩固其军阀统治的目的。在对付共产党方面,阎锡山打着为民谋利的幌子,到处讲:"与共产党斗争,不是争智、斗力,是斗民生,谁的主张合乎民生,谁胜。"这些都使山西人民深受

① 《阎伯川先生言论辑要》(二),太原绥靖公署主任办公处1937年版,第15页。

② 山西村政处编:《山西村政汇编》,1928年太原版,序言,第1页。

③ 朱前星:《阎锡山奴化理论剖析》,载《山西大学师范学院学报》2001年第4期,第42页。

④ [美] 李丹:《理解农民中国——社会科学哲学的案例研究》,张天虹等译,江苏人民出版社2008年版,第185页。

⑤ 悲笳:《动乱前夕的山西政治和农村》,载《中国农村》第2卷第6期,1936年6月,第62页。

蒙蔽,把阎锡山当成了自己的救世主。[1]另外,阎锡山还处处标榜一个"土"字,什么"土烟"、"土产"、"土货券"、"土货商场"……处处以土为荣。阎锡山的"土",成了地方主义的别称,独立王国的代名词。[2]阎锡山的这些言行,是有意表现出他是山西的主人,并表明他要办的事情是以山西乡村社会的民众为出发点的,以此来俘获民心。

第三,虽然山西普通农民的生活水平并不高于其他省,甚至到后来还比很多省农民的生活水平要低,但是,有一点不可否认的是,山西的土地集中程度却相对较低,贫富之间的两极化还不十分突出,这也是为什么山西农民武装斗争相对其他省来说较少的重要原因之一。看下面的表格:

表5.11　20世纪30年代中期部分省份自耕农在农户中所占比率

省　别	江苏	浙江	安徽	江西	湖南	广东	山西	陕西	山东	河北
自耕农数量%	46.22	33.89	46.25	42.27	19.90	33.53	70.52	61.96	72.02	63.19

资料来源:王宜昌《从农民上看中国农村经济》,《中国经济》1934年第2卷第12期,第6页。

从上表可知,山西省自耕农的数量占到农民总数的70%以上,在全国的各省份中名列前茅,远远高于湖南的19.90%、广东的33.53%、浙江的33.89%等,这表明山西农民大部分还是有自己的土地,这在一定程度上避免了农村社会的混乱和动荡。

不过,通过本章所引"1932年部分省份农户负债状况表"来看,迟至30年代初期和中期,山西的农户已将近有一半处于借债度日的困境,陷入了普遍的贫穷,但相对于周围其他几省来说,山西农户极度贫困的状况要稍轻一些,每户平均负债数额远远低于同处在华北地区的河北和山东两省,这也进一步佐证了山西农村的阶级对立程度没有其他一些省份那样尖锐的状况,也解释了为什么近代后期山西农村社会相比其他很多省份来说较为稳定的历史现象。

---

① 刘建生、刘鹏生:《山西近代经济史》,山西经济出版社1997年版,第425页、第427页。

② 《侯外庐谈阎锡山》,载《山西文史资料》第60集,1988年11月版,第7页。

小 结

20世纪二三十年代,中国近代社会正处于新的转型时期,政治、经济、风俗等的剧烈变迁和社会阶级、阶层的变动和重组,导致了社会结构整体上的相对脆弱,尤其是农民面临着比其他阶层更为沉重的现代化压力,极易导致社会的不稳定。但是,正是在这一特殊时期,全国农村陷于普遍的贫困,农民在赋税交纳和其他政府事务方面的心理及行为往往与政府处于对立状态,严重威胁着国家的政治统治基础。

在这一时期,山西社会在阎锡山统治下,曾表现出一番有所作为的新气象。从20世纪20年代初至抗战前夕,阎锡山进行了持续的村制改革,虽然改革并没有取得预期的效果,但它却对山西农村行政体制的完善和防御体系的建立起了一定的作用,使得山西农民的暴力抗粮抗税斗争受到了很大的抑制,由此对山西农村的治安环境有一定的改变,因此,这一时期的山西农村社会秩序相对其他地方而言较为稳定。之所以产生如此的结果,主要是因为阎锡山政府在政治统治上采取的高压政策以及在赋税征收方面使用的蒙蔽手段以及山西农民历来所具有的敦厚朴实、勤劳吃苦的品行。

另外,通过对历史的深入考察,可以看到,在阎锡山政策的实施过程中,山西的经济发展虽然取得了一些成绩,但这种发展呈现出极明显的不平衡性。军事工业在山西地区得到迅速发展,而农村经济不但没有取得实质性的进展,广大农民的税负负担却同样日益沉重,山西农民的生活由此普遍处于贫穷、低下的状况。

第六章 CHAPTER SIX

村庄领导阶层：田赋征收角色的变迁

　　在传统的中国社会，广大的农村地区虽然在形式上隶属于国家政治统治，但实际上，绅士却是农村社会真实的掌管者，几乎所有的农村重要事务，包括赋税征收、水利灌溉、教育、民间纠葛处理等，都是绅士发挥领导作用的领域，因此，传统时期的村庄领导者主要是绅士阶层。不过，这种状况到民国时期有了重要的变化，农村中能够起到领导作用的阶层由原来单一的绅士阶层扩展到村长副和地主豪绅等，绅士阶层的原有社会功能也在这种变化中发生了转化，而新生的农村管理阶层也具有不同于以往的社会功能，尤其是在赋税征收方面更是如此。本章在关注南京政府时期全国农村领导阶层变动的背景下，着重对阎锡山政府统治下的农村领导阶层予以详细解读。

第一节　农村领导阶层的概念

ERSHI SHIJI ZHI ZHONGGUO

　　由于时代的变迁，在中国近代史上，传统意义上的"农村领导阶层"与近代转型期的"农村领导阶层"在所包含的人物类型范围、人物社会功能甚至人物品性等方面都有很大的不同，发生了巨大的变化。

　　传统意义上的农村管理阶层主要是指在乡绅士。在中国社会发生转型之前（大致在19世纪末、20世纪初之前），由于政府的政治势力还远远没有到达广阔的农村地区，由政府所任用的基层管理人员更是无从谈起，绅士就一直是真正意义上的基层社会掌管者。所以，有学者称，"绅权是一种地方权威，所谓地方权威是对于一个地方社区人民的领导权力，这社区好比一个县或者一个村落，能够领导一个县的叫'县绅'，领导一乡或一个村落的可以叫做'乡绅'"①。从所发挥的社会功能来看，"绅士通常认为自己理所当然地负有造福家乡的责任，具有完善、维持地方和宗教组织的责任，而旁人对他们也有这样的期待"②。但是，绅士阶层的社会功能也具有两面性：既欺压鱼肉劳动群众，又时常和群众斗争相结合共同反抗官府。这种两面性特点，正是绅士阶层时

---

①　吴晗、费孝通等：《皇权与绅权》，上海书店据上海观察社1949年版影印本，第119页。

②　张仲礼：《中国绅士的收入》，费成康、王寅通译，上海社会科学出版社2001年版，第43页。

常处于官与民之间的"中等社会"地位的反映。①

　　绅士权力产生并能在农村社会发生重要作用的基本原因也被学者所详尽探究。张仲礼先生在他的《中国绅士的收入》一书中，"将绅士界定为一个社会阶层，是通过科举考试的功名获得者。获得功名使他们脱离普通百姓，并使他们在社会上拥有特权地位和做官的资格。"②有很多时候，"绅士是退任的官僚或是官僚的亲亲戚戚。他们在野，可是朝内有人。他们没有政权，可是有势力，势力就是政治免疫性"③。从这些研究中可以看到，绅士理所当然地就是中国农村的"特殊而重要的社会阶层，所有在社会上有声望而不在政府中任职的人均可划入此列"④。当然，不同的绅士其权力也有大小之分，也就是说，"士绅作为一个阶层群体，内部又是有层次的，他的层次是与政府的行政等级平行的。士绅分为四个层次：村绅，村庄的士绅；乡绅；县绅和省绅"⑤。在本书中，我们仅仅探讨直接参与乡村管理的村绅和乡绅。

　　大致是在辛亥革命之后，中国社会进入较为明显的现代转型时期。从民国初年开始，政府有意识地逐步向农村社会渗透，特别是"国民政府定都南京后，将政权体制向农村社会深入，任用在籍离职官员和清末以来地方自治机关中的新官绅担任公职，因此而形成了新的地方精英阶层"⑥。也就是说，绅士作为传统的地方精英阶层掌管农村社会的格局正发生着重要的变化。不同于传统时代，民国时期的乡村社会权力是由新的地方精英阶层而非单独由绅士支配，"这些精英往往比士绅的范围广泛得多。"⑦

---

　　① 王先明：《近代中国绅士阶层的分化》，载《社会科学战线》1987年第3期，第172页。

　　② 张仲礼：《中国绅士的收入》，费成康、王寅通译，上海社会科学出版社2001年版，序言。

　　③ 吴晗、费孝通等：《皇权与绅权》，上海书店据上海观察社1949年版影印本，第9页。

　　④ 朱新山：《乡村社会结构变动与组织重构》，上海大学出版社2004年版，第39页。

　　⑤ 周荣德：《中国社会的阶层与流动：一个社区中士绅身份的研究》，学林出版社2000年版，第153页。

　　⑥ 魏光奇：《国民政府时期新地方精英阶层的形成》，载《首都师范大学学报》（社科版）2003年第1期，第26页。

　　⑦ 王先明：《士绅构成要素的变异与乡村权力——以20世纪三四十年代的晋西北、晋中为例》，载《近代史研究》2005年第2期，第246页。

王先明先生对转型期的地方精英阶层进行了系统的研究,结果表明,从这一阶层所涉及的范围来看,民国时期的地方精英阶层涵盖广泛,包括"地方官吏、学者名流、社团领袖、地方武装头面人物、大商人、大地主甚至富农等等庞杂的群体"[1]。在魏光奇先生的研究中,地方精英阶层则由各种"新政"和自治机构的首领人员组成,其中包括"县议会议员、议长、教育、警察、实业、财务等局所的首领,商会、农会、教育会会长,地方保卫团局首领,各类区乡行政首领以及中小学校长等"[2]。从两人的研究结果来看,民国政府时期,地方精英阶层所具有的广泛的共同特征都是指"在地方舞台上(指县级以下)具有支配作用的任何个人和家族"[3],而且两人对地方精英阶层所包含的范围的指定是基本一致的。"由于这些人员扮演着传统士绅的社会角色,所以仍被地方社会称为'士绅'。"[4]

但是,由于地方精英阶层所涵盖范围的过于广泛,出于时间和篇幅的局限,本书所探讨的"村庄领导阶层"仅指那些生活在乡村地区的直接管理和影响村庄的人物,包括在乡(或在村)绅士、村长副、有势力的地主豪绅等,其中,在阎锡山统治下,由于制度的原因,山西农村社会的领导阶层以村长副最为重要,也最具有代表性,因此,在涉及阎锡山时代的山西农村领导阶层时,本书以村长副为重心予以阐述。

---

① 王先明:《士绅构成要素的变异与乡村权力——以20世纪三四十年代的晋西北、晋中为例》,载《近代史研究》2005年第2期,第252页。

② 魏光奇:《官制与自治——20世纪上半期的中国县制》,商务印书馆2004年版,第360页。

③ 王先明:《士绅构成要素的变异与乡村权力——以20世纪三四十年代的晋西北、晋中为例》,载《近代史研究》2005年第2期,第246页。

④ 魏光奇:《官制与自治——20世纪上半期的中国县制》,商务印书馆2004年版,第360页。

第二节　村庄领导阶层的职能和性质变化

ERSHI SHIJI ZHI ZHONGGUO

一、农村领导阶层的转型

民国以前,村庄实际领导者的身份单一明确,基本是由绅士所担任。"中央政权吸收地方上的绅士地主阶级或上层人物作为它在地方上的同盟者。因此,官僚机构在表面上统治着乡村社会,实际上却是那些拥有极大基层社会影响的地方绅士管理着乡村民众。"[1]这样,绅士就成为百姓与政府之间的媒介,"成为政府与一般平民之间的一种缓冲。他替政府征收赋税,又为农民减轻一些苛政"[2]。道德力量是评判绅士的主要标准,因此,绅士给村民办事往往没有直接的经济报酬。不过,"由于为村里人办了事,他们也乐于享有声誉,接受一些礼物。比如,他们受人尊敬,可以对长辈(除了近亲)直呼其名而不用加上辈分的尊称。普通人是不被允许这样做的"[3]。这实际上也是一种权力和优越地位的表现,"他们的权力属于文化权威,来源于农村共同认可的文化氛围

① 费正清等:《剑桥中华人民共和国史》,上海人民出版社1991年版,第43页。

② 周荣德:《中国社会的阶层与流动:一个社区中士绅身份的研究》,学林出版社2000年版,第9页。

③ 费孝通:《江村经济》,见《费孝通文集》第2卷,群言出版社1999年版,第76页。

和资源"①。那么，依靠这个无形的文化权威和文化资源，绅士"由贵而富"，成为进一步控制乡村基层社会的砝码。②

清末以来，全国政治格局发生着重要的变化。由于太平天国起义的沉重打击，地方势力乘势崛起，中央集权日益衰落。③此后，地方自治活动在全国迅速展开，"国家权力对于乡村生活的控制力减弱，而'绅权'却在'地方自治'的旗帜下恶性膨胀"④。而当时，科举制度正在走向消亡，"具有科举功名的旧儒学者由于老朽很快被排挤出政府，并被新式学校出身的官吏所替代了。新官吏所接触的人不再限于学者，他们的访客中有没受过多少正式教育的富商，偶尔甚至也有声名狼藉的人"⑤。同时，由于科举制的废除和儒学的不断边缘化甚至被抛弃，"一向把持乡村政权的绅士阶层失去了最基本的力量补充。由此，基层政治权力的真空状态，便被'劣绅'、'豪强'所掌控"⑥。民国时期，政府加强对基层的渗透，以便将政权体制延伸至市县、乡镇乃至村庄，达到进一步控制农村社会的目的。但是，在这一过程中，国民政府"缺乏自己的干部资源，不能不吸收沿用地方社会人士"⑦。这些现象共同促成了绅士力量的膨胀和劣化并仍然占据着农村社会的领导和统治地位。在这个过程中，绅士成为政府进入乡村社会的有利工具。为了达到各自的目的或取得自身的利益，政府地方官员与绅士们互相利用，他们在一般情况下"是行动一致的，并保持相当和谐的关系，前者希望得到士绅的帮助以加强作为统治者的能力，而后者的目的则在于与当局联合以扩大影响"⑧。这样，以前那种经常顾及村民利益并能代表农村社会与政府讨价还价的传统士绅不复存在，从此，"绅士利益与农民

242

① 张鸣：《乡村社会权力和文化结构的变迁（1903—1953）》，陕西人民出版社2008年版，前言。

② 郝锦华：《清末民初乡村精英离乡的"新学"教育原因浅析》，见王先明、郭卫民主编：《乡村社会文化与权力结构的历史变迁》，人民出版社2002年版，第32页。

③ 张启耀：《清末商会经济纠纷调理权产生原因探析》，载《历史教学》2008年第7期，第69—70页。

④ 魏光奇：《官制与自治——20世纪上半期的中国县制》，商务印书馆2004年版，第355页。

⑤ 周荣德：《中国社会的阶层与流动：一个社区中士绅身份的研究》，学林出版社2000年版，第5页。

⑥ 王先明：《近代士绅阶层的分化与基层政权的蜕化》，载《浙江社会科学》1998年第4期，第109页。

⑦ 魏光奇：《官制与自治——20世纪上半期的中国县制》，商务印书馆2004年版，第375—376页。

⑧ 周荣德：《中国社会的阶层与流动：一个社区中士绅身份的研究》，学林出版社2004年版，第72页。

利益分开了,绅士的利益得到尊重,政府的征派他可以不付,抽丁也抽不到绅士的子弟,从而转嫁到农民身上"①。所以,到民国时期,绅士虽然仍是乡村权力结构的主体,但此时的绅士却"并非局限于功名、身份,其来源和出身已呈多元化趋向"②。

从绅士权力演变的宏观层面来看,自清末以来,绅士经历了两次大规模的向国家权力机构的渗透。第一次是晚清时期。当时,太平天国起义及其他叛乱风起云涌,清政府统治危在旦夕,为了达到继续统治的目的,中央政府被迫把正式的地方行政权和治安权委托给团练的组织者——绅士,从此,绅士势力正式进入基层社会行政、司法、治安等部门。③第二次是在民国政府建立之后,由于政府成立伊始,再加上国家政权急于向农村渗透,因而缺乏大量的基层社会管理人员,绅士便成为政府可资利用的人物。通过在县自治运动中参加县参议员选举等途径,绅士逐渐掌控了地方行政权,并与国家正式任命的行政官员——县长之间存在着互相利用或者矛盾冲突的关系。如太原在乡绅士刘大鹏在1918年8月13日的日记中记载:"上月选举省议会议员,仍用投票法,而一切奸人宵小,莫不钻营运动,凡多钱之人皆占优势,似此选举尚能得贤才乎?"④再如,1934年4月中央政治会议通过的《改进地方自治原则》中规定:"设县市参议会,得由县市长聘任一部分专家为议员,任筹备自治及执行职责。"⑤当时,经由此途,乡村社会的一些别有用心的绅士等精英人物便借机厕身地方政府。因此,地方自治的主要结果是使农村名流在他们故乡村社的习惯权力合法化。结果,南京国民政府在农村推行的所谓"县自治"体制"因制度设计不合理、乡村精英势力的痞化而蜕变为鱼肉百姓的土豪劣绅专政"⑥。可以看

---

① 吴晗、费孝通等:《皇权与绅权》,上海书店据上海观察社1949年版影印本,第128页。

② 王先明:《士绅构成要素的变异与乡村权力——以20世纪三四十年代的晋西北、晋中为例》,载《近代史研究》2005年第2期,第245页。

③ 王先明:《中国近代社会文化史论》,人民出版社2000年版,第25—50页。

④ 刘大鹏遗著:《退想斋日记》,乔志强标注,山西人民出版社1990年版,第265页。

⑤ 姚毅孙:《县区行政法规解释集成》(第3册),上海:大东书局印行,出版年代不详,第628页。

⑥ 王先明、李伟中:《20世纪30年代的县政建设运动与乡村社会变迁——以五个县政建设实验县为基本分析样本》,载《史学月刊》2003年第4期,第91页。

到，"近代地方权威的官僚化进程确实触及了乡村社会的基础框架。它使地方权威的授权来源发生了平静的、但却是重要的变化……这个变化刺激了基层权威利益的集结和组织化，但弱化了他们对于地方民众利益的责任，因为他们不必再经过地方社会的承认，就可能取得公共权威的地位"①。从绅士的变迁过程可以看到，民国以前，绅士"出于身份的缘故，一般不会担任乡村基层政权的任何职务，乡约、里（保）正这样的'乡村干部'，却要看他们的脸色行事"。但是，进入民国后，出于对利益进一步获取和活动空间进一步扩大的需要，绅士的"势力得到了空前的膨胀，他们的手不仅伸得过长，而且从后台跳到了前台，赤裸裸地掌控着乡村的政治权力"②。

有新的研究显示，国家决定一个阶层社会地位的方式也直接影响着整个社会运行中的腐败程度。通常来说，一个人的社会地位由他的社会资本、经济资本和文化资本所决定。在不同的国家，决定一个人社会地位的资本方式往往差别很大。"诸如美国、日本和法国这样的社会，基本上是围绕经济和文化资本的配置而组织的。社会资本的形式起次要但也仍然是重要的作用。那些以具有优势获得经济和（或）文化资本的方式而定位的个体或集团，不仅在这个特殊场域具有超越其他个体或组织的优势地位，也具有在较大社会中的优势地位。"③

而在传统的中国社会，包括南京国民政府时期，往往是一个人所拥有的社会资本决定了他的社会地位。这种情况就导致了在南京政府基层政权的建构上那些政客和县议员等拉关系、"走后门"、四处"活动"的丑恶现象的发生，直接加剧了社会的腐败。在这里，我们注意到，自清末至民国时期，经济资本、文化资本和社会资本在决定乡村士绅社会地位时随着时代的变迁而发生的微妙变化：民国以前基本是文化资本占有很大的比例，但到了民国时期，经济资本和社会资本却起着绝对的作用，文化资本的作用则微乎其微。

244

---

①　张静：《基层政权——乡村制度诸问题》，上海人民出版社2007年版，第29—31页、第42页。

②　张鸣：《乡村社会权力和文化结构的变迁（1903—1953）》，陕西人民出版社2008年版，第9页。

③　[英]杰西·洛佩兹、约翰·斯科特：《社会结构》，允春喜译，吉林人民出版社2007年版，第125页。

二、转型后的农村领导阶层

《皇权与绅权》一书对民国时期的农村领导阶层做了大致的归纳："在一般的乡村社区中，在基层权力的运用上能够扮演角色的人除了……绅士之外"，还包括"一是暴发户型的人物，在暴发之后有钱有势，对地方事务有干预"；"二是利用父兄子弟或戚谊的地位权势而在本乡本土炫耀的人，往往依恃人士的关系，干涉地方公私的事务"；"三是新制度制造的一种人物，即是通过保甲制度出来的地方'行政人员'"[①]。由此可见，到民国时期，士绅成为一个在"成分和群体特征等方面不同于传统士绅的新阶层"[②]。正所谓是，"在中国封建制度底崩溃的向前发展的现阶段中，封建地主阶级底势力日益动摇，封建的身份观念也日益稀薄，一班有能力的乡绅都一天一天土豪化，而一班有势力的土豪也逐渐成为乡绅，乡绅与土豪已很难加以区别了"[③]。

这种状况的出现一方面在于制度的问题，但另一方面又是由于中国社会在发展进程中自身出现的不足。农村长期的贫穷落后导致近代社会在转型期村庄"合格"领袖的缺乏。"在民智闭塞的中国，真正的农民里面，是找不出一个领袖来的，除了那些地主乡绅以外……这些地主乡绅不算他们是领袖呢，他们实在有个人的优越，能影响农村的进程。要算他们是领袖呢，他们实在不是农民的领袖，而是农民的敌人或是榨取者。"[④]这一句评论道出了民国以来村庄领导阶层的本质。从政府制定的法令上来看，县地方机构表面上呈现出一些民主色彩，如各县成立了参议会、区民大会、乡镇民大会等，且县级以下各部门成为完全的"自治"组织。但是，实质上，这些所谓的民主机构却大多由一些土棍或劣绅把持，他们又与县长或省上的人有着某些千丝万缕的联系，

---

① 吴晗、费孝通等：《皇权与绅权》，上海书店据上海观察社1949年版影印本，第152—153页。

② 魏光奇：《官制与自治——20世纪上半期的中国县制》，商务印书馆2004年版，第359页。

③ 周之章：《中国农村中的兵差》，见太平洋书店编：《中国农村问题——佃农问题·农民负担》，太平洋书店1933年版，第77页。

④ 杨开道：《农村领袖》，上海：世界书局1930年版，第20—21页。

并借势胡作非为,因此,民主的色彩便不复存在。这些打着绅士旗号的人早已失去了保护乡民的功能,变成害民肥己的劣绅。在办理地方事务方面,原来是由绅士来负责,民国时期则演变为官绅合作甚至军绅勾结共谋私利。"贪污是官僚的第一德性,官僚要如愿的发扬这德性,其起点为与绅士分润。地方自治事业如善堂、积谷、修路、造桥、兴学之类有利可图的,照例由绅士担任,属于非常事务的,如办乡团、救灾、赈饥、丈量土地、举办捐税一类,也非有绅士领导不可,负担归之平民,利益官绅合得。"①在地方军队与在乡绅士的关系上,情况变得对普通农户更为不利。有时,"(军队)勾结豪绅,假借其势力,探讨民情,而从中敲诈,互相为谋,上下其手。某也藏枪,某也藏匪,或诬以嫌疑,派兵抓拿,非刑严拷,必令承当。豪绅然后出而求情作保。度其家产,而处以相当罚款"②。

蒋介石国民党通过发动反共事变上台后,"中国农村中豪绅地主阶级的政治势力非但没有削弱,反因国民革命事业的挫败而得到巩固与加强"③。"由新官绅把持的地方机构借办理'新政'和各种自治性事务而向农民、小商贩滥征税捐、强行摊派财物,并从中贪污中饱",这在20世纪30年代初是普遍的现象。④在田赋交纳中,"各地土劣豪强,往往恃势武断乡曲,相率抗粮。抗粮的方式,亦有两种:(1)大官巨室,往往以不纳粮为光荣,即显示其为特权阶层。县官亦因利用若辈为其爪牙,不敢开罪,积习相沿,竟成一种风气……(2)土豪劣绅鱼肉百姓,盘剥小民,各县无不如是。而吏胥互相勾结,狼狈为奸,自己田地,既不纳田赋,而小农贫农的田地,反被层层剥削"⑤。最后形成的状况是"有钱的一文不出,无钱的非要不可"⑥。国民党著名人士张治中说,他

① 吴晗、费孝通等:《皇权与绅权》,上海书店据上海观察社1949年版影印本,第50页。

② 周之章:《中国农村中的兵差》,见太平洋书店编:《中国农村问题——佃农问题·农民负担》,太平洋书店1933年版,第57页。

③ 张忠才:《考析抗战前十年南京国民政府的田赋整理》,载《杭州大学学报》1992年第9期,第65页。

④ 魏光奇:《官制与自治——20世纪上半期的中国县制》,商务印书馆2004年版,第367页。

⑤ 刘世仁:《中国田赋问题》,上海:商务印书馆1935年版,第107页。

⑥ 《各地通讯》,载《大公报》(天津版),1928年12月27日,第8版。

的家乡"十四个保长中,有八个是抽鸦片烟的,两个是开烟馆的,没有一个是有恒心的,都是只以欺诈、敲剥、打坏主意为事"[1]。

同样,担任乡村中的区长和村长的新士绅也是如此,他们中极少有诚实善良之辈。这一时期,旧时的传统道德观念已不再是新士绅办理农村事务的动力,而是固定的薪酬和极高的奖励。例如,在山西安邑县的田赋征收中,政府已经明文规定了对"优秀"的村长副进行金钱上的奖赏,并特别在法令上规定:"前经呈准在征收税内每年提存大洋一百二十元专作奖励村长副之需,嗣后无论何人来宰斯邑,不得私自裁减。"[2]可见这种情况已成为一种普遍的风气。在农村行政职务的担任上,村中的士绅大多是基于对物质利益考虑的,所以,"只有两种人愿意当村长,一种是有钱的土豪,一种是没有钱的劣绅。有钱的土豪为什么愿意当村长,因为一作村长,便可增加他的势力,保护他的私产,没有人敢来欺负他。没有钱的劣绅为什么愿意当村长,因为一作村长饭碗问题便完全解决了"[3]。"区长们凭借他们底资格和地位,在乡村中往往形成一种特殊势力。他们包揽讼事,他们任意派款,甚至残杀善良,以造成个人的专横,扩大个人的权力。在调查时,关于这种的具体事实,时常有农民们告诉我们;但他们敢怒而不敢言,有时仍不能尽情宣布出来"[4]。

在很多地区,地主富农明显占据了乡村政权的主体。他们过去剥削成性,现在又凭借着势力和财富纷纷爬上乡村社会的制高点,以到手的政治权力为资本居高临下地统治着农民。资料显示,南京政府前期,乡村社会中的主要职务已基本为地主和富农阶层所把持。在江西一些地方,"乡长多由地方士绅向县长推荐"[5]。当然,由于这一时期的地方绅士往往品行不端,因此由他们所推

---

① 张治中:《张治中回忆录》,文史资料出版社1985年版,第165页。

② 《村粮征收章程》,见景定成主修:《安邑县志》(卷4《田赋税略》),1934年2月编修,第11页,山西省运城市盐湖区档案馆藏。

③ 杨开道:《农村领袖》,上海:世界书局1930年版,第38页。

④ 行政院农村复兴委员会:《河南省农村调查》,上海:商务印书馆1934年8月版,第76页。

⑤ 中国人民政治协商会议景德镇市委员会文史资料研究委员会编:《景德镇文史资料》第2期,景德镇印行,1985年版,第75、77页。

荐的乡村首领们不是俯首听命者便是投机钻营者,真正为村民办事者是少而又少。

下面再以江苏无锡为例说明。

6.1 1933年江苏无锡6个区乡镇长副阶级成分分析

	总户数	地主	占总户数的%	富农	占总户数的%	中农	占总户数的%
乡镇长	119	107	89.9	8	6.7	4	3.4
乡镇副	116	77	66.4	24	20.7	15	12.9
合计	235	184	78.3	32	13.6	19	8.1

资料来源:李琇《中国农村政治结构的研究》,《中国农村》1937年第1卷,第10页。

可以看出,在无锡6个区的119个乡镇长职位中,地主就占据了107个,剩余的12个乡镇长职位中则又有8个落入富农之手,副镇长职位也有87.1%由地主和富农共同把持,因此,地主与富农明显控制着乡村地方政权。

三、转型对国家与社会的影响

绅士转型是近代基层社会的主要变化之一,也是近代中国重要的变迁史,对整个中国近代社会甚至现代社会的发展都产生了不可低估的作用。本书仅从国家行政和农村民众所受到的影响来作简要的分析。

首先来看转型对国家行政的影响。

新绅士阶层之所以在近代中国社会产生了重要的影响,不仅仅在于其原有的基层社会的主要地位和转型后对基层社会权力的把持,还在于民国以来,这些新绅士"通过结成公共权力网络而实现的组织化,使得他们可以在一县范围之内采取步调一致的行动……这是过去散居各乡的旧士绅们所做不到的"①。这种局面对当时的国家行政产生了极大的负面影响。

---

① 魏光奇:《官制与自治——20世纪上半期的中国县制》,商务印书馆2004年版,第363页。

自清末以来一直到南京政府建立之后，我国近代的地方自治运动基本在持续地进行，但是，"由于政治动荡，国家权力对于乡村生活的控制力减弱，而绅权却在地方自治的旗帜下恶性膨胀，在某种程度上成为乡村生活的主导力量，它不仅侵害吞噬着普通民众的权益，也削弱了'官治'的国家行政"①，这些品行不端的地主豪绅对农村社会的无序统治进一步助长了他们的势力和权威，致使自清末以来国家和社会倡导和实施的自治运动的最终失败，"使国家的社会整合与动员目的无从实现"②。孙中山先生说，在民国初年，"充县议员者，不外劣绅、流氓、地痞，办具地方事务者亦然，则县自治之成绩，从可知也"③。可见，绅士的近代转型及劣化是导致中国近代社会地方自治运动失败的重要原因。

　　由于转型前在地方社会的地位和转型后把持地方政权的局面，近代绅士的转型对县政产生了重要影响。从民国建立后的情况来看，很多县份的重要局所多为地主、土劣控制，如湖南政府在地方自治实施情况调查中说，湖南各县公团或团防局、保卫局"多是土豪劣绅、不法地主的武力"④。南京国民政府建立之时，"由于政治和经济的原因，县政仍复其旧，吏治由清转浊，绅权反而有日益膨胀之势，致使华北多数的县政权进一步受到当地绅士的操纵，有的县甚至出现了地方割据的局面"⑤。更有甚者，一些地方的县党部也被豪强劣绅所控制。1932年8月，安徽宿县与灵璧县农民发生武装抗粮斗争，政府派员调查后认为："查宿灵两县县党部，多为土劣所把持，藉党神圣之名义，以行其贪酷龌龊之私图，使负有唤起民众、领导民众之党部，不但不能领导民众，反日与民众远离，甚至为民众所深恶痛绝。"⑥

---

① 魏光奇：《官制与自治——20世纪上半期的中国县制》，商务印书馆2004年版，第355页。

② 李德芳：《民国乡村自治问题研究》，人民出版社2001年版，第192页。

③ 陈旭麓、郝盛朝主编：《孙中山集外集》，上海人民出版社1990年版，第37页。

④ 《乡村自卫问题决议案》，载《湖南历史资料》1980年第2期，湖南人民出版社1980年版。

⑤ 郑起东：《华北县政改革与土劣回潮（1927—1937）》，载《河北大学学报》（哲社版）2003年第4期，第31页。

⑥ 中国第二历史档案馆编：《中华民国史档案资料汇编》（第5辑第1编）（三），江苏古籍出版社1991年版，第604页。

县长受土劣控制的现象也是经常发生的。按照地方自治的要求，地方士绅应辅佐和帮助各地官员办理地方事务，但是，"与其说绅士和地方官合作，不如说地方官得和绅士合作。在通常的情形下，地方官到任以后的第一件事，是拜访绅士，联欢绅士，要求地方绅士的支持"①。有时外来的一县之长会受到当地地方势力的排挤，不利于县公务的处理。"在一个县里县长及其僚属是从外地来的统治者，对于带有一些乡土感情的当地士绅来说，他们就成为含有某种意义的'异类'。"②有时候，县长本质虽好，却往往受到当地土豪劣绅的打击和排挤，因而面对一些欺压贫民之事，又有力不从心的感觉。"有好些经验欠缺，而火气较旺的县长，常常弄到不能实行职权，就是因为地方上尚有特殊势力存在！""就是比较清廉的县长，亦不能不和地方的地主、土劣等互相勾结"③，因为"县长如果完全不同他们（绅士）合作，就什么事都做不出，而且还有丢官的危险"④。

再来看绅士转型对农民的影响。

自清末至20世纪30年代初，绅士的权力得以持续扩张，最终结果是，大量的绅士直接进入正式的行政机构。这一局面改变了传统时代绅士在国家与农村社会之间的中介角色，"深刻影响原来国家——绅士——农民的结构关系"⑤。

不过，绅士权力的扩张并非具有建设性，它除了对国家行政形成极大的危害之外，还扭转了原来绅士为"万民之首"的地方社会格局，开始严重地侵害着一般农民的利益。可以说，绅士的近代转型是农村社会结构关系发生变化的分水岭。

清朝末年，社会的巨变引发了绅士的劣化，原本以道德为处事标准的传统绅士逐渐退出了历史舞台，追逐蝇头小利及个人地位的新绅士粉墨登场，民众利益被他们踩到了脚下，农民理所当然地受到他们的剥削。还有一种情况

① 吴晗、费孝通等：《皇权与绅权》，上海书店据上海观察社1949年版影印本，第50页。

② 周荣德：《中国社会的阶层与流动：一个社区中士绅身份的研究》，学林出版社2000年版，第6页。

③ 张家良：《国民经济与县政建设》，载《中国社会》第3卷第1期，1936年，第67页、第69页。

④ 周荣德：《中国社会的阶层与流动：一个社区中士绅身份的研究》，学林出版社2000年版，第2页。

⑤ 朱新山：《乡村社会结构变动与组织重构》，上海大学出版社2004年版，第51页。

是，城市的奢华与舒适吸引地主们离开穷山恶水的农村，但他们在城里的花费也随之增大，"这笔费用只能通过提高农民的租金利息和赋税等来获得"①。因此，从20世纪初期开始，地主豪强不仅不再对农民进行庇护，反而还增加了对农民的索取和剥夺。

1927年8月，国民政府公布《惩治土豪劣绅条例》，对土豪劣绅实行严厉惩治。但是，在惩治的同时，国民政府也采取笼络和吸纳的办法使之进入国家主导的地方自治和保甲制度建设中。②这一措施虽然也具有对他们实行抑制的意义，但其结果却往往是那些"劣绅"通过不断的活动加入到官员的队伍中，更加腐化和破坏了政府的官僚组织。随着官员及士绅贪污行为的不断增加，农民又一次面临赋税税额增加的危险。例如，以农村常常发生的就地筹款来说，这一行动往往假手于当地豪绅，因此，豪绅便获得了贪污腐化的机会，农民负担的增加成为不可避免的事情。当时有评论说："不幸目下这个工具（指保甲制度）大都恰恰交与那些以压迫民众为能事的土豪劣绅手中，结果竟成了动员民众的阻碍，一般乡镇保甲长籍征兵募款等政令，多方敲诈，无所不为。予取予夺，民众是受尽了他们的剥削压迫之苦，这是目前普遍各地的恶劣现象。"③

如此看来，绅士转型对农民和农村社会产生了巨大的影响，尤其是南京政府以自治为名，借用以土豪劣绅为主体的乡镇保甲长势力，不断向基层社会渗透，结果不仅造成了农村社会的日益衰败，而且最终把农村社会推向了自身统治的对立面。所以，"土豪劣绅与农村愈演愈烈的革命烈火有着直接的因果关系。土豪劣绅在乡村中胡作非为，肆意欺压农民，激化了乡村的社会矛盾，从而使农民起来反抗，这是中国共产党领导的红军和革命根据地能够日益发展壮大的一个重要原因"④，因此，广大农民的反抗意识成为中国革命最终取得胜利的有力武器和根本保障。

---

① [美]米格代尔：《农民、政治与革命：第三世界政治与社会变革的压力》，李玉琪、袁宁译，中央编译出版社1996年版，第85页。

② 魏光奇：《官制与自治——20世纪上半期的中国县制》，商务印书馆2004年版，第375页。

③ 《来一个普遍的调整保甲运动》，载严北溟等编：《浙江潮》1938年，第7期，第126页。

④ 彭厚文：《试析30年代前期国民党打击土豪劣绅的政策》，载《湖北大学学报》(哲社版)，1998年第1期，第18页。

第三节　阎锡山统治下的山西村庄领导阶层

ERSHI SHIJI ZHI ZHONGGUO

一、转型后的村庄领导阶层

从民国初年直到抗日战争爆发为止,像全国其他地方一样,整个华北地区的地方基层政权大都在绅士手中,而国民政府的力量相对较弱。[1]其原因正如黄宗智所言,民国时期的国家机器虽有进一步渗入地方社会的强烈意图,毕竟无力将正式的官吏和权力直接伸进县以下的各级行政组织,以致政府与地方社会间利害矛盾的调剂,仍须仰仗各色地方精英为之中介。[2]在山西境内,阎锡山的"村制"建设从巩固自己的统治出发,力求基层社会的平和与稳定,并非专门为地主、劣绅谋利益。例如,阎锡山倡导下的"山西地方自治,最初以村本主义,编行村制,政治在乎用民。继则以村本主义,改进村制,政治在乎公平。近复以三民主义,为村内设施之标准,将脱离官治而进为人民自治"[3]。但是,由于各种原因,改制并没有取得预期效果,农村的地主豪绅并没有受到应

---

① 郑起东:《华北县政改革与土劣回潮(1927—1937)》,载《河北大学学报》(哲社版)2003年第4期,第36页。

② 黄宗智:《华北的小农经济与社会变迁》,中华书局1986年版,第313—314页。

③ 黄永伟:《地方自治之理论与实施》,南京:拔提书店1934年版,第113页。

有的约束。再者,有才能有知识的人大多已离开村庄搬到城里,各村中普遍难以找到合适的村长人选,只有任土棍劣绅胡作非为。当时梁漱溟在考察山西时对这一点看得很准,说"在我看来村长问题,极难得适当的人,而极容易得不适当的人……而阎锡山则于一时间,找出村长二万多!结果如何能好?事后乃想法防制,晚矣!后来再想法训练,晚矣!"①所以,阎锡山的地方政权肯定由此受到了很大影响。

村庄领导阶层在旧时被称作"乡官",这一称呼在阎锡山统治时的山西发生了变化。"乡官名义,在昔有比长、闾胥、族师、亭长、乡长之称,今晋省亦有闾长、村长副之称"②,"清代时,村长村正等人员,社会地位低下。清末推行地方自治以后,教育、警务、保卫、筹款、选举等各种事项,最终都要通过村庄来办理,乡村首领于是经过重新选举,其责任日益加重,具有乡官性质"③。虽然各省都在倡办自治,但对村庄地位和村长作用的态度并不像阎锡山那样重视。在阎锡山统治下,为了稳定社会和征收赋税的需要,村庄的作用和地位得到了史无前例的提高。阎锡山常说的一句话是:"村长是村政的根子,村长坏了,村政便不会好。"④因此,阎锡山为村政的建设和村长的任用制定了大量的法规,倾注了不少的心血。

由于阎锡山政府对村政的重视,所以,大凡在农村有些势力和关系的人都要攀上村长副这个职位,以便能把持村政、为己谋利。"大凡是能够联络得十个或二十个以上村长的人,不管他过去的门第是如何不行,那他马上就可以成为一个起码绅士。"⑤在村长的任用上,阎锡山也是以势力和实力为选用标准,以便能压服村民、利于村政。虽然在1934年4月中央政治会议通过的《改进地方自治原则》中规定,"乡镇村长等由各乡镇村人民选举三人,由县市长

---

① 梁漱溟:《北游所见记略》,见《梁漱溟全集》,山东人民出版社1991年版,第898页。

② 陈阜民:《训政时期县政区政村政计划书》,中国国民党学术院丛书,出版日期不详,第45页。

③ 魏光奇:《官制与自治——20世纪上半期的中国县制》,商务印书馆2004年版,第358页。

④ 《山西省第二次村政会议记录》,见吴树滋、赵汉俊辑:《县政大全》(第五编),上海:世界书局1930年版,第100页。

⑤ 悲笳:《动乱前夕的山西政治和农村》,载《中国农村》第2卷第6期,1936年6月,第59页。

择一委任。"①但是,在阎锡山的命令中,却以财产为前提条件委任村长副,与中央的《改进地方自治原则》相矛盾。根据阎锡山的法规,"凡具有下列资格:(1)朴实公正兼通文义者(2)年在三十岁以上确无嗜好者(3)有不动产价值在一千元以上者。得选任村长。"②由此可见,"村长的产生表面是由村民票选的,不过因有种种财产上的限制,有资格当选为村长的也只有高利贷者、富农、商人、地主等人。同时官方为了慎重起见,须将票数较多的前十名村长全部送县由县长圈定。因此县长就可以商同县绅,不拘票数多少地任意择定加委"③。

那么,在当时的山西,这些担任了区长、村长副等职务的新士绅名声如何呢?从理论上来看,在实施"村政"建设的过程中,阎锡山政府从法令上对区长、村长副的办公经费、财务监督等做了详细的规定。

在阎锡山政府制定的《各县村制简章》第五章和第六章规定:"村内办公费用由村民依照惯例公摊之","村长每次赴城办公十里以内往返支车马费小洋二角,路远者按数增加,但以赴城办公为限","自赴城办公之日起至公毕回村之日止,每日支膳宿费不得过小洋三角,但因私事耽延即不能支用公费"④。

对于财务方面的监督,阎锡山政府有更为详细、明确的规定。在制度层面,《山西村政纲要》制定的措施是:村民会议选举两个公正廉明之人,其中一个掌管账务,一个掌管钱款。掌管账务者要对钱款的收入和支出进行登记并定期结算。这样,两人相互制约和监督,减少了腐败贪污的机会。⑤村财政"每年清理一次。逾期除发生特别障碍外,有一村不清理者,该段主管人员记过一次,该员等记过三次再者,知事记过一次"⑥。具体清理办法是:"村长副于每年

① 姚毅孙:《县区行政法规解释集成》(第三册),上海:大东书局印行,无出版年代,第628页。

② 《地方制度之建设及自治人才之养成》,见郭葆琳:《山西地方制度调查书》(第一编),山东公立农业专门学校农业调查会出版,出版年代不详,第2页。

③ 悲笳:《动乱前夕的山西政治和农村》,载《中国农村》第2卷第6期,1936年6月,第60页。

④ 郭葆琳:《山西地方制度调查书》,山东公立农业专门学校农业调查会出版,出版年代不详,第6页。

⑤ 山西村政处编:《山西村政纲要》,1928年太原印,第17页。

⑥ 《山西省清理村财政简章》,见吴树滋、赵汉俊辑:《县政大全》(第二编下册),上海:世界书局1930年版,第195页。

春节后二十日内将上年村款收支一切账簿送交监察员详细查算。"①"区长或科长科员下乡清理时应将新旧乡镇长副及旧监察委员召集到场查询上年公款已否清理公布,如已清理公布,毫无纠葛,应饬由新旧乡镇长副及监察委员会同出结。如未清理公布应即督同清理。其纠葛较大,不能在村解决者送县讯办"②,"监察员清查村款如有徇隐或作弊情事得由村民告发之"③。

但这些规定所起的作用并不大,村长副大肆贪腐的现象一再发生。"介休某村每年,茶叶竟至一百五十余斤者,实属骇人听闻!"④有些正直的山西地方人士愤慨地说:"民国以来凡为绅士者非劣衿败商,即痞棍恶徒以充,若辈毫无地方观念,亦无国计民生之思想,故婿官殃民之事到处皆然,噫,可慨也已。"⑤

就连阎锡山本人也发表感言:"村财政乃施行村政之本,务使花一文钱,收一分效,决不可虚靡公款,致落人怨。查榆太等县,向称富庶,民风奢侈,旧日村社花费,既多浮滥,近闻村公所成立以来,村长副等仍多复蹈故辙。须知此弊不改,影响于村政前途者,良非浅显。"⑥

有一点需注意的是,民国以来,各地县长在任用上的廷择外放制度被破坏也是导致乡村行政人员更为腐败的原因之一。从法理上来说,县长的最终任用权在中央而不在省府,但事实不然。民国建立以后,由于"各省军阀割据,中央权威衰微,各省竞相自放县长,廷择外放之制遂被无形废弃"。各省县长呈荐中央任命的只是极少数,且送请中央审查者也是极为少数。由此带来的弊

---

① 《山西省清查村款条例》,见吴树滋、赵汉俊辑:《县政大全》(第二编下册),上海:世界书局1930年版,第196页。

② 《山西省政府村政处训令》(民国二十一年一月村总字第九号),见山西省政府村政处编:《清理村财政报告》(1933年至1935年),北京农业大学图书馆藏,第4页。

③ 《山西省清查村款条例》,见吴树滋、赵汉俊辑:《县政大全》(第二编下册),上海:世界书局1930年版,第196页。

④ 山西省政府村政处编:《清理村财政报告》(1933年至1935年),第1页。

⑤ 刘大鹏遗著:《退想斋日记》,乔志强标注,山西人民出版社1990年版,第322页。

⑥ 《山西省第二次村政会议记录》,见吴树滋、赵汉俊辑:《县政大全》(第四编),上海:世界书局1930年版,第139页。

端是"县缺成了大小军阀用来奖赏下属或送人的礼品"①。这样，长期以来，那些军阀割据特性最明显的省份中，县长的任用制度大大影响了地方基层官员的素质，形成了吏治腐败的温床，也继续加大了乡镇和村庄基层政权的腐败程度。山西境内的区长、村长副也逐渐变得更为腐败、贪婪。虽然他们离上级的距离越来越近，但是离村中的农民则越来越远，无形中造成了政权与民众的隔阂，这大概是阎锡山在"村政"建设中所没有预料到的吧。

因此，进入20世纪30年代，在村长副的"管理"之下，村政更为腐败专制，有时一个村庄整个都属于地主富农的天下，当时便有人说："地主富农就是村公所，村公所就是地主富农。"②村长副在村里的地位很高，如山西中部的一个村庄，"村长是当地的大地户，自己有粮店有磨房——兼营杂货——也放债"③；在晋东南的屯留县，"大多数村长都是土豪，惯于敲诈，不但公杂费尽量增多，甚至巧立名目……因此，普通农民视村长如蛇蝎，而地主土豪则视村长如摇钱树"④。在这样的情况下，村财政状况由此可知。"各村控告村长者甚多，有控其借公营私者；有控其贪婪不者；有控其专横自恣者。村制大坏，于今益甚，各县之官仍然对待村长照旧庇护，不加严法惩办，则必大失民心，而于国家之安危大有关系也。"⑤政府在20世纪30年代中期采取了一些限制和惩治措施，"制定监督村财政办法暨村财政收支概算册，令各村自行编造，以限制其无限度的浪费滥支"⑥。又于1935年惩处县区人员约十余人、村长副约二十余人，⑦但由于阎锡山制度方面的问题和用人方面的问题，农村基层政权腐败的现象并没

---

① 王奇生：《民国时期县长的群体构成与人事嬗递——以1927年至1949年长江流域省份为中心》，载《历史研究》第2期，第98页。

② 叶民：《土地村公有方案的实际意义》，载《中国农村》1936年第2卷第1期，第39页。

③ 张稼夫：《山西中部一般的农家生活——替破产中的农家清算的一笔账》，见千家驹：《中国农村经济论文集》，上海：中华书局1936年版，第381页。

④ 高苗：《山西屯留县农村经济实况》，见千家驹：《中国农村经济论文集》，上海：中华书局1936年版，第581页。

⑤ 刘大鹏遗著：《退想斋日记》，乔志强标注，山西人民出版社1990年版，第486页。

⑥ 山西省村政处编：《清理村财政报告》（1933年至1935年），第1页，北京农业大学图书馆藏。

⑦ 山西省村政处编：《清理村财政报告》（1933年至1935年），第3页，北京农业大学图书馆藏。

有减少,且愈演愈烈。

当然,也有些年龄较大的在乡绅士仍保持传统士绅的品行,疏于财物、热心为民,但这样的人并不多,而且在当时世风日下的环境下,他们与那些豪强劣绅格格不入,故最后又往往退隐不出。如清末民初太原籍士绅刘大鹏即是如此,其友人阎佩礼等在给刘绅士的碑文中记载,"先生素怀康济斯民之愿,常以不得行其志为恨,岁甲戌,目睹省税繁重,民不聊生,曾上书南京中央政府为民请愿,卒蒙下令豁免苛捐杂税,一时晋民称快……季世江河日下,人多为己,似先生之抱遗订坠急公好义者能有几人?"[①]所以,在当时的社会背景下,"一个传统的比较正直的绅士,他明白自己已成为这个时代的落伍分子,在政治上又遭受了前所未闻的压迫,若是他真能以社区人民的利益为重,为了不愿意得罪农民,或者甚于慈善的心肠,他就宁愿洁身隐退"[②]。

二、阎锡山统治下农村领导阶层的田赋征收与权力变迁

在山西,出于统治的需要,阎锡山对农村社会体现出极大的治理热情,因此,新型绅士担任村长后,在村中形成了较大的权力,所负责的事务也很多。不过,尽管如此,同其他省相比,山西的农村领导阶层并没有形成对县政把持的局面。在整个山西省内,县长的权力相对其他省来说也较大,县长受地方士绅控制的情况比其他省要少得多,即使有,程度也要轻一些。之所以产生这样的局面,笔者认为主要原因有三个:第一,各地县长往往直接为阎锡山所任命,通过一些途径,阎锡山能够掌握到县长的举动和作为,这就在一定程度上牵制和抵消了地方豪绅势力;二是因为阎锡山政府在农村基层社会构架了正式的行政机构,形成了较严密的行政组织,保证了国家行政力量在基层社会的渗透,较为有效地防止了地方势力的任意所为;第三,相比于其他省而言,山西土地的集中程度较低,因此,山西的地主大都是中小地主,其势力一般都

---

① 阎佩礼:《刘友凤先生碑铭》,见刘大鹏遗著:《退想斋日记》,乔志强标注,山西人民出版社1990年版,第614页。

② 吴晗、费孝通等:《皇权与绅权》,上海书店据上海观察社1949年版影印本,第128页。

囿于一村或几村之内,很少有能够直接达于省县的。

在阎锡山实施"村政"建设的前期,地主劣绅等农村领导阶层大多都主动担任乡村领导职务,因为他们可以借此奢靡中饱、耀武扬威,但是,随着"村政"实施之下农村事务的繁多,再加上进入20年代末以后,农村田赋等税费的征收日益繁重,同时农村经济受到频繁的自然灾害以及后来的世界经济危机的影响,农民陷入了广泛的贫困,农村田赋征收成为一种无法圆满完成的任务,结果,在村长副这一职务的担任上发生了一种新的变化。很多时候,上面催粮催款十分急迫,村长副不得不自己垫付村里上交的赋税,有的为此倾家荡产或丧失性命。这样,不要说地主豪绅,就是一般的农户也不愿担此职务。

"南京政府统一中国后,对基层政权进行了改革,企图建立新的官僚政权来执行田赋征收的任务。但旧有的田赋征收人员并没有消失,他们或成为政府在乡村征收田赋的经纪人,或者进入基层官僚政权内,成为国家正式的官僚,于是出现新旧征税机构相互纠缠在一起的现象。"①从田赋征收方式上来看,当时山西的情况也基本如此。不过,从书中已有的论述中可知,相对于其他省而言,虽然山西在征收方式上没有明显的特征,但是,由于山西在全国最早实行"编村"制度,所以"村长负责制"对田赋的征收产生了很大的影响,从而使山西的田赋征收成绩在全国位列前茅,这是值得肯定的现象。

传统乡村社会的田赋征收人主要是乡约地保,但绅士却制约着乡约地保,使其贪污腐败行为受到一定程度的限制。这是因为绅士在传统乡村社会起着道德典范的作用。但是,到了晚清时期,"清政府除地方行政官员外,用以深入农村的统治结构的下层网络是一个虚弱的、有缺陷的系统。当中央政权自身变得无能为力时,中国的县级政府极度腐败并高度依赖地方士绅去完成征税任务"②。最初,由于这些士绅大多在农村社会有一定的威望,因此还具有为民服务的理念。但是,到民国建立前后,乡村中的这种权力结构却随着旧有绅士阶层的瓦解而不复存在。绅士阶层不断趋于劣化,地主豪强逐渐跻身基层政

---

①　张君卓:《1927—1937年华北田赋征收体制与农民负担》,载《中国经济史研究》2006年第3期,第142页。

②　张佩国:《土地资源与权力网络——民国时期的华北村庄》,载《齐鲁学刊》1998年第2期,第102页。

权,所有这些都使得农村的征税行为日益变得令人所不齿。

在山西,随着阎锡山"村制"的实施,乡村基层政权逐渐产生新的变迁,村庄领导阶层的田赋征收也随之发生着微妙的变化。

从村庄中田赋征收的负责人来看,自从实行"村政"以来,传统势力的实际基础在山西农村也随着多少有点变质的倾向,"过去的封建基础大半是建筑在祖先或者是自己的'门第'和'名望'的上面,现时已渐将其现实基础转到'村长'这个官衔上了"①。

20世纪二三十年代,在广大山西农民的头脑里,对村长的印象和想象还停留在原来时代的村庄领袖的角色中。所以,在遇到要粮要款的时候,农民们仍然呼吁:"村长副是代表村民利益来办事的,不是为讨好区长换面匾助区长欺压穷人来要钱的。村长副是替大多数人来讲话的,不是眼看着那些财主们势利家讨便宜不肯作声的,这个年头儿,尤其是当这个腊月荒天,临年债逼迫的时候,村中大多数穷汉家尽都是啼饥号寒,叫苦连天的穷得要死,你们当村长副的先生们,不是不晓得的。"②但是,实际上,哪里有村长副会听从于农民的呼叫,因为这时的村公所和村庄领导阶层的身份和性质已经发生了根本的变化。

首先,在田赋的征收上,这些村庄的领导阶层越来越变得穷凶极恶和"唯钱粮是认"了,他们只要钱粮,其余一概不管,田赋等赋税的交纳是没有商量余地的。"税捐官款是由村长经手征收,县长向村长要,村长就向农家要……没有钱可以交粮,没有粮可以收地,不交官款无论如何是不行的。"③因此,"在山西作官作久了的老手们,就从实地困难中产生了一套山西土产的'做官哲学':就是除了'提解公款'一事而外,一切都可以敷衍了事。"④可见,后来的乡

① 悲笳:《动乱前夕的山西政治和农村》,载《中国农村》第2卷第6期,1936年6月,第59页。

② 《临汾农民之反对苛捐运动》,载中国国民党山西省执行委员会农民部印《山西农民》1927年第2期,山西省档案馆藏,第16页。

③ 张稼夫:《山西中部一般的农家生活——替破产中的农家清算的一笔账》,见千家驹:《中国农村经济论文集》,上海:中华书局1936年版,第381页。

④ 悲笳:《动乱前夕的山西政治和农村》,载《中国农村》第2卷第6期,1936年6月,第59页、第63页。

村领袖为了自身的利益已经变成了政府凶巴巴的代言人了。

其次，原来的农村领导阶层对于村庄传统上的保护性质已经消失，反而转变为剥夺性质。很多时候，虽然村长本身并不一定是地主豪绅，但村长副往往又受到地方势力较大的地主富农的控制和左右，走向了农民想象中的村长副形象的对立面。梁漱溟在《北游所见纪略》中尽管对山西"村政"建设所取得的成绩予以赞扬，但他同时也指出了当时村政府的性质。他说，虽然"山西近几年参加几次战争，一切征发人夫、车马、粮草、筹饷、募债，得力于村政者非常之大。一个命令，立时可办。这几乎是政府中人交口赞叹的"，但是这个村政府的实权完全掌握在绅士地主富农手里。[1]在阎锡山统治早期，农民们对这一点还没有真正认识到。如在20年代后期临汾农民反对苛捐杂税的斗争中，农民提出了自己的宣言："父老兄弟们：走！区里走！今天区长召集村长副在区里开会哩，要叫我们穷汉家捐钱呢。人家财主家已经顶住了，只捐了一成，我们只要顶得硬，一成也可以不捐的，恐怕村长副们顶不住，我们大家走，走！走！走！给村长副们助威走！"[2]农民们仍旧把村长副当作了自己的代言人。但是，实际情况是，"村长大都是由富人地主充任，村公所即是富人地主的政权……而且凡是到过山西实地考察过山西农村的政治情况的，更是知道山西村长的专横，村公所的封建气味之浓厚，在中国是第一等的。山西在未实行村长制度以前，地方政权即掌握在乡绅手中，村长制度实行以后，更给了'乡绅政权'以法律上的地位与保证"[3]。其结果是，由于地主富农"办惯了村里的征税摊款等公事的，他们十分知道怎样可以把自己份内应出的税捐转嫁到别人身上，并且十分知道怎样可以从税捐征派中间得到好处……所以土地政策无论怎样改变都没有问题，只要这政策是由村公所来执行，那么地主富农就十分放心了"[4]。在

① 梁漱溟：《北游所见记略》，见《梁漱溟全集》，山东人民出版社1991年版，第895页、897页。

② 《临汾农民之反对苛捐运动》，载中国国民党山西省执行委员会农民部印《山西农民》1927年第2期，山西省档案馆藏，第14页。

③ 中共山西省委党史研究室、山西省档案馆编：《太行革命根据地土地问题资料选编》（内部资料），1982年印，第31页。

④ 叶民：《土地村公有方案的实际意义》，载《中国农村》第2卷第1期，1936年1月，第39页。

当时,整个山西"多中小地主,他们住在村内,可以直接操纵政权,所以地主富农所把持的村政府底力量在山西也特别强大,山西的农民没有一个人敢不服从村政府的指挥。凡是反对山西现当局的人都很难在这里立脚"①。

山西农村内地主富农的势力之所以能如此强大,是与阎锡山本人对他们的利用和妥协分不开的。从本质上来看,转型期国家政权所面临的财政压力,迫使其为了抽取乡村资源而放松对乡村权威阶层的约束。因此,承担汲取资源使命的乡村权威在国家政权的放纵之下,不断地渔利。乡村权威的传统保护色彩开始褪去,而掠夺性则在潜滋暗长。②因此,阎锡山要想达到掠夺农村的最终目的,不得不依靠这些地主富农的力量。虽然"阎锡山在1918年便训令山西全省警务处、各道尹、县知事,严查贪官、污吏、劣绅、土棍,对为民群蠹者依法惩处"③。但阎锡山自己又在会议上说:"吾人办事,公道是一定要主张的,但为政不得罪于巨室一层,也要顾及。盖咱存一决不让大绅士胡闹的心,而手段上绝不用得罪他的法子。"④所以,阎锡山虽然多次训令查办劣绅土棍,但因本质上存在对大户的妥协,致使政府在政令推行和田赋征收等方面存在很大阻力。"如富户捐,应向富豪征收的,但因了劣绅与县官底勾结,富户捐全然转移到农民身上"⑤,而且,"乡绅和富户(包括品质恶劣的土豪劣绅)依然具有最大的发言权"⑥。

实际上,阎锡山大搞"村本政治"的真实目的就是"收罗一般劣绅土棍到省城里受上三个月忠孝阎锡山的奴隶教育,回乡下去镇压平民的反抗"⑦,以便

① 叶民:《土地村公有方案的实际意义》,载《中国农村》第2卷第1期,1936年1月,第38页。

② 李巨澜:《略论民初中国乡村社会控制结构的失衡》,载《河南师范大学学报》(哲社版)2005年第6期,第86—87页。

③ 赵永强:《民国时期的山西:政治发动与经济剥夺》,《山西档案》2005年第1期,第54页。

④ 《山西省第二次村政会议记录》,见吴树滋、赵汉俊辑:《县政大全》(第五编),上海:世界书局1930年版,第105页。

⑤ [日]田中忠夫:《中国农业经济资料》,汪馥泉译,上海:大东书局1934年版,第1页。

⑥ 张鸣:《乡村社会权力和文化结构的变迁(1903—1953)》,陕西人民出版社2008年版,第76页。

⑦ 王振翼:《模范督军治下山西之概观》,载《新国民杂志》第1卷第6期,1924年6月,转引自王先明:《士绅构成要素的变异与乡村权力——以20世纪三四十年代的晋西北、晋中为例》,载《近代史研究》2005年第2期,第264页。

能更顺利、更快速地获取赋税。当然，在掠夺和镇压的过程中，阎锡山明令各地方官员紧密配合地主豪绅。他口口声声鼓励各级官员到乡下去，其下乡的用意是不言而喻的。当时山西的农民讽刺说："坐官的人，也说到乡下去，念书的人，也说到乡下去；'到乡下去'！成为现时代的口号，真的，乡下正闹着经济恐慌、经济破产，具着严重性而无法自了。但是鬼才知道有人来过；有，是要我们捐款的警察，要我们纳税的皂隶，是抢劫我们的土匪。"①

阎锡山本人力主对田赋等征收重税，并极力鼓动村庄领导阶层向农民征粮、要钱，还美其名曰合理化、合法化。在对省政有关大员和各县知事的训话中，阎锡山赤裸裸地说："在座诸员，有无恐怕将来村中负担重者乎？如有则此等心理，应当更换。村政所办的事，无非为人民兴利除弊。无土匪、无盗窃、子女读书、坏人敛迹，这样的钱，负担得愈多，人民的幸福愈大。此等负担，回来的比出去的多得多哩！若并次而不负担，失掉的比省下的也多得多哩！""若狃于旧观念，想为人民多办好事，又不肯问人民拿钱，此种宽泛空想的恩惠，不仅尧舜病诸，恐造物亦难乎为力。"②如果照阎锡山的说法去做，当贫苦农民已经一贫如洗而难以活命的时候，哪里还有多余的钱粮顾及长远呢？当时报纸讽刺说，山西"赋税屡增，全省财政，几濒于危，掾属各员，亦日久玩忽，诸多未承厥职，尤以包税各员，收罗为苦，人民未先受其新政之惠而负此租税之重担"③。

为了能多征赋税，阎锡山一方面对村长副的田赋征收工作抓得很紧，另一方面为了鼓励他们好好干，不惜默许甚至怂恿他们胡吃乱喝、胡作非为。阎锡山自己在讲话中说："例如府十县村费花得很多，本是一件大弊，但村人乐于当纠首，为在社会上吃一年好饭，因而把村中应办的亦就办了。酒食糜费，已成习惯，若此刻下令禁止，在官厅本心为村中除害，然不许纠首在社会上吃

① 少农：《农村通讯——自阳曲寄》，载山西农民自强协会编辑：《醒农半月刊》第1卷第2期，1934年4月，第48页。

② 《山西省第二次村政会议记录》，见吴树滋、赵汉俊辑：《县政大全》（第五编），上海：世界书局1930年版，第107页、第108页。

③ 见《国闻周报》第3卷，1944年第19期，第42页。

饭,他们便不到社会上,为公家办事之心亦懈矣。"①由此可见,阎锡山为了达到让村庄领导阶层"办事"的目的,不惜让这些人随意吃喝,无怪乎农村铺张浪费之风越杀越多,贪污腐败现象越整越频,看来阎锡山所谓的"办事"并不是为广大农民办的事,而是为自己的钱财和统治办的事。由此造成的结果是,"村长副品类不齐,不肖之徒乘机渔利,任意滥费……村民之负担,遂益行增重"②。总计来看,1933年,"全省各村支出总数(即"村费")为一千一百三十五万六千一百八十七元,按全省总户数二百一十七万七千八百八十六户计,平均每户负担五元二角一分,其中徐沟、榆次、太原等县每户竟负担在十五六元以上,乃至二十四五元,似此情形,民何以堪! "③

在阎锡山的怂恿下,除了税费征收过程中的"酒食靡费"外,土劣等的胆子越来越大,采用额外征收以增加个人非法收入的做法更为频繁。例如:"(山西)解县第二区曲庄头村村副曲清泉侵吞公款,借公渔利,去年县府按地起收军事粮秣,每地十亩,起白面二斤,谷草三斤。曲村副竟按白面二斤半,谷草六斤起收。剥削小民,藉以肥己。"④更有甚者,一些村庄的领导阶层几乎就是活脱脱的土匪形象。"山西中部各县,现任村长大半是一些从东西两口(指张家口和归化)、东省、外蒙各地失败回来的下野商人……同老村长对比之下,他们的剥削方式是完全商人色彩化了的,会连农民的血肉一起吞下而不露一点血迹出来"⑤。看来,随着时代的变迁和阎锡山军阀本性和剥削政策的彻底暴露,包括村长副在内的村庄领导阶层的性质也有一个不断劣化的过程。

由于"比年以来,闾邻制度,运转不良,保甲组织遂由剿匪地区而风行于各行省"⑥。但从20世纪30年代的情况来看,山西的村长副和其他实行保甲制省

---

① 《山西省第二次村政会议记录》,见吴树滋、赵汉俊辑:《县政大全》(第五编),上海:世界书局1930年版,第102页。

② 山西省政府村政处编:《清理村财政报告》(1933年至1935年),第1页。

③ 山西省政府村政处编:《清理村财政报告》(1933年至1935年),第2页。

④ 《晋阳日报》1931年4月14日,转引自朱其华:《中国农村经济的透视》,上海:中国研究书店1936年版,第267页。

⑤ 悲笳:《动乱前夕的山西政治和农村》,载《中国农村》第2卷第6期,1936年6月,第59页。

⑥ 龙发甲:《乡村教育概论》,上海:商务印书馆1937年版,第100页。

份的保甲在赋税征收中的角色与功能基本相同。在1932年南京政府颁布的《剿匪区内编查保甲户口条例》规定了保甲的职能是"户口调查，境内出入人员的检查和取缔……公路干线或本地支线的修筑及电杆、桥梁等交通设施的守护，经费的筹集、征收、保管、支用、报销"①。不过，相比较而言，在保甲制下，保甲一般不直接对县长负责，因此田赋征收过程中更容易被地方豪绅层层侵吞和克扣。在实施保甲制的"各省的田赋征收，无不操在一般胥吏及土豪劣绅之手，他们在田赋征收上至今尚成为不可轻侮的一个势力，不但对农民能任意苛索，即对政府亦能任意扣捺"②。在有些省份，"各村的联保主任（依三省所颁条例，实行保甲制，十户一甲，十甲一保，每村设一联保主任为行政领袖）及本村有势力的人，为摊派款项的支配者，多数于派款之际，从中渔利，因以发财。是以不良的联保主任、区长以及各机关，都是吸取民财的网罗。层层剥削，步步敲诈"③。而在山西的村长制下，村长的职责和行为规范在法令上有更加详细明确的规定，在为政府办公的事情上压力更大，并且直接对县知事（后来叫做县长）负责，但同时县知事对村长的态度也要和蔼、礼貌，如村长副有事要见县知事的话，县知事对于村长副"应随到随见"，"应加以礼貌，不得轻慢"④。所以，尽管山西农村的田赋征收中也存在很多腐败现象，但征收中受地主豪绅层层盘剥的情况要少得多，而且由于村长副与县知事之间更为"礼貌"的关系，山西的田赋征收工作往往就更加顺利。所以，相比较而言，南京政府后来实行的"保甲制"在害民方面比"村长制"有过之而无不及，中央所谓的"自治事业，多被土豪劣绅所把持盘踞……则自治组织徒有虚名，反而成为派款征税的剥削机关"⑤。

从抗战前的整个民国时期来看，山西农村的领导阶层，尤其是担负有繁重职责的村长副的角色和地位逐渐发生着微妙的变化，特别是在田赋等税费的征收上。

---

① 魏光奇：《官制与自治——20世纪上半期的中国县制》，商务印书馆2004年版，第202页。

② 孙晓村：《中国田赋的征收》，载《中国农村》创刊号，1934年10月，第18页。

③ 《凋敝的豫东农村》，载《大公报》（天津版）1934年7月18日第9版。

④ 《山西各县知事接待街村长副规则》，见吴树滋、赵汉俊辑：《县政大全》（第二编下册），上海：世界书局1930年版，第192页。

⑤ 龙发甲：《乡村教育概论》，上海：商务印书馆1937年版，第100页。

在传统乡村社会中,"乡保并不是基层社会真正的权力中心,他们只是地方上的小人物,由当地真正的领导人物推举出来作为地方领导层与国家权力之间的缓冲人物,对于地方领导人来说,乡保只是一个出力不讨好的职位"①,所以一般人都不愿意出来担任该职,愿意担任的多是企图从中渔利者。进入民国后,在山西,这种情况出现了明显变化。从阎锡山实施统治开始,乡保的名号与职责为村长副所代替,而且,这时候,由于阎锡山对农村社会的重视,村长副的地位和职责大大提高,农村中有势力、有财产的人纷纷跳了出来抢夺村长的职位,村长一职一时炙手可热。

但是,阎锡山重视村长副的目的并不是真正放权给他们,或者任由他们胡作非为,而是要让他们充分发挥地方势力的优势去为自己征粮要款,去整治广大的农村社会以维护自己的军阀统治。进入20世纪30年代后,随着阎锡山军阀战争的继续和不断扩大,农村社会的资源以前所未有的规模和速度被抢劫一空,村庄领导阶层再也难以顺利完成"上峰"交给的赋税任务。同时,可以看到的是,在阎锡山政府统治下,村庄领导阶层的赋税征收权力在法令上也受到了一定程度的规范,因为来自阎锡山的行政控制更加直接。政府不仅限定了形形色色的基层公款耗费(至少在法令上是如此),而且,随着赋税征收越来越困难,"上峰"对这些征收者施加了强大的压力,逼迫其顺利完成征收任务。因此,"随着捐税的日渐繁重,征敛赋税几乎成为村中公职的首要职责,权力对于乡村领袖的吸引力也迅速缩减……村公职不再是炫耀领导才华和赢得公众尊敬的场所而为人追求"②。而对原来的村庄领导阶层而言,在担任公职时,"精神和物质报酬越来越少,而这一公职所带来的麻烦却越来越多",甚至连一般的农户都不愿担任村里的公职。③当然,村长副等因完不成任务而受批挨骂是常有的事。在反抗苛杂的运动中,临汾农民曾在战斗檄文中对村长副如是说:"富家只交一成,为什么就要叫我们穷汉交三成呢?为什么有钱的人

---

① 黄宗智:《华北小农经济与社会变迁》,中华书局1986年版,第237—238页。

② 罗朝晖:《富农与新富农:20世纪前期华北农村社会变迁研究的一个视角》,南开大学2008年博士论文,第223页。

③ [美]杜赞奇:《文化、权力与国家——1900—1942年的华北农村》,王福明译,江苏人民出版社1996年版,第206页。

捐得少，没钱的人反要捐得多呢！？……（阎）督军的公事原是叫财主家捐款的，为什么区长却偏偏来叫穷汉家分摊呢？先生们（指村长副），这是一件最不公道的事情，你们应该本督军的话同他力争的，为了这个就是革掉了村长副乌纱头衔也不要紧，省得再受麻烦挨骂了。"①可见村长副的日子不好过。再比如，1936年8月，"孝义城西四十五里善村村长郭正南，因该县差务浩繁，人民困苦万分，今次又要差车数辆，该村长知对村民已无法起措，对上峰又不便违抗，进退维谷……投井自尽。"②就普通百姓来说，当村长也是活受罪。临县赵家川口村的村民们将村里的公职当作一种负担，认为那是一种苦差事，因此没人愿意承担，于是，经过协商，村民采取了轮流担任的办法才算解决了这一难题。③在对至今健在的老人进行采访时，所述情况也基本如此。永济市石桥村百岁老人徐兴顺在被采访时无奈地说，当时上面逼着他当村长，他本人并不想当，"当了村长不定哪一回就栽了，可能就被枪打了。这个啦那个啦，事情多得很"④。梁漱溟先生在30年代初对山西考察时遇到过这样的事：在他从平遥到介休的路上，碰到一位农夫，闲谈中"知他是一个闾长，而甚以当闾长为苦。就问他既不愿作，何必还作？他摇头露出为难的样子，并以手作式如果不作，便要被区长用绳牵到区里去"⑤。

从以上事例中可见，村长副受批挨骂是农村中尽人皆知的常有的事，因田赋等征收不利而横遭不测的也有发生。因此，尽管地主豪绅仍然把持村政，但那种欺压乡民、为所欲为的村长副做派发生了很大的变化。

与此同时，山西农村中原来那些出于贪污中饱的目的而承包赋税的领导阶层也落到了与村长副同样的命运，甚至更惨。20世纪二三十年代以来，"因兵匪滋扰，复遭蝗雹水灾，农村破产，各行多歇业，故包税者率皆赔累"⑥。尤其在山西，很多时候，包税者处境很苦，有时不得不躲避流浪他乡。档案中记载：

---

① 《临汾农民之反对苛捐运动》，载《山西农民》1927年第2期，第16—17页，山西省档案馆藏。

② 《汾阳乡长投井》，载《大公报》（天津版），1936年8月15日第10版。

③ 档案资料《赵家川口调查材料——村政权问题》，第107页，山西省档案馆藏，类号A，编号0141。

④ 《采访记录》，采访人：张启耀，受访人：山西省永济市石桥村村民徐兴顺，男，108岁。

⑤ 梁漱溟：《北游所见记略》，见《梁漱溟全集》，山东人民出版社1991年版，第893页。

⑥ 《农村经济困难，各种税捐无人承包》，载《大公报》（天津版），1933年6月4日第6版。

"（包税者）因受时局影响，亏赔过巨，于十四、十五两年曾蒙省委会同县署屡次押追，并查封拍卖伊等与各股东之财产，以填欠款……令伊等不能立锥本邑，早已远飏于外。"①

除了田赋征收行为和角色的变迁之外，村长副等农村领导阶层与阎锡山政府的关系也发生着微妙的变化。

在阎锡山"村制"建设的早期，地主士绅之所以获得村长副的职位正是由阎锡山的农村政策和当时地主士绅自身发展的需要而共同决定的。阎锡山政权第一次将国家权力真正下沉到村一级，村长副则是其政策的直接执行者，所以，"阎特别重视村级政权的任命和运作，通过高额的财产限制把村一级政权交给地主士绅"②。同时，在村庄被纳入国家行政控制的过程中，村长副也成为"半政府官员"或"准政府官员"，"士绅要想在新形势下维护其原有的社会地位和利益，就必须充任村领导或至少参与其中，否则他们在乡村社会的权力和地位就会被新上任的村长副所取代"③。因此，凭借自身的财富和地位，地主士绅纷纷把村长副一职夺为己有。

为了限制地方势力的扩张和腐败，阎锡山对村庄领导阶层的行为在法令上多次予以规范和监督。《各县村制简章》第二章第六条明确规定："村长执行职务得直接商承县知事办理。"④而村长副在村中的行为则直接受整个村庄的监督。阎锡山颁令各村成立监察委员会，"由村民会议于村民中选举五人或七人组织之"，"举发执行村务人员之弊端"。⑤

对于村财务等重要事项，阎锡山政府颁令"各村村款由监察委员会监察员

---

① 见《晋陕甘三省苛征捐税情形》，第1391页，中国第二历史档案馆藏，全宗号1，案卷号2711，缩微号16J2384。

② 董江爱：《军阀首脑与村治领袖——论山西省治与村治的关系》，见王先明、郭卫民主编：《乡村社会文化与权力结构的历史变迁》，人民出版社2002年版，第288—289页。

③ 孟富国：《重构中的乡村政权——二十世纪二三十年代山西村政的转型》，山西大学2003年硕士论文，第26页。

④ 郭葆琳：《山西地方制度调查书》，山东公立农业专门学校农业调查会出版，第4页。

⑤ 《山西省村监察委员会简章》，见吴树滋、赵汉俊辑：《县政大全》（第二编下册），上海：世界书局1930年版，第191页。

清查之","村长副于每年春节后二十日内将上年村款收支一切账簿送交监察员详细查算"①。同时,政府"派员切实清查,使放荡之村长副知所警惕不敢于概算以外,重苦乡里"②。以当时赵城县为例,"据查报,赵城县属各村对于县区吏警下乡办公大率供应茶饭酒食由村款内开支,相沿日久,习以为然。现在虽实行村概算,村帐由县制发,难以列登,然各村村长对此花费类假借他事支出,依然供应等情……训令赵城县长并通令各县长嗣后对于下乡办公吏警务须严加约束,不得需索供应,倘敢故违,即行从严惩办……一经查出,定勒令该街村长副等如数自行赔补并予以严重处分。"③

政府三令五申地整顿村庄领导阶层,今天一个法令,明天一个规章,但政府努力的效果如何?对村长副的权力规范工作做得如何?实际上,阎锡山反贪官污吏是有一定决心的,早年也采取过一些行动,比如"他在民国初年搞村政时,就曾在每个县政府的大堂前立过打倒贪官污吏的石碑"④。但阎锡山考虑更多的是通过以村长副为代表的地主士绅来稳定农村社会,以维护他自己的利益和统治地位。因此,时人讽刺说:"吾晋之首领常言,贪官污吏劣绅土棍为人群之大害,非除了他不可,十八年来未见除了一个,可见能言而不能行也。"⑤而且,阎锡山"村本政治"思路的内容之一,就是"力求政权和士绅在基层治理上达成和谐合作,利用士绅角色防止官吏过分滥用权力"。但是,当基层乡村社会为土豪劣绅所控制,地主士绅借助政府授予的权力,只为自己牟私利时,"政府政策在多大程度上能得到执行就值得怀疑了"⑥。在有些县份,当地豪绅巨室的气焰变得越来越嚣张,"凡是新上任的官吏到来,首先一定得将当权的绅士接洽好,不然他们就非想法叫他滚蛋不可……他们通常捣

268

① 《山西省清查村款条例》,见吴树滋、赵汉俊辑:《县政大全》(第二编下册),上海:世界书局1930年版,第196页。

② 山西省政府村政处编:《清理村财政报告》(1933年—1935年),第1页,北京农业大学图书馆藏。

③ 《通令各县认真取缔吏警下乡办公由村供应酒饭之经过》,见山西省政府秘书处编印:《山西省政府工作报告》,1936年9月印行,第6页。

④ 戎子和:《值得记述的阎锡山二三事》,载《山西文史资料》1995年第4期,第96页。

⑤ 刘大鹏遗著:《退想斋日记》,乔志强标注,山西人民出版社1990年版,第389页。

⑥ 董江爱:《论阎锡山统治下的村治腐败与权力失衡》,载《晋阳学刊》2002年第6期,第82页。

乱的方法是非常巧妙,自己绝不出头,只要暗中命意他们的干部——村长和土棍,假借人民名义在四乡大闹起来就行了,最后县长还是非请他们出来调解不可。"[1]对于整理村财政一事,"非特各村长副忸于积习,不知悛改,即县区负责清理各员亦均心存观望,不肯认真办理"[2]。由此看来,这些村庄领导阶层往往与地方官员沆瀣一气、互相勾结。造成这种局面的原因一方面是由于他们双方之间存在着共同的利益追求,另一方面也是阎锡山在实施农村政策过程中所结出的恶果。

小 结

民国时期,传统的中国农村社会正发生着新的转型,原来农村社会的真实掌管者——绅士的社会角色和功能在这一时期有了重要的变化,农村中能够起到领导作用的阶层由原来单一的绅士阶层扩展到村长副和地主豪绅等,而新生的农村领导阶层也具有不同于以往的社会角色与功能,其性质也发生了明显的转变,由原来的"保护型"转化为"掠夺型"。

在山西,出于统治的需要,阎锡山对农村社会体现出极大的治理热情,因此,新型绅士担任村长后,其权力在村中较大,所负责的事务也很多。尽管如此,同其他省相比,山西的农村领导阶层并没有形成对县政完全把持的局面。不过,由于阎锡山对地方势力的依赖和妥协,所以,尽管政府出台了各种规章制度以规范和监督村长副的公务行为,但结果不仅没有限制他们的贪腐,反而使地主豪绅掌握和把持了农村政权,农村上层的腐败现象也有增无减。

从田赋征收的角度来看,在阎锡山实施"村政"的初期,出于贪污中饱和把持村政的目的,地主士绅大都主动担任村庄领导职务,但是,随着"村政"实施之下赋税征收的苛重和农村事务的繁多,农村田赋征收成为一种无法圆满完成的任务。很多时候,村长副不得不自己垫付村里上交的赋税,有的为此倾家荡产或丧失性命。这样,不要说普通的地主富农,就是一般的农户也不愿担此职务。

---

[1]　悲笳:《动乱前夕的山西政治和农村》,载《中国农村》第2卷第6期,1936年6月,第61页。

[2]　山西省政府村政处编:《清理村财政报告》(1933年—1935年),第2页,北京农业大学图书馆藏。

第七章 CHAPTER SEVEN

结局和启示

　　清末以来，全国范围的田赋负担问题越来越严重，直接导致了农村经济的破产和农村社会的衰败，也引发了很多其他社会问题。针对这一情况，中央政府先后采取过一系列的田赋整顿措施，试图解决问题、复兴农村，从而纾解拮据的国家财政并稳固政权统治。从整个田赋整顿的过程看，南京政府最大的成绩应该是颁布于1930年6月的《土地法》，但直到抗日战争爆发，这一法令也没有实行，全国仅有上海、杭州等地实施过地价税，实施土地增值税的，仅广州一市。当然，田赋整顿没有成功，客观因素也是存在的。20世纪20至30年代之后，由于军阀各自为政，全国地方制度模式多样化，这一局面并不利于南京政府在全国范围的行政统治和政策实施。

　　在山西，虽然阎锡山政府也采取过一些具体的田赋整顿措施，但从当时的一些文件中可以看出，阎锡山政府在思想和政策上对田赋整顿的工作并没有急迫解决的决心，再加上当时山西社会具有较强的割据性,政府除了从农民身上能剥得些血汗外,怕是别无他途了。因此,山西的田赋整顿起步较晚,整顿也没有取得好的效果。

第一节　田赋整顿及其结果

ERSHI SHIJI ZHI ZHONGGUO

　　自清朝末年和民国建立以后,从总体上看,全国范围的田赋问题越来越严重,直接导致了农村经济的破产和农村社会的衰败。民国初年,面对农村之衰败和民生之艰难,孙中山"在一度的困惑和彷徨"[1]之后指出:"从前人民所有土地,照面积纳税,分上中下三等,以后应改一法,照价收税。夫地之不同,不止三等。譬如黄浦滩一亩,纳税一元;乡下农地,亦纳税一元;此最不平等者也。"[2]在这里,孙中山先生从宏观的政策上指出了田赋征收中所应注意的一个根本问题。随着20世纪30年代田赋问题的日益恶化及对整个社会产生的严重影响,统治阶级中的高层人物也不断指出问题、思忖对策。时任财长孔祥熙在报纸上发表评论说:"人民负担已深,纵再欲征收苛捐,已不堪负荷,国家根本在民,何忍作无厌之增加。"[3]国民党总裁蒋介石提议:"附加田赋实足以促农村经济之加速破产,又是一件极危险极不合理的事。所以,今后应绝对不再加征田赋,应筹划加征各大城市的土地税。"[4]可见,对于农村百姓的疾苦和田

---

　　①　张启耀:《〈孙文学说〉导读》,载《华夏文化》1997年第4期,第50页。

　　②　孙中山:《同盟会饯别辞》,转引于陈登原:《中国田赋史》,上海书店1984年影印本,第249页。

　　③　《废除苛杂不宜再缓》,载《地政月刊》第2卷第6期,1934年6月,第907页。

　　④　蒋介石:《现代行政人员须知》,见《中华民国工商税收史料选编》(第1辑上册),南京大学出版社1996年版,第334页。

赋问题的严重性,当局是十分清楚的。

在此前后,中央政府先后采取了一系列的田赋整顿措施,以便能解决问题、复兴农村。孔祥熙出任财长后,加大整顿田赋的力度,尤其是重在整顿田赋附加和田赋预征。从1928年10月至1934年5月,南京国民政府先后颁布了以下条例:《限制田赋附加办法八条》《整理田赋办法五条》《整理田赋附加办法十一条》《减轻田赋附加办法大纲》及减轻田赋附加、取消摊派、实行土地陈报诸原则等等,努力不可谓不大。在负责整顿的机构设置上,"中央设立整理全国田赋总事务署,由财政部会同内务部督办。各省区各设立整理田赋事务行署,由该省区地方长官暨财政厅长领之并委任该省区素有声望之公正士绅若干人会同办理。各县各设立整理田赋事务处,由该县知事领之并委任该县素有声望之公正士绅若干人会同办理"①。

由于较强的割据性,山西的田赋整顿起步较晚。虽然如此,阎锡山政府也采取过一些具体的整顿措施。

实际上,早在清代,山西就有一些地方进行了田赋整顿和田地清丈工作。例如太谷县,"(光绪)八年,奉旨清丈地亩,知县吴匡会同邑绅等协力查办,分为二十都,每都辖村数十指地,征粮按字分围,按围分段,按亩计粮。自是积弊一清,官民称便。"②阎锡山统治山西以后,"对于整理田赋,原定有计划专案,去年(指1934年)财政会议,决议先办土地陈报,与本省计划案不谋而合,依奉颁土地陈报纲要之规定,各省正在进行清理者,得依纲要手续合并办理。"③但是,有一个问题是,土地清丈在小范围内容易实行,在全省甚至全国实行起来就相当难了。山西整理赋税委员会主任孙群说:"财政家于整理田赋,均主清丈,未敢以为然也。以山西论之,县凡百五,县需清丈员十人,共需人员一千五十。有其人矣,而事前不可不予以训练也。期以三年,需二百万。以山西之财

---

① 档案资料《整理田地办法大纲》,文件名《整理田地(田赋)办法大纲》,中国第二历史档案馆藏,全宗号1027,案卷号245。

② 刘玉玑、仇曾祐修,胡万凝纂:《太谷县志》(第1卷),成文出版社有限公司印行,1931年铅印本,第371—372页。

③ 《一年来之财政工作状况》,见《太原日报三周年山西书局一周年联合纪念册》,1935年版,第41页。

政论之,何以措办? 各省清丈,多半途而废者,良以此也。不如改办登记,使村长士绅,通力合作,宣扬于民。使之登记云,可以免胥吏之勒索,粮头之把持,以得产权之保障。"①因此,孙群在《山西修正田赋税率应取之标准》中提议:"山西征收田赋,应以值百抽五为标准","各县修订田赋税率,应由县长督同财政科长,及各区区长,会同修订。"②但是,当时阎锡山政府在整顿的时间上提出了异议,认为:"惟本省整理计划,限期四年完成,面陈报纲要,则为期一年,以本省环境皆山,幅员辽阔而论,实具特殊情形,一年期限过促,恐赶不及,拟酌改为二年,一切进行程序,正在拟定审核之中,期于今年开始实行。"③从这个异议中也可隐约看到,阎锡山政府在思想和政策上对田赋整顿的工作并没有急迫解决的决心。

除田赋整顿之外,当时山西省对一些政府差务、摊派和村费等也明令予以取消,如政府规定,"各机关人员因公往返及递解人犯等事,县地方概不支应,各县向有之办差机关及差务人员,一律取消,以免耗费,自二十三年度实行。"④对于摊派和村费,"村政处鉴于各县村财政浮支滥派,缠讼不休,为人民切肤之痛,影响所及,将使人民视建设为畏途,因决定彻底整顿,以清积弊",具体办法分为两种:"①监督村财政制定村预算。此项办法为限制各村财政之摊派支使、漫无标准规定,每年三月至下年二月为村财政会计年度,由各村编造全年度收支预算,呈县核转,村政处审定后实施。如在预算以外,发生临时开支,非向县呈准,不得擅行派收。②清查村财政。近年来各县村中多因财政纠葛,致涉讼端,因决定于每年三月,新旧村长副交接期间,由县政府将全县划分若干段,派由区长、科长或科员,负责将上年度村款切实清理,遇有纠葛,随时解决,或送县核办,事竣列表呈报村政处审核"⑤。

---

① 《新闻报》1932年7月28日,转引自陈登原:《中国田赋史》,上海书店1984年影印本,第252页。

② 孙群:《整理山西田赋计划书》,晋绥整理赋税研究会发行,晋新书社1932年版,第42页,山西省档案馆藏,类号M,编号0043。

③ 《一年来之财政工作状况》,见《太原日报三周年山西书局一周年联合纪念册》,1935年版,第42页。

④ 《一年来之财政工作状况》,见《太原日报三周年山西书局一周年联合纪念册》,1935年版,第42页。

⑤ 《山西省政府村政处二十三年度行政概况》,见《太原日报三周年山西书局一周年联合纪念册》,1935年版,第50页。

那么，从中央到地方，口号是喊了，命令是下了，整顿效果如何呢？

早在民国初年的时候，袁世凯就曾发布过《附税不得超过正税的百分之三十》的规定。1928年10月，国民政府颁布《限制田赋附加办法》八条，后又有《田赋附加，不得超过旧有正税》之说，"现在是成为遗憾的具文了"①。针对这些现象，当时有人预测说，有关法令"除了由上而下的转抄了几道外，看不出有什么实行的意思"②。以国民党大员陈立夫为首的全国土地调查委员会曾在1934年8月到1935年12月对全国19省的田赋征收状况进行调查，结果表明，"田赋附加不得超过正税之规定未能实现。"③实际情况是，"年来各地方之田赋附加反且与时俱增，有超过正税二十五倍至三十倍者，积弊之深，盖可见矣"④。从整个田赋整顿的过程看，南京政府最大的成绩应该是颁布于1930年6月的《土地法》⑤。但问题是，即使这样的法令政府也迟迟没有实行，"截至抗战爆发前夕，全国各地，仅有上海、杭州等地实施过地价税，实施土地增值税的，仅广州一市"⑥，"浙江首先办理土地陈报，其目的亦无非在增加税收，然结果仍归失败"⑦。

当时山西的田赋整顿情况也不会有好的结果，因为除了从农民身上能剥得些血汗钱外，军阀政府怕是别无他途了。从当时山西的财政情况来看，"由于晋省地方收支不能平衡，本年度地方概算收支不敷一千四百余万元……拟自二十九年三月份起由中央按月补助三十万元，就月份起按月补助六十万元，其余不敷之款即责成该省府切实整理收入，收缩支出，以资因应"⑧。从档案中可以看到，中央的补助仅仅占山西省财政赤字的25%到50%，而剩余的赤

---

① [日]天野元之助：《中国田赋之考察》，邓伯强译，载《地政月刊》第2卷第12期，1934年12月，第2414页。

② 罗玉东：《四中全会整理田赋案前途之预测》，载《国闻周报》1934年第12期。

③ 陈立夫：《举办全国土地调查及其所得结果》，载《地政月刊》第4卷第7期，1936年7月，第11页。

④ 熹：《减轻田赋附加之两途》，载《地政月刊》第2卷第6期，1934年6月，第904页。

⑤ 该《土地法》主要内容包括：土地税全部为地方税；土地税向土地所有权人征收，土地增值税向出卖人征收；地价税按年征收，土地增值税于土地所有权转移或于15年届满土地所有权无转移时征收。参见民国政府财政部财政年鉴编纂处编《财政年鉴续编》(第5卷)，第185—189页。

⑥ 夏国祥：《近代中国税制改革思想研究》，上海财经大学出版社2006年版，第176页。

⑦ 马寅初：《财政学与中国财政》(上册)，商务印书馆2001年版，第333页。

⑧ 《整理鲁豫晋三省地方财政》，中国第二历史档案馆藏，全宗号1，案卷号2423，缩微号16J2362。

字晋省又从何得以消弭呢？县里所能采取的惟一办法只有坐等中央财政许诺的抵补款项。但中央财政划拨的印花税以及烟酒牌照税数额实在有限，用来抵补"废苛"一项遗留的亏空还大大不足,哪里有多余的款项顾及其余？

1934年4月,山西农民自强协会在其创办的《醒农》期刊中载文指出:"天崩地裂的农村问题,是被人们普遍的注意了;复兴农村更是人们好谈的调子,又有政府的文告,大人先生的谈话,报章杂志的论文,和文艺小说的描写,把农村破产的情形及农民流离失所之痛苦,无不一一影照在目前,不能说不是农民的一点福音！只是农民之艰困,一天比一天加厉,农村之危机,一天比一天尖锐化。"[1]可见当时山西整顿田赋的实际情况。

南京政府田赋整顿的失败,最直接的、表面的原因是中央和各省财政的拮据,但是拂过这一表面现象,可以看到更为深层的、根本的原因所在。

首先从统治阶级的主观愿望来看,南京政府根本无意实行他们本来早就制定的土地改革计划,"输血式的农村改良,无论组织者付出了多大的努力,拥有多大的热情,都难以真正解决农村的根本问题。"[2]统治阶级的主观愿望可以通过其自欺欺人的说教和宣传以及对地方政府从恶的庇护表现出来。

1931年5月2日国民党三届中央第一次临时全会通过了《全国一致消弭共祸案》,蒋介石在谈到中国土地分配问题时是这样表述的:"吾全国国民——尤其是吾全国之农民工人,当知赤匪侈谈之理论完全不适合中国经济之实际情况,就农村经济言之,赤匪所侈谈之中心理论为土地革命,而土地革命之内容在均分土地,殊不知吾国土地制度原甚平均……以是知赤匪均分土地之理论,其不适用于中国也明甚。"[3]蒋介石的此番言论明显表现出南京政府自欺欺人的伎俩,说明政府并无真正解决土地问题和田赋问题的决心。

中央政府有时也袒护地方政府在田赋征收上的不善之举。在内政部转交给山西省政府关于本省永济县公民代表王培成呈递给中央政府请愿书的文

---

[1]　张雨亭:《中国农村破产的实况》,载《醒农半月刊》创刊号,1934年4月5日,第14页。

[2]　张鸣:《乡村社会权力和文化结构的变迁(1903—1953)》,广西人民出版社2001年版,前言。

[3]　荣孟源:《中国国民党历次代表大会及中央全会资料》(下册),光明日报出版社1985年版,第957页。

件中这样说:"我省政府主席执政有年,凡事以爱民为本,为此次派员催欠实因未曾亲见民间困苦,倘实知民有此种困苦,决不至再使剜肉医疮,怨声载道。"①阎锡山政府口口声声说各级官员要一律经常下乡,何以档案在此又推脱责任说"未曾亲见民间困苦"?如此袒护,不接触问题的实质,田赋整顿是不会有真正进展的。从当时实施整顿的实际情况来看,"为了救济农村经济的衰落,中央政府用了极大的力量……但是,这一切努力的效力,不能不使人发生怀疑,就是财政当局的本身,也要慨叹这一努力的失败……因此,无论中央政府怀有多大的热忱来从事复兴农村的工作,但因为没有接触到问题的核心,所以一切的努力不能不归于失败"②。

各地方官员言行不一、各自心怀鬼胎又是失败的主要原因之一。

"国民党的官场惯例,说的是一套,做的又是一套。尽管三令五申,限制附加,而各省田赋附捐仍是有加无已。据天津《大公报》1933年3月22日统计,陕西田赋比国民党未到时,增加了25倍。国民党统治区内税捐名称,多至1756种,其中大部分属于田赋附捐"③。

为了自身地方财政的宽裕以及能够利用苛捐杂税以贪污中饱的需要,上面的法令"到县政府时便已打了一个相当大的折扣,到区长保甲长的手中往往化为乌有"④。即使是明令免征的赋税,地方政府包括省政府往往又不顾法令强行征收。如中央有关人士在文件中说:"窃思十六年一月一日以前之民欠田赋杂税苛捐,我国民政府早已明令豁免在案,意在实惠于民……此次该委员会此种办法(指山西省政府派员到永济县催缴该项尾欠)不以民苦……凡以破腹抽肠,辣手竟作成个人发财升官之图,莫名其无仁之甚也!"⑤可见地方官员

---

① 《晋陕甘三省苛征捐税情形》,第1391页,中国第二历史档案馆藏,全宗号1,案卷号2711,缩微号16J2384。

② 朱其华:《中国农村经济的透视》,上海:中国研究书店1936年版,第213页。

③ 马季文:《国民党统治时期的田赋与粮政》,见中国政协全国委员会文史资料委员会编:《文史资料存稿选编》(经济)上册,中国文史出版社2002年版,第237页。

④ 薛暮桥、冯和法编:《〈中国农村〉论文选》(上),人民出版社1983年版,第346页。

⑤ 《晋陕甘三省苛征捐税情形》,第1391-1392页,中国第二历史档案馆藏,全宗号1,案卷号2711,缩微号16J2384。

在田赋整顿中的不配合所起到的负面作用的影响。

另外，当时还有一个奇怪的现象是，政府所喧嚣一时的田赋整顿并没有获得广大农民的理解和支持，这又是整顿失败的一个重要原因。

在论及浙江省办理土地陈报不能成功的缘由时，经济学家马寅初认为"是缺乏办事人才、农民观望不前且颇多疑虑、农业知识程度太低而无法填充表格等"①。除了农民因为文化程度太低而无法完成表格填充的任务外，马寅初特地指出了这些没有文化的贫苦农民"观望不前且颇多疑虑"。造成这种局面的原因大概是当时的政府几乎就没有对农民做过什么好点的事情吧！政府在农村的形象大概已经是很扭曲的了。农村自治运动的领军人梁漱溟自己就直言说："我们与农民处于对立的地位。"②因此可见，政府对农民的一次次欺骗和周而复始的剥夺是最终造成农民观望不前且颇多疑虑并最终处于对立地位的根源。

当然，整顿失败的原因中，客观因素也是存在的。20世纪20至30年代之后，由于军阀各自为政，全国地方制度模式多样化，这一局面并不利于南京政府在全国范围的行政统治。河北、湖北、安徽、河南、陕西、福建、江西、四川、贵州、云南等省推行保甲制度，而山西、山东两省实行自治制度，江苏、浙江、湖南、广西、云南、绥远、察哈尔、青海、宁夏等省同时以中央政府颁布的《县组织法》《地方自治改进原则》以及"剿匪区"的行政结构模式来架构地方政权。③地方制度的混乱大大影响了田赋整顿的进程和效果。同时，南京政府在建立之初便"放弃了在全国征收土地税的权力而让予各省政府。这样，南京政府从一开始就失去对广大内地的控制"，"至于进一步对国民经济进行调控……实现一整套的发展计划就更成了空话。"④。

不论什么样的原因，总之，历史是不可以重新来过的，当后人总结这些教训时，只有空怀深深的遗憾。直到1947年1月，国民政府行政院才公布了一种禁

---

① 马寅初：《财政学与中国财政》（上册），商务印书馆2001年版，第334页。

② 梁漱溟：《乡村建设理论》，上海书店1992年版，附录第10页。

③ 魏光奇：《官治与自治——20世纪上半期的中国县制》，商务印书馆2004年版，第206—207页。

④ [美]费正清：《中国：传统与变迁》，张沛译，世界知识出版社2002年版，第550—552页。

止地方摊派捐款补助办法，其中在第四条和第五条中规定："各县市长对于所属各级基层行政机构的非法摊派，如有纵容包庇，或监察不严，经人民呈控查实后，应负连带责任；各县政府及乡镇保甲人员，如有擅向地方摊派，准由人民列举事实证据，径向省政府或中央呈控，经查实后，必予严惩。"①今天看来，这一条应该是行之有效的，也说明中央对于禁止摊派，已经下了最大的决心，但是，遗憾的是，这样的政策为时已晚，何况它还只是一种消极的办法，怎样积极地建立地方自治财政，还有待于将来的规划。

---

① 胡次威：《乡镇自治提要》，上海：大东书局1946年版，第65—66页。

第二节 田赋问题的启示

ERSHI SHIJI ZHI ZHONGGUO

本书以山西地方为中心，从整体上揭示了20世纪二三十年代山西及全国各地农民田赋等负担的极度沉重现象，着重探索中央政府及山西地方政府与农村社会的真实关系。在写作过程中，由此获得的结果必定令人感到高兴，但是，在写作的同时，对这一问题所带来的一系列思索更能令人回味无穷，而且笔者也甚觉对现代农村社会建设同样具有启示意义。

总体来看，文章在写作结束之前有两个方面值得作进一步的引申和交代。

第一，农民问题是国家和社会的基本问题，这一问题不仅关系着国家经济的繁荣和发展，更关乎政府统治的稳定与和谐，因此，任何时候都不能放松。如果政府对农村社会实施长期的剥削政策或取多予少的歧视政策，那么，最终不幸的是政府和整个社会。

迄今为止，不少发展中国家在致力于发展工业的同时，忽视了对农业发展的支持，很多国家甚至以损害农业来获得工业的发展，这是一种完全错误的方针和观念。南京国民政府时期，国家对广大农村所执行的竭泽而渔、杀鸡取卵式的田赋征收政策正是这种普遍错误的具体体现。

实际上，从当时中国的情况来看，"农业是活命的根本"，"农业关系太大，痛痒太切，不堪压迫，要求喘气活动最急"。因此，近代著名乡村运动领袖梁漱溟肯定地指出："尽力于农业，其结果正是引发工业……中国工业的兴起只有这一条道。"①后来中国改革开放的实践证明,梁漱溟的思路是正确的。十一届三中全会以后,邓小平的改革引领中国走上了现代化的道路,但这里要着重提及的是,邓小平的改革之所以能成功,之所以能取得丰硕的成果,也正是因为改革首先从农业和农民着手,在农业上打了个翻身仗。这一切也正因应了梁漱溟的断言。

另一个可以说明问题的现象是,在2008年底爆发的国际金融危机中,与其他各国相比,中国所受的冲击恰恰最小,笔者认为,其结果之所以如此,根本原因在于中国确保了占国内总人口3/4的农村经济的稳步增长,而且随着危机刚刚发生,国家便迅速实施了各项优农惠农政策,使广阔的国内农村市场得以在很大程度上化解来势凶猛的国际金融危机。

所以,应当记住的是,农业可以为经济发展做出重要贡献,但是要将这些贡献变为现实,农业必须得到应有的重视。

当前政府有很多支农惠农政策,但力度还略显不够。农业科学家袁隆平院士提出,要促进中国农业进一步发展,政府需要改变现在的以耕种土地多少为标准的补贴方式,而应该给农民直补。直补办法是国家按从农民手中买到粮食的多少给予补贴,卖给国家粮食越多的农民得到的补贴就越多,具体措施是:政府以高于市场价20%买进农民的粮食,然后以平价卖出去,政府来补差价。②笔者认为,袁隆平院士的这一主张是基本正确的,有利于提高农民的种粮积极性,也有利于推动农业生产的高效化和现代化。

本书通过对民国时期田赋问题的认识,使国民政府处理农村社会与国家之间关系的实质显现出来。总体来看,由于政府对农业的歧视性政策以及由此导致的田赋政策的残酷剥削性,作为社会主体的农民阶层日益成为政府的对立面,这种状况导致了国家统治基础的严重削弱,也为整个社会的动荡埋下了隐患。

第二,南京国民政府田赋整顿失败的结局告诉我们,在社会复杂多变的环

---

① 梁漱溟:《乡村建设理论》,见《梁漱溟全集》(第2卷),山东人民出版社1990年版,第500页、第507页。

② 《按交粮量直补合适吗? 农业人员与袁隆平讨论》,见网页:

　　http://opinion360.bolaa.com/forum/blogtopic_5712831_17986.html。

境下,要希图取得一次社会改革的成功是非常不易的。这需要正确的方向、灵活的策略以及改革的真心和恒心。

从南京政府时期的改革环境来看,"政治上的封建割据形势一天不消灭,地方政府的财政一天不上轨道,变相附加的征课,田赋重量的增高,都是必然地仍在暗中加力进行"①。况且,在某一时期,如果一种制度已不能满足人民的需要,但此时可能还没有替代它的其他制度时,问题就复杂了。"困难在于社会制度是由人际关系构成的,只有通过一致行动才能改变它,而一致行动不是一下子就组织起来的"②。

就税制改革本身而言,它"从来不是单一的事件,也不是单一的财政问题,它必须以权力的竞争、权利的制度化配置为背景"③。尤其在南京国民政府时期,整个社会正处于结构转型的关键时期,这样一个时期的根本和核心问题"是社会利益结构的转变,即社会主体在资源配置方面的转变"④。因此,任何一次社会变动都可能导致整体的变化。20世纪二三十年代,国家对农民田赋征收的苛刻性正是这种资源配置模式的一个极端事例,极易引发社会的动荡不安。马克思以法国农民的负担问题为例阐述了政府的这种行为所带来的社会动荡。他说:"现在当共和国(马克思在此指法兰西资产阶级共和国)在法国农民旧有的负担上添加了新的负担时,农民的情况更是可想而知了……资本家阶级通过国家赋税来剥削农民阶级……只有资本的倾覆,才能使农民地位提高;只有反资本主义的无产阶级政府,才能终结他们在经济上的贫困和社会上的衰落。"⑤

可惜的是,在传统时代,对贫困的消除通常要以暴力为主要手段,这是因

---

① 孙晓村:《近年来中国田赋增加的速率》,载《中国农村》第1卷第7期,1935年4月,第41页。

② 费孝通:《江村经济》,见谢立中编:《中国社会学经典读本》,北京大学出版社2007年版,第191页。

③ 张静:《基层政权——乡村制度诸问题》,上海人民出版社2007年版,第131页。

④ 杨敏:《社会行动的意义效应——社会转型加速期现代性特征研究》,中国人民大学出版社2005年版,第16页。

⑤ 马克思:《1848年至1850年的法兰西阶级斗争》,见《马克思恩格斯全集》(第7卷),人民出版社1965年版,第98页。

为当时的政府往往认识不到通过改革收入分配制度来消除贫困这一途径的重要性。"从认识到不平等与贫困之间的相互联系,到认识到即使在一个国家生产能力不提高的情况下,也可以通过改变收入分配制度来减少贫困,是有一定距离的。"①历届政府的这种认识和理解过程深刻影响着社会的稳定和谐与整体变化。南京国民政府长时间的麻木不仁和不切实际的举措最终使政府的改革流于形式而归于失败,一场翻天覆地的革命运动正在迅速酝酿并发展开来。

---

① [印]阿马蒂亚·森:《贫困与饥荒》,王宇、王文玉译,商务印书馆2004年版,第24页。

参考文献 REFERENCE DOCUMENTS

ERSHI SHIJI ZHI ZHONGGUO

一、国内专著

1.《费孝通文集》(第2卷),群言出版社1999年版

2.费孝通《江村经济——中国农民的生活》,商务印书馆2002年版

3.《梁漱溟全集》,山东人民出版社1990年版

4.王先明《中国近代社会文化史论》,人民出版社2000年版

5.王先明《中国近代社会文化史续论》,南开大学出版社2005年版

6.郑大华《民国乡村建设运动》,社会科学文献出版社2000年版

7.李金铮《近代中国乡村社会经济探微》,人民出版社2004年版

8.李金铮《借贷关系与乡村变动》,河北大学出版社2000年版

9.江沛、王先明主编《近代华北区域社会史研究》,天津古籍出版社2005年版

10.魏光奇《官制与自治——20世纪上半期的中国县制》,商务印书馆2004年版

11.薛暮桥《旧中国的农村经济》，中国农业出版社1980年版

12.张鸣《乡村社会权力和文化结构的变迁（1903—1953）》，广西人民出版社2001年版

13.山西省地图集编纂委员会《山西省历史地图集》，中国地图出版社2000年版

14.山西省地图集编纂委员会《山西省经济地图集》，中国地图出版社2002年版

15.曾峻《公共秩序的制度安排——国家与社会关系的框架及其运用》，学林出版社2005年版

16.张玉勤主编《山西史》，中国广播电视出版社1992年版

17.程贵铭《农村社会学》，知识产权出版社2006年版

18.王春光《农村社会分化与农民负担》，社会科学出版社2005年版

19.夏国祥《近代中国税制改革思想研究》，上海财经大学出版社2006年版

20.王笛《街头文化：成都公共空间、下层民众与地方政治，1870—1930》，中国人民大学出版社2006年版

21.田湘波《中国国民党党政体制剖析（1927—1937）》，湖南人民出版社2006年版

22.邓正来、（美）杰弗里·亚历山大主编《国家与市民社会——一种社会理论的研究途径》，上海人民出版社2006年版

23.董长芝、马东玉主编《民国财政经济史》，辽宁师范大学出版社1997年版

24.唐力行主编《国家地方民众的互动与社会变迁》，商务印书馆2004年版

25.李友梅《费孝通与20世纪中国社会变迁》，上海大学出版社2005年版

26.徐建生《民国时期经济政策的沿袭与变异（1912—1937）》，福建人民出版社2006年版

27.徐邦友《中国政府传统行政的逻辑》，中国经济出版社2004年版

28.张静《基层政权——乡村制度诸问题》，上海人民出版社2007年版

29.杨敏《社会行动的意义效应——社会转型加速期现代性特征研究》，中国人民大学出版社2005年版

30.李德芳《民国乡村自治问题研究》,人民出版社2001年版

31.刘娅《解体与重构:现代化进程中的"国家——乡村生活"》,中国社会科学出版社2004年版

32.国家税务总局税收科学研究所《西方税收理论》,中国财政经济出版社1997年版

33.吴承明《中国的现代化:市场与社会》,生活·读书·新知三联书店2001年版

34.杨荫溥《民国财政史》,中国财政经济出版社1985年版

35.武静清、陈兴国《十九世纪末二十世纪初叶山西财政与经济》,中国财政经济出版社1994年版

36.马寅初《财政学与中国财政》,商务印书馆2001年重印版

37.陆仰渊、方庆秋《民国社会经济史》,中国经济出版社1991年

38.肖唐镖、李昌金等《中国乡村报告:政府行为与乡村建设研究》,学林出版社2005年版

39.山西省史志研究院编《山西通志》(第29卷,财政志),中华书局1999年版

40.赵冈《中国传统农村的地权分配》,新星出版社2006年版

41.赵冈、陈钟毅《中国土地制度史》,新星出版社2006年版

42.郑启东《转型期的华北农村社会》,上海书店出版社2004年版

43.孙文学、刘佐主编《中国赋税思想史》,中国财政经济出版社2006年版

44.刘建生、刘鹏生《山西近代经济史》,山西经济出版社1997年版

45.景占魁《阎锡山与同蒲铁路》,山西人民出版社2003年版

46.许善达《中国税收负担研究》,中国财政经济出版社1999年版

47.冉绵惠、李慧宇《民国时期保甲制度研究》,四川大学出版社2005年版

48.张红宇《中国农村的土地制度变迁》,中国农业出版社2002年版

49.苑书义、董丛林《近代中国小农经济的变迁》,人民出版社2001年版

50.山西省政协文史资料委员会编《阎锡山统治山西史实》,山西人民出版社1984年版

51.文思主编《我所知道的阎锡山》,中国文史出版社2003年版

52.苗挺《三晋枭雄——阎锡山传》，中国华侨出版社2005年版

53.雒春普《三晋有材——阎锡山幕府》，岳麓书社2001年版

54.梁漱溟《乡村建设理论》，上海书店1992年版

55.张佩国《近代江南乡村地权的历史人类学研究》，上海人民出版社2002年版

56.申学锋《晚清财政支出政策研究》，中国人民大学出版社2006年版

57.王思明、姚兆余主编《20世纪中国农业与农村变迁研究》，中国农业出版社2003年版

58.张静如、卞杏英《国民政府统治时期中国社会之变迁》，中国人民大学出版社1993年版

59.朱新山《乡村社会结构变动与组织重构》，上海大学出版社2004年版

60.徐月文主编《山西经济开发史》，山西经济出版社1992年版

61.李文海等《近代中国灾荒纪年续编》，湖南教育出版社1993年版

62.中共山西省委调查研究室《山西农村经济调查》第一辑，山西人民出版社1958年版

63.王印焕《华北农村的社会问题：1928—1937》，北京师范大学出版社2004年版

64.周荣德《中国社会的阶层与流动：一个社区中士绅身份的研究》，学林出版社2000年版

65.张博树《现代性与制度现代化》，学林出版社1998年版

66.李国忠《民国时期中央与地方的关系》，天津人民出版社2004年版

二、国外专著

67.[英]威廉·配第著，邱霞、原磊译《赋税论》，华夏出版社2006年版

68.[美]西达·斯考切波编，封积文等译《历史社会学的视野与方法》，上海人民出版社2007年版

69.[美]米格代尔著，李玉琪、袁宁译《农民、政治与革命：第三世界政治与社会变革的压力》，中央编译出版社1996年版

70.[法]H.孟德拉斯著,李培林译《农民的终结》,中国社会科学出版社1991年版

71.[美]费正清著,张沛译《中国:传统与变迁》,世界知识出版社2002年版

72.[美] 白凯著, 林枫译《长江下游地区的地租、赋税与农民的反抗斗争:1840—1950》,上海书店出版社2005年版

73.[日]田中忠夫著,汪馥泉译《中国农业经济资料》,上海:大东书局1934年版

74.[日]长野郎著,强我译《中国土地制度的研究》,中国政法大学出版社2004年版

75.[日]天野元之助著,邓伯强译《中国田赋之考察》,原载《满铁调查月报》第十四卷第二号,《地政月刊》第二卷第12期,1934年12月出版

76.[日]长野郎著,王晓华译《中国的财政》,《民国档案》1993年第三期

77.[日]长野朗著,李占才译《中国的财政(续)》,《民国档案》1994年第4期

78.[美]杜赞奇《文化、权力与国家:1900—1942年的华北农村》,江苏人民出版社2004年版

79.[美]卜凯著,张履鸾译《中国农家经济》,金陵大学农学院丛书,上海:商务印书馆1936年版

80.[英]杰西·洛佩兹,约翰·斯科特著,允春喜译《社会结构》,吉林人民出版社2007年版

81.[德]马克斯·韦伯著,林荣远译《经济与社会》,商务印书馆2004年版

82.[美]西奥多·W.舒尔茨著,梁小民译《改造传统农业》,商务印书馆2003年版

83.[美]张信著,岳谦厚、张玮译《二十世纪初期中国社会之演变——国家与河南地方精英,1900—1937》,中华书局2004年版

84.[美]D.盖尔·约翰逊著,林毅夫、赵耀辉编译《经济发展中的农业、农村、农民问题》,商务印书馆2005年版

85.[美]吉尔伯特·罗兹曼《中国的现代化》,江苏人民出版社2003年版

86.[美]齐锡生《中国军阀政治,1916—1928》,斯坦福大学出版社1976年版

87.[美]黄宗智《华北的小农经济与社会变迁》,中华书局1986年版

88.[美]黄宗智《长江三角洲小农家庭与乡村发展》，中华书局2000年版

89.[美]黄宗智《中国农村的过密化与现代化：规范认识的危机及出路》，上海社会科学院出版社1992年版

90.[美]黄宗智主编《中国乡村研究》（第二辑），商务印书馆2003年版

91.[美]黄宗智主编《中国乡村研究》（第四辑），社会科学文献出版社2006年版

92.[美] 马若孟著，史建云译《中国农民经济：河北和山东的农民发展，1890—1949》，江苏人民出版社1999年版

93.[美]李丹著，张天虹等译《理解农民中国》，江苏人民出版社2008年版

94.[日]内山雅生著，李恩民、邢丽荃译《华北农村社会经济研究》，中国社会科学出版社2001年版

95.[日]南满洲铁道株式会社调查部编《中国农村惯性调查》，东京岩波书店1981年重版

96.[德]亨利希·库诺著，袁志英译《马克思的历史、社会和国家学说——马克思的社会学的基本要点》，上海译文出版社2006年版

97.[美]王国斌著，李伯重、连玲玲译《转变的中国——历史变迁与欧洲经验的局限》，江苏人民出版社1998年版

98.[美]道·诺斯著，陈郁、罗华平等译《经济史中的结构与变迁》，三联书店1994年版

99.[英]弗兰克·艾利思著，胡景北译《农民经济学——农民家庭农业和农业发展》，上海人民出版社2006年版

100.[美]威廉·维瑟·H.、夏洛蒂·维埃尔《泥墙背后：1930—1960》，伯克利：加利福尼亚大学出版社1964年版

101.[美]帕克斯·M.小科布尔著，蔡静仪译《江浙财阀与国民政府（1927—1937年）》，南开大学出版社1987年版

102.[美]杨格著，陈泽宪、陈霞飞译《1927至1937年中国财政经济情况》，中国社会科学出版社1980年版

103.[日]猪口孝《国家与社会》，经济日报出版社1989年版

三、国内现代论文

104.王先明、李伟中《20世纪30年代的县政建设运动与乡村社会变迁——以五个县政建设实验县为基本分析样本》,《史学月刊》2003年第4期

105.王先明《士绅构成要素的变异与乡村权力——以20世纪三四十年代的晋西北、晋中为例》,《近代史研究》2005年第2期

106.王先明《近代士绅阶层的分化与基层政权的蜕化》,《浙江社会科学》1998年第4期

107.王先明《近代中国绅士阶层的分化》,《社会科学战线》1987年第3期

108.孙晓莉《中国现代化进程中的国家与社会走向》,《教学与研究》2000年第8期

109.孙晓莉《中国传统社会与国家同构状态探析》,《求是学刊》2002年第1期

110.孙晓莉《政府与社会之间的权力调整》,《社会科学》2001年第5期

111.张思荣《略论阎锡山的兴农政策及其措施》,《晋阳学刊》1998年第5期

112.李怀《国家与社会关系视野下的地方社会权力结构研究》,《甘肃社会科学》2007年第4期

113.刘凤梅《政府与社会的关系》,《海南师范学院学报》(社科版)2004年第5期

114.李德芳《阎锡山与民初山西乡村制度的变革》,《河北大学学报》(哲学社会科学版)2000年第3期

115.王奇生《民国时期县长的群体构成与人事嬗递——以1927年至1949上长江流域省份为中心》,《历史研究》第2期

116.王奇生《党政关系:国民党党治在地方层级的运作(1927—1937)》,《中国社会科学》2001年第3期

117.张启耀《一个区域社会的田赋负担问题成因分析》,《西北农林科技大学学报》(社科版)2012年第3期

118.张启耀《南京政府前期山西农民生活水平分析》,《中国经济史研究》2009年第1期

119.张启耀、王先明《民国自治运动与基层社会的贫困化——对1927—1937年的山西乡村社会的考察》,《华中科技大学学报》(社科版)2012年第1期

120.张启耀《清末商会经济纠纷调理权产生原因探析》,《历史教学》(高校版)2008年第7期

121.张启耀《近代乡村税赋问题产生背后的国家因素》,《山西师大学报》(社科版)2013年第3期

122.张启耀《论晚清基层社会控制的变化》,《运城学院学报》2007年第4期

123.滕崇德、张启耀《山西植被的历史变迁》,《河东学刊》1998年第2期

124.张启耀《<孙文学说>导读》,《华夏文化》1997年第4期

125.张君卓《1927—1937年华北田赋征收体制与农民负担》,《中国经济史研究》2006年第3期

126.牛淑萍《1927—1937年南京国民政府田赋整理述评》,《民国档案》1999年第3期

127.李铁强《1927年—1937年湖北田赋问题述论》,《经济史》2004年第3期

128.李伟中《南京国民政府的保甲制新探——20世纪三四十年代中国乡村制度的变迁》,《社会科学研究》2002年第4期

129.董长芝《宋子文孔祥熙与国民政府的税制改革》,《民国档案》1999年第3期

130.王建国《近代华北农村基层政权的变迁》,《山西大学学报》(哲社版)1996年第4期

131.渠桂萍《现代化的压力与乡村危机——20世纪二三十年代乡村危机的一个分析视角》,《社会科学辑刊》2005年第4期

132.张佩国《土地资源与权力网络——民国时期的华北村庄》,《齐鲁学刊》1998年第2期

133.王春英《民国时期的县级行政权力与地方社会控制》,《求索》2004年第7期

134.赵永强《民国时期的山西:政治发动与经济剥夺》,《山西档案》2005年第1期

135.董江爱《论阎锡山统治下的村治腐败与权力失衡》,《晋阳学刊》2002

年第6期

136.刘慧宇《论南京国民政府时期国地财政划分制度》,《中国经济史研究》2001年第4期

137.易青《1927—1937年中国国民党党务经费之分析》,南京大学学报特辑《民国研究》2005年版

138.李永福《晋钞贬值原因浅析》,《山西高等学校社会科学学报》2002年第1期

139.何均《旧中国的地方官僚与地方军阀是怎样进行横征暴敛的》,《人文杂志》1983第6期

140.朱汉国、王印焕《民国时期华北乡村的捐税负担及其社会影响》,河北大学学报(哲学社会科学版)2002年第4期

141.袁建伟、茶文诗《中国地方政权建构中的权力博弈:税收与财政》,《思想战线》2005年第2期

142.侯建新《民国年间冀中农业成本农户负担与剩余——来自11村的一项计量分析》,《理论与现代化》2001年第5期

143.杜恂诚《民国时期的中央与地方财政划分》,《中国社会科学》1998年第3期

144.郑庆平《略论中国近代农业赋税制度的发展特征》,《中国农史》1986年第2期

145.巨文辉《统一累进税:抗日根据地财政建设的伟大创举》,《山西财经大学学报》2003年第3期

146.张佩国《近代山东的征税体制与村落权力结构》,《文史哲》2000年第2期

147.夏明方《发展的幻象——近代华北农村农户收入状况与农民生活水平辨析》,《近代史研究》2002年第2期

148.朱前星《阎锡山奴化理论剖析》,《山西大学师范学院学报》2001年第4期

149.李凤琴《20世纪二三十年代中国北方十省农民离村问题研究》,《中国历史地理论丛》2004年第2辑

150.王玉茹、李进霞《20世纪二三十年代中国农民的消费结构分析》，《中国经济史研究》2007年第3期

151.张玮《三四十年代晋西北农民家庭生活实态》，《晋阳学刊》2005年第1期

152.刘立敏、徐中林《阎锡山与山西近代化》，《晋阳学刊》2003年第6期

153.郑起东《华北县政改革与土劣回潮（1927—1937）》，《河北大学学报》（哲学社会科学版）2000年第4期

154.李巨澜《略论民初中国乡村社会控制结构的失衡》，河南师范大学学报（哲学社会科学版）2005年第6期

155.武乾《南京国民政府的保甲制度与地方自治》，《法商研究》2001年第6期

156.章有义《抗日战争前我国农民租税负担的估计》，《中国经济史研究》1991年第4期

157.方旭红《南京国民政府县级政权的运作机制:1927—1937年》，《安徽史学》2005年第2期

158.张东刚《20世纪上半期中国农家收入水平和消费水平的总体考察》，《中国农史》2000年第4期

四、学位论文

159.吴毅《村治变迁中的权威与秩序——20世纪川东双村的表达》，华中师范大学2002年博士论文

160.尹红群《民国时期的地方政权与地方财政（1927—1945）——以浙江为例》，浙江大学2005年博士论文

161.姜虹《地方政府与区域经济变迁——以1900—1911年的山东省为中心》，山东大学2005年毕业论文

162.冯小红《乡村治理转型期的县财政研究（1928—1937）——以河北省为中心》，复旦大学2005年博士论文

163.罗朝晖《富农与新富农:20世纪前期华北农村社会变迁研究的一个视

角》,南开大学2008年博士论文

    164.祖秋红《"山西村治":国家行政与乡村自治的整合(1917—1928)》,首都师范大学2007年博士论文

    165.傅荣校《南京国民政府前期(1928—1937年)行政机制与行政能力研究》,浙江大学2004年博士论文

    166.傅建成《社会的缩影——对民国时期华北农村家庭的研究》,南开大学1993年博士论文

    167.孟富国《重构中的乡村政权——二十世纪二三十年代山西村政的转型》,山西大学2003年硕士论文

五、档案史料、方志和资料汇编

    168.山西省档案馆相关资料

    169.中国第二历史档案馆相关资料

    170.山西省运城市盐湖区档案局相关资料

    171.山西省图书馆相关资料

    172.山西大学图书馆相关资料

    173.山西省有关各县县志和财政志

    174.山西政书编辑处《山西现行政治纲要》,内部资料,太原大国民印刷厂1921年版

    175.晋察冀边区财政经济史编写《抗日战争时期晋察冀边区财政经济史资料选编》,南开大学1984版

    176.内政部统计处编《全国行政区划及土地面积统计专刊》

    177.陈希周《山西调查记》(上、下),南京:共和书局1923年版

    178.行政院农业复兴委员会编《陕西农村调查》,上海:商务印书馆1934年版

    179.行政院农业复兴委员会编《浙江农村调查》,上海:商务印书馆1934年版

    180.行政院农业复兴委员会编《江苏农村调查》,上海:商务印书馆1934年

版

181.行政院农业复兴委员会编《河南农村调查》,上海:商务印书馆1934年版

182.严中平等《中国近代经济史统计资料选辑》,科学出版社1955年版

183.梁方仲《中国历代户口、田地、田赋统计》,上海人民出版社1980年版

六、民国专著

184.山西政书编辑处《山西现行政治纲要》,太原大国民印刷厂1921年版

185.刘振东《县财政建设》,中央政治学校研究部1941年版

186.《漱溟卅后文录》,上海:商务印书馆1930年版

187.陈登原《中国田赋史》,上海:商务印书馆1937年版

188.山西省政府村政处编《清理村财政报告》(民国二十二年至二十四年),北京农业大学图书馆藏

189.孙群《整理山西田赋计划书》,晋新书社1932年12月发行

190.阎锡山《土地村公有言论集》,出版时间与出版地不详

191.山西省政府秘书处编印《山西省政府工作报告》(1936年)

192.史文忠《中国县政改造》,南京县市行政讲习所1937年版

193.焦如桥编著《县政资料汇编》,出版社及年代不详

194.彭雨新《县地方财政》,上海:商务印书馆1945年版

195.吴晗、费孝通等著《皇权与绅权》,上海书店据上海观察社1949年版影印本

196.程滨遗、罗巨峰、夏益赞、吴泽编《田赋史》,周谷城主编《民国丛书》,上海书店1991年版,据正中书局1944年版影印

197.严与宽《县财政》,上海:大东书局印行,1934年版

198.李宗黄《新县制之理论与实际》,上海:中华书局1945年版

199.山西村政处编《山西村政汇编》,1928年太原版

200.财政部直接税处编印《各类税法汇编》,重庆:京华印书馆1943年印行

201.杨开道《农村领袖》,上海:世界书局1930年版

202.程方《中国县政概论》,上海:商务印书馆1940年版

203.关吉玉、刘国明《田赋会要》,南京:正中书局1934年印

204.中国经济情报社编《中国经济论文集》,上海:生活书店出版社1933年版

205.刘世仁《中国田赋问题》,上海:商务印书馆1935年版

206.乡村工作讨论会编《乡村建设实验》,上海:中华书局1934年版

207.黄永伟《地方自治之理论与实施》,南京:拔提书店1934年版

208.赵如珩《地方自治之理论与实践》,上海:华通书局1933年版

209.薛暮桥《农村经济底基本知识》,新知书店1937年版

210.冯和法编辑《中国农村经济资料》,上海:黎明书局,民国二十四年版

211.冯和法编辑《中国农村经济资料续编》,上海:黎明书局,民国二十四年版

212.粟伯隆《县政大观》,南京:中山印书馆1932年版

213.郭垣、崔永楫《田赋会要·地税理论》,南京:正中书局1943年版

214.冯节《中国田赋研究》,上海:民智书局1929年版

215.闻钧天《中国保甲制度》,上海:商务印书馆1935年版

216.文公直编著《公益卫生财政公安》(自治丛书之二),上海:时还书局印行,1933年版

217.郭葆琳《山西地方制度调查书》,山东公立农业专门学校农业调查会出版,出版年代不详

218.邢振基《山西村政纲要》,晋新书社1929年版

219.王后哲、汪翰章《现行县政法规汇编》,上海:大东书局1932年版

220.商务印书馆辑印《中华民国法规大全》,1936年版

221.吴树滋、赵汉俊《县政大观》,上海:世界书局1930年版

222.胡次威《乡镇自治提要》,上海:大东书局1946年版

223.朱博能《县财政问题》,南京:正中书局1943年版

224.钱端生、萨师炯《民国政制史》,上海:商务印书馆1946年版

225.凌璋《县长从政须知》,1936年3月铅印本

226.周宋康《山西》,上海:中华书局1939年版

227.陈柏心《地方政府总论》，广西建设研究会出版，上海：商务印书馆1940年版

七、民国论文

228.张柱《整理田赋之我见》，《东方杂志》第31卷第14号，1934年7月

229.王元璧《田赋征收制度的改革》，《东方杂志》第32卷第7号，1935年4月

230.作周《最近中国农民负担的田赋》，《地政月刊》第1卷第10期，1933年10月

231.王振翼《模范督军治下山西之概观》，《新国民杂志》第1卷第6期，1924年6月

232. 张稼夫《山西中部一般的农家生活——替破产中的农家清算的一笔账》，《中国农村经济论文集》

233.孙晓村《地方财政对于农业经济的影响》，《中国农村》第2卷第9期，1934年9月

234.孙晓村《近年来中国田赋增加的速率》，《中国农村》第1卷第7期，1935年4月

235.孙晓村《苛捐杂税报告》，《农村复兴委员会会报》第12号，1934年5月

236.孙晓村《中国田赋的征收》，《中国农村》创刊号，1935年1月

237.孙晓村《中国农村经济现状与农民的出路》，《中国社会》第3卷第1期，1936年1月

238.赵梅生《山西平顺县农村经济概况》，《中国农村经济论文集》

239.高苗《山西屯留县农村经济实况》，《中国农村经济论文集》

240.张雨亭《中国农村破产的实况》，《醒农半月刊》创刊号，1934年4月

241.邓达章《评阎锡山之土地村有论》，《中国经济》1935年第3卷第12期

242.悲笳《动乱前夕的山西政治和农村》，《中国农村》第2卷第6期，1936年6月

243.严慎修《山西河津县上井村晋祠十三村自治进行之概况》，《乡村建设实验》

244.闻莺《山西新政下的农村经济》,《中国农村》第3卷第2期,1937年2月

245.徐达声《苛捐杂税问题》,《中国经济》第1卷第四五期合刊,1933年

246.姚树声《民国以来我国田赋之改革》,《东方杂志》第33卷第17号,1936年9月

247.徐羽冰《中国田赋之一考察》,《东方杂志》第31卷第10号

248.尤保耕《田赋附加与中国财政》,《中国经济》第2卷第7期,1934年7月

249.邹枋《中国田赋附加的种类》,《东方杂志》第31卷第14期,1934年7月

250.朱契《田赋附加税之繁重与农村经济之衰落》,《地政月刊》第1卷第10期,1933年10月

251.毕任庸《山西农业经济及其崩溃过程》,《中国农村》第1卷第7期,1935年4月

252.王元璧《田赋征收制度的改革》,《东方杂志》第32卷第7号,1935年4月

253.李如汉《中国田赋高度的新估计》,《地政月刊》第1卷第3期,1933年3月

254.程树棠《日趋严重的农村摊款问题》,《东方杂志》第32卷第24号,1935年12月

255.荫萱《山西中路农村经济底现阶段》,《中国农村》第2卷第11期,1936年11月

256.李景汉《中国农村土地及农业经营问题》,《东方杂志》第33卷第1号,1936年1月

257.范郁文《山西雁北农村租佃关系的研究》,天津《益世报》1936年5月3日

258.叶民《土地村公有方案的实际意义》,《中国农村》第2卷第1期,1936年1月

259.邹健《近年田赋整理的批判》,《中国经济》第4卷第7期,1936年7月

八、民国报刊

260.山西省政府村政处刊行《山西村政旬刊》

261.中国农民经济研究会《中国农民》

262.山西农民自强协会编辑《醒农半月刊》

263.商务印书馆《东方杂志》

264.《申报》（上海版）

265.《大公报》（天津版）

266.《益世报》（天津版）

267.中国社会问题研究所主编《中国社会》

268.中国地政学会《地政月刊》

269.中国国民党山西省执行委员会农民部印《山西农民》

270.晋绥兵工筑路总指挥部印《民国二十三年晋绥兵工筑路年报》

271.《太原日报三周年山西书局一周年联合纪念册》

272.江西农村改进社主编《农村》

273.中国农村经济研究会主编《中国农村》

274.中国农民经济研究会编《中国农民月刊》

275.行政院农村复兴委员会印行《农村复兴委员会会报》

276.河北省财政厅地方财政研究委员会出版部编《财政研究》

277.中国经济研究会主编《中国经济》

278.国民政府中央农业实验所《农情报告》

279.财政评论社《财政评论》

280.《申报年鉴》（1933—1935年）

281.农村建设协进会《农村建设》

282.严北溟等编《浙江潮》

后 记 POST SCRIPT

ERSHI SHIJI ZHI ZHONGGUO

　　时光荏苒,转眼三秋,在南开大学求学的岁月是我至今最难忘也最有收获的时期。漫步在校园的宽阔马路或林荫小道,一草一木竟如此亲切和令人留恋,而与之共同学习和相处的很多南开人,更是令我终生难以忘怀。

　　2006年秋季,怀着忐忑不安和激动的心情,我来到了南开大学历史学院,师从著名学者王先明教授。终于考上了梦寐以求的学校、得到自己一直敬仰的导师的教诲,这应该是人生的一大幸事,但是,在来南开之前,我就了解到王老师对学术和学生要求严格,而自己愚钝的天分能不能达到王老师的这些要求,是我一直担心的。后来,当我多次求教于王老师的时候,他渊博的学识和循循善诱的教导让我获益匪浅,而他的鞭策则给了我无限的求学动力,我终于能在三年的时间经过刻苦读书,完成博士论文的写作。当然,博士论文中包含着王老师不少的心血,从方向选择、题目拟定到材料搜集、修改定稿,没有不经过王老师认真思索和详细指导的,在此,我向王老师真诚地说声:"您辛苦了!"此外,在读期间,师母陈老师的关心也是我能顺利完成学业的重要原因。每次求教王老师的时候,师母都会为我们倒茶水、削苹果,并反复告诫我们要抓紧三年宝贵的时间多学东西,这一切都使我感到了家的温暖和父母般的慈爱，无形中督促我勤奋好学以报答师恩。

其实，南开的许多老师在我求学的过程中都给予了无私慷慨的指导和帮助，有些虽然不是我的导师，但对我的关心和教导令我终生难忘。李金铮老师每年要审阅大量的博士论文，但不管多忙多累，每当我请他指导论文，他总是在极快的时间内准确地提出论文的问题所在及修改意见，其深厚的学术底蕴每每令我折服。江沛老师学识渊博、才华横溢，但他在我们面前从来不摆架子，非常平易近人，使我看到了真正学术大家的风采。

论文资料的搜集也得到了许多老师的帮助。历史学院资料室的侯老师，校图书馆古籍部的杨老师、惠老师为我提供一切查询便利，尤其是侯老师，每有困难总是热心相助，从不计较烦琐和麻烦，不能不令人感动。此外，在资料的搜集方面，各地档案馆的工作人员也提供了很大的方便，尤其是山西省档案馆的赵永强，在我多次查询资料过程中，他一如既往地予以支持和帮助，其工作精神令人称道。在论文的整理和发表方面，《中国经济史研究》的赵学军编辑始终给予我热心的指导，提出大量修改意见，使论文最终得以发表，在此一并表示感谢！

同门的帮助与相互之间的交流和学习也是论文顺利完成的重要因素。三年来，渠桂萍、熊亚平、魏本权、曾耀荣、罗朝晖、牛秋实、朱军献、安宝、柳敏、杜维朋等与我朝夕相处，互相交流学习心得和写作体会，从中感受到了学术的魅力和快乐，也使我开阔了思维，增长了见识，提高了论文的写作质量。尤其是几位已经走上工作岗位的师兄、师姐们，在我刚入校而极不熟悉环境，而他们正处于论文写作最繁重、最艰难的时期，热情地招待我、指导我，帮我熟悉周围的生活和学习环境，那一幕幕至今回忆起来仍是那样清晰，而且这份感情随着岁月的流逝又会历久弥深。

论文的顺利完成也有家人的一份功劳。首先，我向无私奉献的亲人们表示愧疚之情。两边父母都已值杖朝之年，作为儿子，自己非但未能在前侍奉，反而把孩子留到老人身边让其管护，为老人徒增负担。每次出行赴津之前，老人浑浊的眼中已依稀闪烁着期盼儿归的泪花，无不使我感受到慈母"临行密密缝，意恐迟迟归"的无悔无怨的大爱。妻子是位要强的女子，2006年，她也同我一样考上了博士生。但是要攻读博士学位谈何容易，这不仅要有充足的知识储备，更需要强健的体魄，日复一日的实验和经常通宵达旦的整理与写作使她腰酸背痛，可是她从来舍不得多休息一会。看到这一切，我只有默默地尽量多承担家庭的日常劳动以回报妻子。女儿是我们这个时候的最大忧虑。我们在外求学期间正是孩子学习和成长的关键时期，父母关爱和监护的缺失对孩子造成了无形的负面影响，不仅孩子的情绪波动很大，就连学习成绩也受到影响，由此看来是我们愧对了她，在此，爸爸和妈妈对你说一声：孩子，我们以后会更加关爱你的！

　　终于释笔，虽夜深人静但毫无倦意。独立窗前，俯瞰南开，再次回味往事，不禁感慨万千！只有心里默默希冀母校永远辉煌！祝愿所有的老师及亲朋好友生活幸福！

                                            张启耀
                                    2013年6月于运城学院